Mario Mantese

Reise durch die Ewigkeit

Mario Mantese

Reise durch die Ewigkeit

Die geheime Loge

Edition Spuren

Das vorliegende Werk ist eine vollständig neu bearbeitete und neu formulierte Fassung des Romans «Aufbruch in die Ewigkeit» (Drei Eichen Verlag, 1993)

Bahnhofplatz 14, CH-8400 Winterthur
www.spuren.ch

Lektorat: Urte Knefeli-Zemp
Umschlaggestaltung: Marion Musenbichler
Printed in Czech Republic by Finidr
ISBN 978-3-905752-53-3

Inhalt

Einleitung

»Kennen wir uns nicht?« Zwei Menschen stehen sich bei einem Empfang gegenüber. Zuvor haben sie sich etwas länger angeschaut als bei solchen Anlässen üblich. Vielleicht zwei, drei Zehntelsekunden länger, doch das hat gereicht, um jene Gefühlsmischung von Neugier, Beschwingtheit und leichter Verlegenheit in ihnen hervorzubringen, die sie aufeinander zuführt. Nun versuchen sie zu ergründen, unter welchen Umständen und wo sie sich vielleicht schon einmal begegnet sind. Dabei geben sie auf anregende Weise das eine oder andere Detail über sich preis und erkunden mögliche Gemeinsamkeiten. Sollte das Gespräch dazu führen, dass sie den Namen des Gegenübers erfahren, dessen Beschäftigung und die eine oder andere Meinung oder Ansicht, so werden sie später frohgemut behaupten, sie würden den anderen Menschen tatsächlich kennen.

Wirklich? Ich meine, zunächst und hauptsächlich stellt sich doch die Frage, ob wir uns selber denn überhaupt je kennen. Abgesehen von jeder Unterhaltung und außer dem, was im Pass oder in einem Lebenslauf über uns steht, können wir mit Gewissheit je behaupten zu wissen, wer wir sind? Ich habe da so meine Zweifel; erst recht, seitdem ich diesen autobiografisch geprägten Roman von Mario Mantese gelesen habe.

Der Autor wirkt als Weisheitslehrer, seit er vor Jahrzehnten durch einen Anschlag an die äußerste Grenze des Daseins geschleudert worden war, wo er wochenlang zwischen Leben und Tod schwebte. Aus diesem

Zwischenreich ist er als ein anderer zurückgekehrt, als ein Mensch, der von sich mit Bestimmtheit weiß, dass er nicht das ist, was im Pass über ihn steht.

Wer oder was aber dann? *Reise durch die Ewigkeit* erkundet diese Frage mit den Mitteln einer literarischen Erzählung. Wir folgen dem Protagonisten der Geschichte durch verschiedene Weltgegenden und Zeiten. Die Reiseziele könnten in etwa jene sein, die Weltenbummler in ihrem Urlaub heute so anpeilen, um sich außerhalb ihres Alltags zu entspannen und zu bilden. Im Verlaufe dieser Geschichte wird jedoch zunehmend deutlich, dass es hier um die Art von Reisen nicht geht. Die Bewegungen dieses Mannes folgen einer inneren Landkarte. Obwohl ihm das lange selber nicht bewusst ist, wandelt er auf den Linien eines verborgenen Plans. Es ist der Fahrplan seiner Seele. Er ist in seinem Leben unterwegs, um seine Bestimmung zu finden und sein Schicksal zu erfüllen.

Das sind große Worte. Sie in einem Roman zu lesen, macht es leichter, diese Begriffe an sich heranzulassen. So könnte es sein. Genau wissen wir es nicht. Doch haben wir dazu so unsere Ahnungen. Und die klingen an, wenn wir Sätze lesen, wie diesen: »Beim Anblick der Mumie hatte sich schlagartig eine innere Tür geöffnet, im Bruchteil von Sekunden oder Minuten war ich Hunderte, ja Tausende von Jahren in meine Vergangenheit zurückgereist.«

Die Szene ereignet sich in der ägyptischen Abteilung des British Museum. Dass den Museumsbesucher beim Anblick von Mumien und Artefakten Ahnungen überkommen von vergangenen Zeiten, gehört zum beabsichtigten Effekt einer solchen Ausstellung. Doch hier geht es um etwas anderes: Der Protagonist reist um Jahrtausende zurück in der eigenen Vergangenheit. Was er in einem seiner früheren Leben im alten Ägypten durchmachte, das haben wir in einem früheren Kapitel erfahren. Nach und nach drängt dieser Erfahrungsschatz zurück ins Bewusstsein des Mannes. Er ist dabei, verschiedene tief greifende Prägungen früherer Inkarnationen in diesem aktuellen Leben zusammenzutragen. Daraus ergibt sich unverhofft ein neues Ganzes, eine Bestimmung, die weit über die Grenzen einer einzelnen Person hinausreicht.

Und damit nicht genug. Die zentrale Gestalt dieses Romans bekommt es darüber hinaus mit Menschen zu tun, die auf dem Weg ihrer Bewusstwerdung wesentlich weiter vorgedrungen sind. Diese schwer greifbaren, äußerlich unscheinbaren, in erweiterten Sphären lebenden menschlichen Wesen stellen sich ihm als Begleiter zur Verfügung und verhelfen ihm zu überraschenden Einsichten in die eigene Natur. »Irgendwie kam er mir bekannt und auch vertraut vor, aber im Bilderbuch meiner Erinnerungen fand ich keine passende Geschichte oder Erklärung für dieses Empfinden«, denkt der Protagonist über einen seiner Seelenführer nach. »Obwohl ich von ihm nichts wusste, nicht einmal seinen Namen, wusste er scheinbar einiges über mich. Komischerweise hatte ich das merkwürdige Gefühl, dass meine Seele für ihn wie ein offenes Buch war, in dem er beliebig blättern konnte.«

Nie würde es einem dieser Helfer übrigens in den Sinn kommen, ihrem Schützling etwas aufdrängen oder aufzwingen zu wollen. Gerade nicht! Obwohl sie von der Bedeutung ihrer Mission zutiefst überzeugt sind, achten sie stets den freien Willen des von ihnen begleiteten Menschen. Dieser hat jeden seiner Schritte in eigener Verantwortung zu tun.

Eine schöne Geschichte von den unauslotbaren Möglichkeiten des menschlichen Wachstums. Sollen wir daran glauben, oder ist sie zu schön, um wahr zu sein? Darum geht es nicht. Hier können wir diese Aussichten zwanglos an uns heranlassen und sie als Möglichkeiten erwägen. Vielleicht ist es so. Und wenn es so wäre, wäre es gewiss nicht schlecht.

Oder andersherum: Ich glaube mindestens so sehr an die Wahrheit dieser Geschichte, wie ich daran glaube, dass wir uns kennen, wenn Sie unten meinen Namen lesen.

Martin Frischknecht

Shanghai

Ein lautes Klopfen an der morschen Holztür riss mich abrupt aus einem tiefen, traumlosen Schlaf. »Sir, Ihr Badewasser«, ertönte die heisere, mir inzwischen wohlvertraute Raucherstimme des Hilfsmatrosen.

Mit einem starken Akzent und beachtlichem Stolz hatte er mir mehrmals mit eindringlichen Worten erklärt, dass er Manolo heiße und aus Santo Domingo stamme. Er trug immer dasselbe dunkelrote Hemd, und seine dichten, fettigen Haare waren stets sorgfältig stramm nach hinten gekämmt. Am Tonfall seiner Stimme erkannte ich immer gleich seine Laune und merkte auch, wie stark er sich am Vorabend betrunken hatte, doch heute bebte seine Stimme seltsam erregt.

Ich streckte meine steifen und matten Glieder und hörte seinen ungeduldigen, schnaubenden Atem hinter der geschlossenen Türe. Wie jeden Morgen wanderte mein Blick als Erstes zum vergilbten Kalender, der am Fußende meiner Koje an einem rostigen Nagel hing.

»Ihr Wasser«, hörte ich den Matrosen nochmals eindringlich sagen, seine Aufforderung klang fast ein wenig bedrohlich. »Ich komme ja schon«, besänftigte ich ihn. Langsam, stöhnend erhob ich mich von meinem steinharten Lager und öffnete verschlafen die Türe.

Ungeduldig trat Manolo ein und stellte ein verbeultes Blechbecken auf den niederen, am Boden angeschraubten Holztisch. Der Öl- und Fischgeruch, der sich ins Holz eingeätzt hatte, stach mir jeden Morgen unangenehm in die Nase, wenn ich mich für die Morgentoilette über das Becken neigte.

»Mister Park, wir sind an unserem Ziel angelangt«, verkündete Manolo mit verheißungsvoll erregter Stimme und verließ eilig meine Kajüte. Endlich, dachte ich und riss mit einem tiefen Seufzer der Erleichterung das letzte Blatt vom Kalender, es war der 12. Februar. Zweimal heulte die Schiffssirene, der durchdringend tiefe Ton klang wie das Gähnen eines altersschwachen Meeresungeheuers. Oben auf Deck war die laute und strenge Stimme des Kapitäns zu hören; seine Befehle waren kurz, präzise und scharf.

Eine mächtige Erschütterung durchdrang das alte Schiff, ächzende und gequälte Geräusche ertönten. Lars, der bärenhafte Schwede mit dem roten Bart, hatte die Maschinen gedrosselt. Die meiste Zeit der langen Reise hatte er im Bauch des Schiffs verbracht, »in den Därmen«, wie er seine Maschinen liebevoll nannte. Sein ganzes Interesse galt ihnen.

Die sechsköpfige Schiffsmannschaft war ein bunter Haufen rauer Kerle, die ein unbekanntes Schicksalsspiel in dieser eigenartigen Konstellation zusammengewürfelt hatte. Der Schwede hatte mich einmal in seine Kajüte eingeladen, um mir Fotos aus seiner Heimat zu zeigen und natürlich auch die vergilbten Bilder leicht bekleideter Damen, die über seiner Koje hingen. Doch der penetrante Gestank von Schweiß und Rum in seiner Kajüte war unerträglich. Ziemlich rasch verabschiedete ich mich höflich, stieg benommen die schmale Treppe hoch und schnappte an Deck nach frischer Luft.

Das Wasser, das mir Manolo für meine Morgentoilette gebracht hatte, war eiskalt und roch abgestanden. Ich schaute mich im gespaltenen Spiegel, der schräg über dem Wachbecken an einem Nagel an der Wand hing, an. Der Anblick meines Gesichts erschreckte mich einmal mehr. Dunkle grüngelbe Ringe umrandeten meine eingefallenen Augen, mein abgemagertes Gesicht war mit grauen Bartstoppeln überwachsen. Die Seekrankheit hatte sich wie lähmendes Gift in meinen Körper eingeschlichen und mich während der langen Reise nicht mehr losgelassen. Das elende Gefühl, mich ständig übergeben zu müssen, hatte sich wie ein quälendes Gespenst in meinem Magen eingenistet. Geschwächt und müde saß ich auf dem kalten Stuhl in meiner Kajüte, mich fröstelte.

Der Gedanke, dieses unaufhörlich schaukelnde Schiff endlich verlassen zu können, weckte ambivalente Gefühle in mir. Merkwürdig, da waren keine Hochgefühle und keine euphorische Stimmung – wie ich es eigentlich beim Erreichen meines Ziels in Shanghai erwartet hätte.

Aua, dieses stumpfe Rasiermesser! Blut floss meine linke Wange hinunter und tropfte ins Waschbecken, wo sich das Wasser rötlich färbte. Mit großer Anstrengung zog ich den alten Korbkoffer, den ich von einem verstorbenen Onkel geerbt hatte, unter dem Schlaflager hervor und öffnete die Schnallen der fest angezogenen Lederriemen. Ungeduldig kramte ich zwischen den Kleidern und fand den kleinen Beutel und das gesuchte Heftpflaster. Ich klebte es auf den blutenden Schnitt an der Wange, ausgerechnet den Blutstiller hatte ich vergessen.

Ein lautes Klopfen an der Tür riss mich aus meiner Gedankenwelt. Der Kapitän kam, um sich zu verabschieden, und erklärte: »In drei Wochen sehe ich Sie ja wieder für die Rückfahrt. Vergessen Sie es nicht, um fünf Uhr morgens heben wir den Anker. Genießen Sie Shanghai, es ist eine interessante Stadt, und suchen Sie einen Arzt auf, damit Sie für die Rückreise wieder gesund und stark sind.« Dann reichte er mir die Hand und drückte sie fest, sein Händedruck fühlte sich wie ein Schraubstock an. »Also bis bald«, verabschiedete er sich und verließ schnellen Schrittes die Kajüte. Bevor auch er sich an Land begeben könne, habe er noch eine Menge zu erledigen, hatte er mir erklärt.

Ian Macintosh war Kapitän in der vierten Generation und stammte aus einer alteingesessenen schottischen Familie. Mehrmals hatte er mich in seine karg eingerichtete Kajüte zum Schachspielen eingeladen. Auf das kostbare Schachbrett mit den geschnitzten Elfenbeinfiguren war er besonders stolz. Ein arabischer Sultan hatte es ihm geschenkt, nachdem er ihm aus Indien eine Fracht mit kostbarer Seide und auserlesenen Gewürzen unversehrt überbracht hatte. Das war keine einfache Sache, und vor dem Ablegen in Indien hatten er und seine Mannschaft das ganze Schiff vorsorglich nach Ratten abgesucht. Diese intensive Suche hatte er mir lebhaft bis ins kleinste Detail mehrmals geschildert.

In einer Ecke stand eine lackierte Truhe, in der eine größere Kolonie Holzwürmer ihr Zuhause hatte. Die vielen kleinen Löcher im Holz zeugten von ihrem regen und aktiven Dasein. Auf der Truhe lag das Logbuch, daneben stand ein Sextant. Mehrmals hatte er mir dieses Navigationsgerät auf Deck ausführlich erklärt. Ich war immer wieder überwältigt vom Anblick des mit leuchtenden Sternen übersäten Nachthimmels. Die Unendlichkeit schien so nah, die Sterne fast greifbar. Das Erleben war stets stark und überwältigend. In meinem Bewusstsein empfand ich die Erde wie ein Lichtschiff, das lautlos durch das unermessliche verzauberte Sternenmeer glitt.

Der Kapitän genoss es jedes Mal sichtlich, mich von seinen erstaunlichen Sternenkenntnissen zu überzeugen. Er behauptete, den Nachthimmel so gut zu kennen, dass er die Weltenmeere ohne Kompass und Sextant überqueren könne. Mir war nie ganz klar, ob das bloß Seemannsgarn war oder der Wahrheit entsprach. Seine Aussagen schienen fundiert, tiefgründig, logisch und klar. Manchmal hatte ich das Gefühl, dass dieser eigensinnige Schotte eine Art astronomische Hellsichtigkeit besitze. Sein tiefes Verständnis für die größeren Zusammenhänge zwischen Himmel und Erde zeugten von seinem Hang zur Metaphysik. Einmal sagte er, dass das endlose Sternenmeer wohl durch das Ausatmen des Schöpfers entstanden sei. In diesen magischen Momenten auf Deck, wo die Augen und die Sterne zu einer Einheit verschmolzen, beobachtete ich ihn unauffällig. Mich dünkte, dass er in diesen Momenten in eine andere Welt entrückt sei und sein Gesicht sich aufhelle.

Er war immer in dieselbe dunkelblaue, nach Teer riechende Jacke mit den blank polierten Messingknöpfen gekleidet, darunter weißgraue gestärkte Hemden mit Stehkragen, die immer bis unter den Hals zugeknöpft waren. Seine wässrigen Augen und die markante, fleischige, rote Knollennase zeugten von seiner innigen Freundschaft mit dem schottischen Malzwhisky. Betrunken, sah man ihn jedoch nie. Seine kupferroten Haare und der buschige Bart mit dem säuberlich ausrasierten, spitz nach vorne stehenden Kinn akzentuierten seine unbeugsame Autorität und Entschlossenheit. Seine Mannschaft an Bord hatte er absolut im Griff.

Die lauten und nervösen Stimmen auf Deck und das eindringliche Läuten der großen Glocke vorne am Bug signalisierten, dass wir uns dem Anlegedock näherten. Mit großer Anstrengung gelang es mir, eine Luke zu öffnen, die dicke Doppelverglasung war trüb und schmutzig, sodass ich kaum hindurchsah. Das hatte mich bis jetzt nicht gestört, denn außer Wasser gab es in den vergangenen Wochen ja nichts zu sehen.

Eine Dschunke glitt lautlos dicht am Frachter vorbei, das pergamentfarbige Segel wurde durch einen kühlen Meereswind straff gespannt. Das braune Brackwasser im Hafen roch nach Fisch, Maschinenöl und Fäkalien. Beidseitig der langen Hafeneinfahrt standen riesige Lagerhallen mit ihren Docks. Es herrschte reger Betrieb, Hafenarbeiter luden und entluden frühmorgens die Frachtschiffe.

Ein heftiger Ruck riss mich fast zu Boden, Lars hatte die Motoren gedrosselt, um anzudocken. In der Ferne sah ich im Morgendunst mächtige graue Steinhäuser, sie bildeten den vordersten Teil der Stadt. »Der Bund« hieß dieser Stadtteil von Shanghai.

Das laute Geschrei und das nervöse Lachen zeugten von der Anspannung der Matrosen. Nach mehreren Wochen auf See konnten sie es kaum erwarten, sich in den düsteren Hafenspelunken dieser vibrierenden Stadt auszutoben.

»Sir, entschuldigen Sie, ich hole das Waschbecken«, sagte Manolo hinter mir. Ich war in Gedanken versunken und hatte gar nicht bemerkt, dass er eingetreten war. Fragend schaute er mich an und war sichtlich erleichtert, als ich ihm zunickte und sagte, dass er das Becken mitnehmen könne. Das fiebrige Glühen in seinen Augen und sein ungeduldiges Benehmen hatten einen Grund. Als Erstes wollte er ein Bordell besuchen, dies hatte er mir mehrmals in euphorischer Vorfreude kundgetan und konnte es nun kaum noch erwarten.

Mich beschäftigten seit Tagen andere Gedanken, Gedanken, die wie dunkle Schatten in meinem Gehirn herumkrochen. Ich fragte mich ernsthaft, ob die Kontaktperson, die mich am Pier abholen sollte, da sein würde? Wusste sie, dass wir wegen schlechten Wetters auf hoher See einen Tag später in Shanghai eintrafen?

Ich zog meinen dunkelgrauen Anzug an und rückte ihn zurecht, doch er saß nicht mehr richtig. Wegen der zehrenden und ermüdenden Seekrankheit hatte ich viel an Körpergewicht verloren. Wochenlang hatte der Anzug sorgfältig zusammengefaltet im Koffer auf seinen Einsatz gewartet.

Vorsichtig und auch ein bisschen schwindlig schritt ich den schmalen, schwankenden Steg vom Schiff hinunter und hatte dann endlich wieder festen Boden unter den Füßen. Der Kapitän winkte mir von der Kommandobrücke zu, als ich mit gemischten Gefühlen den langen rostigen Frachter entlangging. Kein einziges Mal hatte er mich nach dem Grund meiner Reise gefragt, diesen Charakterzug, diese Diskretion schätzte ich an ihm.

Ein Schild mit einem Pfeil in chinesischer und englischer Schrift wies den Weg zum Zoll und zur Immigration. Jetzt war ich froh, dass ich bei meinem Freund, Professor Stark, mehrere Monate intensiv Chinesisch studiert hatte und auch dass ich das chinesische Wörterbuch, das er mir empfohlen hatte, in meinem Koffer wusste.

»Wie lange bleiben Sie in China?«, wollte der Beamte in einem skeptischen Ton von mir wissen. Wie aus einem fernen Traumland erwachend, antwortete ich ihm: »Drei Wochen.«

Kurz danach stand ich mit meinem Koffer draußen auf der Straße, und der Schock war massiv. Mir war, als hätte eine unsichtbare Kraft mein Gehirn in einen Schraubstock gezwängt. Ich stand alleine da und war plötzlich von einer unüberschaubaren, geschäftigen Menschenmenge umgeben. Ich fühlte mich unwohl in diesem Menschenstrom, meine fragile Gesundheit hatte Mühe, diese Intensität zu verkraften. Die Wucht dieses Erlebnisses drohte mich innerlich zu zerreißen, so fühlte es sich jedenfalls an. Einer Ohnmacht nahe, setzte ich mich auf den Koffer.

Viele Wochen auf dem grenzenlos scheinenden Meer, meistens allein in der Kajüte, und nun war ich mitten in dieser brodelnden Menschenmenge. Der Lärm war unerträglich. Der matten Schwäche, die sich in meinem Körper festgekrallt hatte, wurde die letzte Energiereserve ausgesaugt. Ich fühlte mich miserabel. Dieser graue, sich leblos anfühlende Zustand hatte mir meine Identität geraubt und mich in eine sonderbare Anonymität verfrachtet. Zwei ältere Männer blieben vor mir stehen und begutachteten mich neugierig und verwundert, als wäre ich ein Wesen von einem fernen Stern.

Eine graue Wolkendecke lag an diesem regnerischen Morgen tief über der Stadt. In einen gedankenlosen Zustand versunken saß ich da und hatte für Momente den eigentlichen Grund meines Aufenthalts in China vergessen. »Mister Park, Mister Park.« Eine fremde Stimme riss mich aus meinem Dämmerzustand. Meine entzündeten Augen erblickten einen kleinen, älteren Mann mit einem ausgemergelten, aber drahtigen Körper, der barfuß vor mir stand. Kommen Sie«, forderte er mich auf und bat mich, in der Rikscha, die neben ihm stand, Platz zu nehmen. Mit einem gekonnten Schwung hievte er den schweren Koffer neben mich auf den Sitz, grinste und kratzte sich kurz an seinem bartlosen Kinn. Dann stellte er sich zwischen die zwei langen Holzstangen, an denen er das Gefährt zog, und lief los.

Die robuste dunkelblaue Jacke, die er trug, war abgeschossen und bis oben zugeknöpft. Unter einer runden schwarzen Mütze baumelte ein eng geflochtener Zopf über den Kragen nach unten.

»Wohin fahren wir?«, wollte ich wissen. Er antwortete kurz: »Gästehaus« und gab mir gleichzeitig mit einer Geste zu verstehen, dass ich den Koffer festhalten sollte.

Bei den vielen Rikschafahrern, an denen er leichtfüßig vorbeihuschte, musste er stets eine kurze Bemerkung über seinen fremden Gast, den er am Pier abgeholt hatte, loswerden. Wir fuhren durch enge, übelriechende Seitengassen, bis wir in die Zongshan-Road einbogen, die am Huangpu-Fluss entlangführte. Geschickt lenkte er die Rikscha durch ein unüberschaubares Meer von Fahrrädern, Fußgängern und hoffnungslos überfüllten Bussen.

Vereinzelte schwarze Limousinen, in denen sich die pomadisierte Oberschicht der Stadt herumchauffieren ließ, zwängten sich rücksichtslos durch den Verkehr.

Die Fahrer steckten in steifen Uniformen und waren sich ihrer privilegierten Stellung bewusst. Ohne zu zögern, fuhren sie in die Menschenmenge, die panikartig zur Seite sprang.

Es war kalt an diesem Morgen, mich fröstelte. Eine Gruppe übernächtigter, stockbetrunkener Matrosen bahnte sich grölend einen Weg durch die Menschenmenge. Auf der anderen Straßenseite zum Fluss hin sah ich eine großzügig angelegte Fußgängerzone, einen Park mit einer langen Allee kahler Laubbäume. Hunderte von älteren und jüngeren Menschen waren gerade dabei, hier ihr tägliches Tai-Chi-Chuan zu praktizieren. Die langsam vollzogenen Bewegungen und die Ruhe und Harmonie, die sie ausdrückten, standen in krassem Gegensatz zu der hastig dahineilenden Menschenmasse. Ich musste an das Yin-Yang-Symbol denken, in dem sich alle Gegensätze vereinten und aufhoben.

Nach längerer Fahrt bogen wir in die Nanjing-Road ein. Mein Atem stockte, ich rieb mir die Augen, um mich zu vergewissern, dass ich hier nicht einer Sinnestäuschung erlag. Ich war irgendwie überzeugt gewesen, dass die Straße, die wir soeben verlassen hatten, die meist befahrene sein musste, nun, ich hatte mich geirrt. Tausende Menschen gingen oder fuhren mit ihren Fahrrädern die breite Straße auf und ab, die Verkehrsdichte war unglaublich.

Ein Bild aus meiner frühen Jugend erschien in meinem Bewusstsein. Ich erinnerte mich, wie ich mit einem Freund an einem Waldrand mit einem Stock in einem großen Ameisenhaufen herumgestochert hatte. Das Chaos, das dadurch entstand, war enorm. Das Gewimmel in alle Richtungen hatte Ähnlichkeit mit dem, was ich hier sah und erlebte.

Meine Sinne waren überfordert. Nach den vielen Wochen auf hoher See hatte ich Mühe, diese enorm vielen Eindrücke in ihrer ganzen Intensität zu verarbeiten. Ein dumpfer, marternder Druck hatte sich in meinem

Kopf festgesetzt. Ich war erschöpft und konnte kaum erwarten, endlich in das Gästehaus zu kommen und mich in ein Zimmer zurückzuziehen. Ich musste mich von den Strapazen der langen Reise erholen.

Plötzlich spürte ich, wie jemand versuchte, meinen Koffer, der neben mir auf dem Sitz lag, aus der Rikscha zu zerren. Ein elegant angezogener Chinese mit fuchsartigen Gesichtszügen und einem europäischen Herrenhut versuchte mit Vehemenz, mir den Koffer zu entreißen. Zum Glück hielt ich ihn auf Anraten des Rikschafahrers an einem der beiden Lederriemen fest. Trotz heftiger Schläge auf seine Finger ließ er den Koffer nicht los. Das Handgemenge hatte die Aufmerksamkeit des Rikschafahrers geweckt, und der drehte sich blitzschnell um und schrie den Dieb lautstark an. Viele Menschen blieben stehen und schauten dem Geschehen zu. Erschreckt durch die starke Reaktion des Fahrers, ließ er den Koffer unverzüglich los und tauchte in der Menschenmenge unter. Der Fahrer grinste triumphierend und gab mir mit einer Handbewegung zu verstehen, dass es klug gewesen sei, seinen Ratschlag zu befolgen.

Nach langer und mühsamer Fahrt bog er in die Hubei-Lu-Straße ein und dann in eine kleine düstere Seitengasse. Als ich diese enge Gasse mit ihren heruntergekommenen Häusern sah, fragte ich mich ernsthaft, wo mich mein Gastgeber wohl einquartiert habe. Ich kannte ihn ja nur aus den vertraulichen Briefwechseln, die seit etwa einem Jahr zwischen uns stattgefunden hatten.

Weißgraue Spruchbänder hingen quer über die Gasse gespannt hoch oben zwischen den Häusern. Die groben, abgetretenen Pflastersteine waren wegen des Nieselregens ziemlich glitschig, für den Fahrer eine Herausforderung. Wir fuhren an kleinen armseligen Geschäften vorbei, überall roch es nach Urin und Kot. Diese unangenehmen Gerüche krochen träge in meine Nase und verursachten einen Brechreiz, den ich nur mit größter Mühe kontrollieren konnte. Ich hatte schon wieder das permanente Gefühl, mich jeden Moment übergeben zu müssen.

Auf der Gasse vor seinem Geschäft saß ein Schuhmacher inmitten eines Stapels alter, nach Leder und Schweiß riechender Schuhe. Genussvoll goss er aus einer kleinen Kanne duftenden Grüntee in eine Tasse und nickte dem Rikschafahrer freundlich zu, der ihn beim Vorbeifahren ebenfalls grüßte. Eine Nachtigall, in einem winzigen Holzkäfig eingesperrt, sang eine melancholisch anmutende Melodie, die in dieser lichtarmen Gasse eine sonderbare Stimmung verbreitete. Sechs Männer mit leeren Gesichtsausdrücken schritten in einer Kolonne barfuß an uns vorbei. An langen Bambusstangen trugen sie schwere Lasten, ihr wippender Gang und die nach unten gebogenen Stangen zeugten vom Gewicht der prallvollen Körbe. Aus zwei Körben war das laute, aufgeregte Schnattern von Enten zu hören, sie waren auf dem Weg zum Markt, wohl ihrem unausweichlichen Lebensende.

Dann blieb der Fahrer plötzlich stehen und zeigte auf das Haus vor uns. Über der Eingangstür hing ein verwittertes Schild, auf dem »Chefoo Guesthouse« stand. Konsterniert stand ich vor der Rikscha und bemühte mich, meine Enttäuschung zu verbergen. Das Guesthouse war alles andere als das, was ich mir auf meiner langen Reise vorgestellt hatte. Doch ich hatte keine Wahl, dies war der Ort, den mein Gastgeber für mich ausgesucht hatte.

Ein übergewichtiger, kurzatmiger Chinese trat vor die Türe und gab mir mit einer resoluten Handbewegung zu verstehen, dass ich eintreten sollte. »Willkommen«, sagte er, »ich bin der Besitzer dieses Hauses.« Ein muffiger Geruch, der von den alten Möbeln, die im kleinen

Empfangsraum standen, ausging, empfing mich, und am Boden neben der Rezeption stand ein großer Spucknapf. Ich bemühte mich, nicht hineinzuschauen, denn dies hätte mein Magen wohl kaum noch verkraftet.

Stolz und feierlich öffnete der Wirt das Gästebuch und zeigte mir, wo ich mich eintragen sollte. Innerlich musste ich lachen, denn die Seite war leer; ich war der einzige Gast. In einem herrischen Befehlston rief er in ein Hinterzimmer, das nur durch einen Vorhang vom Empfang getrennt war. Unverzüglich trat ein älterer Junge heraus und blieb wie angewurzelt stehen. Erstaunt und verunsichert schaute er mich an, er hatte offensichtlich noch nie einen Ausländer gesehen. Dann musterte er den Rikschafahrer, der ungeduldig neben mir stand und auf sein Geld wartete. Ich griff in meine Tasche und gab ihm fast den doppelten Betrag von dem, was wir zuvor ausgemacht hatten. Er bedankte sich mehrmals, steckte das Geld in seine linke Hosentasche und verließ eilig das Guesthouse. Momente später hörte ich, wie er mit seinem klapprigen Gefährt wieder die Gasse hochlief.

Inzwischen las der Hotelbesitzer laut und andächtig meinen Namen im Gästebuch. Dann hob er den Kopf und sagte, dass er Shie Kein heiße und in diesem Quartier aufgewachsen sei. Der Junge packte meinen Koffer und schleppte ihn eine steile, knarrende Holztreppe hoch. Müde kletterte ich hinter ihm die Treppe hoch. Wir schritten einen spärlich beleuchteten Flur entlang, und was mir als Erstes ins Auge stach, waren die leeren Spucknäpfe, die neben jeder Zimmertür am Boden standen.

Endlich betrat ich das langersehnte Zimmer. Die Einrichtung bestand aus einem abgeschabten Teppich, einem schmalen Bett und vorne beim Fenster mit Blick auf die Gasse einem Stuhl und einem Tisch, auf dem schon eine Thermosflasche mit heißem Wasser und ein Tellerchen mit kleinen, großzügig gefüllten Beuteln mit grünem Tee bereitstanden. Hinter einer Schiebewand entdeckte ich ein hölzernes Waschbecken und darüber einen Spiegel, der mich unwillkürlich zum Lachen brachte. Die größte Fläche war blind, sodass ich von meinem Gesicht nur kleine Ausschnitte sah.

Jemand pochte an die Türe, es war Shie Kein. Wortlos, mit einem freundlichen Grinsen im Gesicht überreichte er mir ein Handtuch und ging gleich wieder. Das Tuch war ausgefranst und fast durchsichtig, sein Alter ließ sich nicht schätzen.

Während ich mich frisch machte, kam mir ein Gedanke. Ich fragte mich, wann mich die Kontaktperson abholen würde, um mich in die Loge des Goldenen Drachen zu begleiten? Ich hatte keine Ahnung. Einmal mehr las ich den auf Pergament geschriebenen Brief, um mich zu vergewissern, dass er mir tatsächlich den Zutritt in die geheime Loge gewährleisten würde. Ich war gespannt auf das, was mich dort erwartete. Natürlich war mir die geistige innere Arbeit vertraut, aber warum hatte man mich nach Shanghai gerufen? Mir war natürlich bewusst, dass es wichtig war und zudem auch äußerst ungewöhnlich, dass ein Europäer in diese geheime Loge eingeladen wurde, von deren Existenz kaum jemand wusste.

Ich setzte mich auf den Stuhl, schaute immer wieder aus dem Fenster auf die schmale Gasse. Es könnte ja sein, dass man mich schon heute Abend abholte! Um mich abzulenken, las ich in einem Buch über verschiedene chinesische Dynastien und ihre uralten Traditionen, doch ich war müde und konnte mich auf den Inhalt des Gelesenen nicht konzentrieren. Am Satz eines taoistischen Weisen blieb meine Aufmerksamkeit hängen: »Öffne das Geheimnis der goldenen Blüte, sie ist das Licht des Himmels, das Licht des Tao.«

Irgendwann musste ich auf dem Stuhl eingeschlafen sein, denn ein lautes Klopfen an der Türe riss mich abrupt aus der Schlafwelt in die Wachwelt zurück. Mein erster Gedanke war, dass man mich abholte, doch nein, es war abermals Shie Kein. Er wollte wissen, ob ich mit dem Zimmer zufrieden sei, und bemühte sich fieberhaft, mich in ein Gespräch zu verwickeln. Ich merkte, wie er mit gewiefter Schlauheit versuchte, mir den Grund meines Aufenthalts in Shanghai zu entlocken. Die Neugier blitzte nur so aus seinen Augen. Als er merkte, dass das nicht funktionierte und seine Strategien sich wie Rauch in nichts auflösten, wünschte er mir kurz und schroff eine gute Nacht und verließ rasch das Zimmer.

Inzwischen hatte sich die Nacht über die Stadt gelegt, erschöpft ging ich zu Bett und schlief gleich ein. Lautes Kindergeschrei auf der Gasse weckte mich am Morgen aus einem traumlosen Schlaf. Als Erstes schaute ich auf die Uhr und erschrak, sie war in der Nacht stehen geblieben. Chronos, der Gott der Zeit, hatte mir ein Schnippchen geschlagen und mich in eine vorübergehende Zeitlosigkeit verbannt.

Nach meiner Morgentoilette ging ich gleich nach unten zur Rezeption, um zu fragen, ob jemand eine Nachricht für mich hinterlassen habe. Zu meiner Überraschung musste ich feststellen, dass niemand da war und die Eingangstüre wie auch das einzige Fenster zur Gasse hin fest verriegelt waren. Ich konnte es kaum fassen, ich war tatsächlich in diesem Guesthouse eingeschlossen und kam mir vor wie ein Gefangener unter Hausarrest. Ungute Gedanken bewegten mich: Was, wenn ausgerechnet jetzt die Kontaktperson käme, um mich abzuholen, und eine verschlossene Türe vorfände? Am Rande dieser düsteren Gedanken war mir jedoch bewusst, dass ich der höheren Macht, die alles Leben leitet, vertrauen konnte.

Ich setzte mich im Empfangsraum auf das alte, staubige Sofa und wartete. Durch die Fensterritzen drang Tageslicht in den Raum und hüllte diesen in eine eigenartige Atmosphäre. Das Meer der Zeit schien sich in der Hülle dieser Stadt in einem eigenen Rhythmus zu bewegen, und ich brauchte Zeit, um mich anzupassen.

Endlich hörte ich, wie sich der Schlüssel im schweren Türschloss drehte, Shie Kien trat mit zwei vollen Einkaufstaschen ein. Als er mich hier sitzen sah, ließ er vor Schreck eine der Taschen zu Boden fallen. Er entschuldigte sich, es war ihm wirklich peinlich, dass er mich im Hotel eingeschlossen hatte, und er erklärte mir gleich warum. In diesem Viertel, erzählte er, gebe es viele Gelegenheitsdiebe, düstere Gesellen, die sich wie listige Marder überall einschlichen und alles stehlen, was ihnen in die Hände komme. Deshalb dürfe er nie vergessen, die Türe abzuschließen, wenn er das Haus verlasse. Nachdem er mir dies erzählt hatte, verstand ich sein Vorgehen und gab ihm dies auch zu verstehen.

Ich sagte ihm, dass ich jemanden erwarte, der mich im Guesthouse abholen werde, und bat ihn, mich gleich zu benachrichtigen, wenn man sich nach mir erkundigte. Den ganzen Tag blieb ich im Zimmer, las und schlief. Shie Kein brachte mir das Essen aufs Zimmer, da ich das Guesthouse nicht verlassen konnte. Ich wusste ja nicht, wann die Kontaktperson kam.

Tage vergingen, und ich wartete und wartete. Jeden Morgen stieg ich die steile Treppe hinunter zur Rezeption und fragte Shie Kein, ob denn jemand eine Nachricht für mich hinterlassen habe, und immer wieder schüttelte er verneinend seinen runden kahlen Kopf.

Träge schlichen die Tage dahin, sie schienen sich endlos auszudehnen. Ungewissheit zermürbte mich, doch mir blieb nichts anderes übrig, als zu warten. Und dann, am sechsten Tag bei Tagesanbruch hörte ich leise Schritte im Flur, ich dachte, es sei Shie Kein, doch dem war nicht so. Ich sah, wie jemand einen Brief unter der Tür hindurch ins Zimmer schob und sich rasch und leichtfüßig wieder entfernte. Ich eilte zur Türe und öffnete sie, doch im Flur war niemand zu sehen. Mit zitternden Händen öffnete ich den Brief, der mit einem kleinen Drachen aus gelbem Wachs versiegelt war.

Die Nachricht war kurz, ich las: »Kommen Sie morgen um acht Uhr ins Hu-Sing-Tea-House.« Ich eilte die Treppe hinunter und fragte Shie Kein, ob er mir den Brief nach oben gebracht habe oder einem Kurier begegnet sei. Beides verneinte er und versicherte mir, dass er den ganzen Morgen in der Rezeption gewesen sei und mit Sicherheit niemand die Treppe hochgestiegen sei.

Er war zutiefst erstaunt, als ich ihm erzählte, dass vor einigen Minuten jemand einen Brief unter meiner Zimmertür durchgeschoben habe. Die Situation war tatsächlich rätselhaft, Shie Kein war verunsichert und sprach von unsichtbaren Geistern. Ich ging in mein Zimmer zurück und konnte in der folgenden Nacht vor Aufregung kaum schlafen.

Die Loge des Goldenen Drachen

Am nächsten Morgen bei Tagesanbruch stand ich unten im Empfangsraum. Shie Kein kam mit einem Rikschafahrer, den er draußen auf der Gasse für mich organisiert hatte, herein. Der Fahrer schaute mich kurz an und ging erst einmal zum Spucknapf, den er äußerst geräuschvoll benutzte. Dann kam er auf mich zu und fragte: »Hu Sing Ding?« Ich nickte und folgte ihm nach draußen zu seiner Rikscha.

Die Stadt war bereits frühmorgens vom dichten Verkehr verstopft. Tausende Menschen waren auf dem Weg zu ihren Arbeitsplätzen. Der Fahrer zwängte sich durch enge Gassen, er wollte die großen Straßen umgehen. Ein eiskalter Regenschauer klatschte wie eine Peitsche auf die Menschenmenge nieder und trieb sie rücksichtslos durch die Stadt.

Durch den French-Distrikt gelangten wir zum Chinesischen Garten. Mitten in einem großen Teich, der unzähligen Goldfischen als Heimat diente, stand das alte, ehrwürdige, aus Holz gebaute Teehaus. Ein langer Steg führte im Zickzack über den Teich zu dem großen runden zweistöckigen Gebäude. Man glaubte, so die bösen Geister abhalten zu können, da diese nur geradeaus gehen könnten. Langsam schritt ich über diesen merkwürdig gebauten Steg und musste immer wieder den Menschen ausweichen, die aus dem Teehaus auf ihrem Rückweg waren. Das farbige, sechseckige Dach wölbte sich fächerartig nach unten, und ganz außen auf jeder der hervorstehenden Dachspitzen saß die Statue eines furchterregenden Dämons – die Beschützer des Teehauses.

Im Inneren herrschte reger Betrieb. In allen Ecken und Nischen dieses verwitterten Gebäudes standen Tische und Stühle. Ich schaute mich um, kein einziger Tisch war frei. Da ich der einzige Europäer war, wurde ich mit misstrauischen und kühlen Blicken begutachtet. Vorwiegend ältere Männer saßen da, alle in die gleichen dunkelblauen, bis oben zugeknöpften Jacken gekleidet.

Ich stieg die schmale Holztreppe in das obere Stockwerk hinauf und dort, direkt am Fenster, wurde soeben ein Tisch frei. Kaum hatte ich mich gesetzt, stand auch schon ein Mann mit einer kleinen Kanne Grüntee und einer Tasse vor mir, stellte beides auf den Tisch und sagte: »Ni Hao« (guten Tag), und schon war er wieder weg. Durch ein kleines Fenster beobachtete ich die vielen Menschen, die über den Steg zum Teehaus eilten. Jetzt regnete es stark. Schwere Tropfen klatschten in den Teich und vereinigten sich mit seinem Wasser. Ab und zu schnellte ein Fisch aus dem Wasser und schnappte nach einem Insekt.

Der warme, angenehm duftende Tee floss wohltuend meine Kehle hinunter. Ich schaute auf die Uhr, es war kurz vor acht, und genau in dem Moment stand plötzlich ein Mann vor mir und fragte: »Sind Sie Mister Park?« Ich war überrascht und auch ein wenig erschrocken, denn ich hatte weder seine Anwesenheit bemerkt noch wie er auf mich zugekommen war. Für Momente schien mein Gehirn die Außenwelt völlig ausgeblendet zu haben.

»Ja, ich bin Mister Park«, antwortete ich. Er setzte sich und sagte: »Es freut mich, Sie kennenzulernen, ich bin Mister Wang.« Er kam mir vor wie ein Mensch aus einer anderen Welt, der irgendwie gar nicht in diese Umgebung passte. Sein kantiges, glattrasiertes Gesicht, seine mandelförmigen Augen, aus denen Blitze einer besonderen Kraft strahlten, und auch der elegante europäische

Regenmantel mit dem dazu passenden breitrandigen Hut hüllten diesen Menschen in eine mysteriöse Aura, und er war auch der einzige hier anwesende Chinese, der keinen Zopf am Hinterkopf trug.

»Mister Park, bitte geben Sie mir den Logenschlüssel«, seine Stimme war leise, aber kompromisslos und bestimmt. Ohne zu zögern, flüsterte ich: »Das zweite Gesicht schaut ewig strahlendes Licht.« Er nickte und erwiderte: »Sie kennen das goldene Lebenselixier, das Geheimnis vom Diamantenen Leib. Willkommen in Shanghai, und entschuldigen Sie, dass Sie so lange im Guesthouse warten mussten, aber ich bin erst vor zwei Tagen aus der Inneren Mongolei zurückgekehrt, ich musste dort jemanden abholen.« Dann fuhr er fort: »Mister Park, das Treffen findet schon heute statt, das habe ich gleich bei meiner Rückkehr in Shanghai erfahren.« Ich legte einen halben Yuan für den Tee auf den Tisch und verließ mit ihm das Lokal. Obwohl ich ihn erst einige Minuten kannte, war mir sein Wesen tief vertraut. Mir war, als kannten wir uns ewig, doch diese Erinnerung war wohl in alten nebulösen Zeiten vergraben.

Der Regen hatte fast aufgehört, und Mister Wang fragte mich, ob ich nichts dagegen hätte, den Weg zur Loge zu Fuß zu gehen. Nach den langen Tagen des Wartens im Guesthouse nahm ich diesen Vorschlag gerne an. Wir waren über zwei Stunden zu Fuß unterwegs und gelangten dann in einen Außenbezirk der Stadt, in dem es nicht so hektisch zuging. Wir schritten eine menschenleere Sackgasse hinunter bis zu einem alleinstehenden Haus ganz am Ende. Über dem Eingang hing eine große dunkelrote Laterne, und beidseitig der Türe standen zwei aus Stein gehauene Statuen. Die Löwenfratzen wirkten irgendwie bedrohlich, doch sie waren die Wächter, die das Haus vor bösen Geistern schützen sollten.

Mister Wang klopfte in einem bestimmten Rhythmus mehrmals an die Türe. Mir war gleich aufgefallen, dass sie sich nur von innen öffnen ließ. Er klopfte abermals, dann hörte ich ein kränkliches Hüsteln hinter der Tür. Ein kleiner alter Mann mit einem ausgemergelten Körper und entzündeten Augen öffnete uns. Ehrerbietig grüßte er Mister Wang und warf mir einen kurzen fragenden, aber freundlichen Blick zu.

Wir gingen einen schmalen, kaum beleuchteten Flur hinunter. Ein schwerer süßlicher Duft kam uns entgegen. Dann öffnete der Mann eine knarrende Tür, wir betraten einen hohen rauchgeschwängerten Raum.

Ich traute meinen Augen nicht, denn so etwas hatte ich wirklich noch nie gesehen. Im schummerigen Licht lagen spindeldürre Männer auf niederen Betten, die durch niedrige Pergamentwände voneinander getrennt waren. Einige rauchten seitwärts liegend ihre Opiumpfeifen, andere schliefen und schwebten in süßen Traumwelten. Ihre schattenhaften und eingefallenen Gesichter zeugten von der zehrenden Sucht. Das gedämpfte rötliche Licht und die schweren Rauchwolken hüllten den Raum in eine gespenstische Atmosphäre.

Der Alte sah, dass mir schwindlig wurde. Er packte meinen Arm und führte mich rasch zur hinteren Seite des Raums. Versteckt in einem großen Schrank entdeckte ich eine Türe, die jedoch so gut getarnt war, dass man sie ohne Hinweis nicht sehen konnte. Aus einem Geheimfach zog der Alte einen vergoldeten Schlüssel und öffnete, ohne zu zögern, die Tür. Mister Wang und ich betraten einen kleinen, geschlossenen Hinterhof, der, wie ich feststellte, nur durch diese geheime Tür zugänglich war. Der Alte hatte die Türe hinter uns sofort wieder sorgfältig verschlossen.

»Wir sind angekommen, Mister Park«, sagte Mister Wang. Wir standen vor einem Tor, auf das kunstvoll ein großer goldener Drache gemalt war. Dann sprach er leiser weiter: »Unser Logentor öffnet sich nur wenigen und nur denen, die wirklich aus dem Geheimnis der vorweltlichen Kraft leben und die besonderen Merkmale aufweisen. Sie, Mister Park, wurden für einen besonderen Anlass eingeladen. Von einer höheren Ebene hatte ich den Auftrag erhalten, Sie zu kontaktieren. Sie sind gekommen, und das ist gut.«

Sieben Mal klopfte er an das Tor. Momente später wurde es behutsam und ohne Hast geöffnet. Ich staunte, als ich die zauberhaft schöne Chinesin erblickte, die uns anmutig und höflich empfing. Sie war in ein kostbares Kleid aus dunkelgelber Seide gekleidet und trug ihre langen glänzenden Haare offen. Ihr feines Gesicht war eher blass, doch sehr harmonisch. Eine edle und unantastbare Aura umgab sie. »Mein Name ist May Lin. Mister Park, ich heiße Sie in der Loge des Goldenen Drachen herzlich willkommen«, sagte sie mit sanfter Stimme.

»Sie ist seit vielen Jahren Mitglied der Loge und war noch sehr jung, als sie aufgenommen wurde«, erklärte mir Mister Wang, der meine Bewunderung für diese ungewöhnliche Frau bemerkt hatte.

Nachdem wir in einem Nebenraum unsere Mäntel und Hüte abgelegt hatten, machte mich May Lin noch darauf aufmerksam, dass ich auch die Schuhe ausziehen müsse. Es hingen bereits mehrere Mäntel und Jacken in der Garderobe, deren Besitzer wohl schon im inneren Raum saßen.

Mister Wang bat mich, auf einem der Sessel Platz zu nehmen, er wollte mir noch einige wichtige Dinge zur Loge erklären. »Die Loge des Goldenen Drachen gibt es schon mehrere hundert Jahre, und nie wurde im inneren Raum ein Wort gesprochen. Für unsere Gespräche haben wir einen anderen Raum, den nennen wir ›Das offene Fenster‹. Mister Park, nie hat jemand den inneren Raum betreten, der nicht in das Geheimnis des Diamantenen Leibes eingeweiht ist.

Alle drei Jahre besucht unser Meister für eine kurze Zeit die Loge. Bald ist es so weit, wir werden uns gleich in den inneren Raum begeben. Heute ist ein besonderer Tag, denn es ist das erste Mal, dass mehrere ausländische Gäste die Loge betreten dürfen. Der Meister hat uns die Namen dieser Gäste zukommen lassen und erklärt, dass jetzt neue Konstellationen erforderlich seien, damit der Glanz des Gewandes der Erde nicht in die Dunkelheit der anbrechenden schwierigen Zeiten absinke. Die maßgebende Ordnung, aus der die goldene Frucht heranreife, dürfe nicht durch Äußerlichkeiten verblendet und korrumpiert werden. Alle anwesenden Gäste sind langjährige Mitglieder von Logen, in denen das himmlische Licht fließt, und somit auch Mitglieder der universellen Großloge. Sie, Mister Park, sind der einzige Europäer, der in die Loge des Goldenen Drachen eingeladen wurde.«

Die Loge kam mir wie eine Arche aus einer fernen leuchtenden Welt vor. Bereits hier im Vorraum spürte ich die tiefe, alles absorbierende Stille, die alle persönlichen Eindrücke und Denkprozesse verschluckte.

May Lin erhob sich und öffnete eine Türe, die sich unmittelbar neben der Garderobe befand. Ich sah, dass hinter dieser noch eine zweite Türe war, die ebenfalls das goldene Emblem der Loge trug. Geräuschlos öffnete sie diese schalldichte Türe, wir traten ein.

Sieben Pergamentlampen an den Wänden erhellten dezent den Logenraum. Auf einem kostbaren hellgrauen Teppich saßen die Mitglieder und ihre Gäste auf bequemen dunkelblauen Kissen und warteten. In der hintersten Reihe waren drei Kissen frei, wir setzten uns. Um die zweihundertsechzig Menschen aus verschiedenen Nationen und Kulturen waren anwesend. Vorne, in der Mitte des Raums, lag auf einem niederen Podest aus edlem Holz ein großes goldbesticktes Kissen, es war der Platz des Meisters.

Eine unbeschreibliche zeitlose Kraft füllte den Logenraum. Tiefer Frieden, tiefe Stille und überpersönliche ausgereifte Liebeskraft durchfluteten mich. Mein Dasein war ins Vorweltliche erhoben worden. In dieser himmlischen Kraft waren die Schatten des menschlichen äußeren Erkennens bedeutungslos. Meine menschliche Fassungskraft mit dem gesamten Erinnerungsvermögen war verdunstet.

Plötzlich spürte ich die Anwesenheit einer gigantischen Kraft. Ich vernahm ein leises Rauschen, es tönte wie das Rascheln des Windes, wenn er die Blätter der Bäume im Wald liebkost. Momente später saß der Meister vorne auf dem goldenen Kissen, er war aus dem Nichts erschienen, aus dem heiligen unsichtbaren Universum. Dieser Meister hatte einen unermesslich hohen Verwirklichungsgrad realisiert, dessen war ich in diesem Augenblick tief gewahr. Er lebte in der reinen Lichtwelt. Begrenzungen wie Leben und Tod, Zeit und Raum waren in ihm inexistent. Aufrecht und mit gekreuzten Beinen saß er da, in ein langes schlichtes Gewand gekleidet. Sein Gesicht war ausgeglichen und entspannt, einzig sein lichtes schneeweißes Haar, die buschigen Augenbrauen und der dünne Kinnbart zeugten davon, dass dieser Körper einmal einen Alterungsprozess durchlaufen hatte.

Ein überirdischer Glanz umgab ihn, seine Gestalt erschien transparent, leuchtend, und eine enorm machtvolle Lichtkraft ging von ihm aus. Dann hörte ich seine sanften Worte in meinem Kopf. Seine Lippen bewegten sich nicht, seine Stimme war im Raum nicht hörbar, die absorbierende Stille in der Loge blieb unversehrt und unangetastet. Wir empfingen innerlich seine Botschaft: »Solange das Herz nicht die höchste Ruhe erreicht hat, kann es sich nicht bewegen. Nur das Herz, das kein Ding registriert, ist rein, nur das Herz, das sich an keinem Ding festhält, ist leer. Doch solange Leere als Leere beobachtet wird, ist diese Leere nicht die allerhöchste himmlische Leere. Die Leere, die sich selbst vergisst, ist die heilige Leere. Gegenstände sind äußere Dinge, der Weltenraum ist ihr Behälter. Wer im Außen sucht, hält das äußere Ding für das eigene Selbst und verirrt sich im Wollen. Der Weise erfährt Fernstes, ohne zu wandern, erkennt, ohne zu kennen, und vollendet, ohne zu handeln.

Ihr seid in der Loge des Goldenen Drachen vereint und kennt das Geheimnis vom goldenen Lebenselixier. Die Schatten des Todes habt ihr abgestreift und ausgeschaltet, ihr lebt im Herzschlag des heiligen Universums. Vertieft eure Arbeit, löscht, erfüllt mit himmlischem Atem die finsteren Todesschatten in der Welt. Für die Menschen, die noch in Umnachtung gehüllt sind, muss das goldene Band durch alle Zeiten erhalten bleiben. Im himmlischen Licht erfährt Schwaches Stärkung, Leere erhält Inhalt, und das Teil wird zum Ganzen. Helft im Stillen der Welt zu erwachen.«

Dann erhielt jeder spezifische Anweisungen und einen besonderen Auftrag für sein Wirken in der Welt. Die Anweisungen waren geheim, denn in der Geheimhaltung lebt die Kraft des Meisters. Jetzt war mir voll bewusst, weshalb man mich nach Shanghai eingeladen hatte. Momente später war er aus unserem Blickfeld entschwunden und in die mysteriöse grenzenlose Lichtwelt zurückgekehrt.

Die Art, wie er aus dem Nichts in Raum und Zeit in der Loge erschienen und dann wieder ins unsichtbare Lichtreich zurückgekehrt war, berührte mich tief. Obwohl der Meister den Logenraum verlassen hatte, glühte seine allesdurchdringende Lichtkraft in uns weiter und durchbrach alle Grenzen irdischen Verstehens und Denkens. Lange blieben wir in dieser heiligen, erhebenden Kraft sitzen, bis May Lin aufstand und die Logentüre öffnete. Still verließen alle den Raum, Mister Wang und ich blieben sitzen und warteten, bis alle draußen waren, dann begaben auch wir uns in die Garderobe.

Soeben wollte ich meinen Mantel und die Schuhe anziehen, als Mister Wang mich sachte beim Arm nahm und sagte: »Warten Sie, Mister Park, da gibt es etwas, was ich Ihnen gerne noch zeigen möchte.«

Dann führte er mich in einen kleinen Nebenraum, wo ein großer Spiegel stand, von dem eine fremdartige Energie ausging. Daneben, auf einem niedrigen Holzgestell lag ein Sarg, der mit einem großen dunkelblauen Tuch bedeckt war. Mister Wang entfernte das Tuch und faltete es sorgfältig zusammen, dann legte er es neben den Sarg auf das Gestell. Zu meinem Erstaunen stellte ich fest, dass der Sarg aus purem Gold war. »Dies ist das Grab des Meisters, öffnen Sie es, Mister Park«, sagte er mit ruhiger Stimme.

Mit gemischten Gefühlen hob ich behutsam den schweren Deckel und schaute hinein, doch da lag kein toter Körper, sondern ein scharfgeschliffenes, funkelndes Schwert. »Lassen Sie den Deckel offen und durchschreiten Sie das Mysterium. Stellen Sie sich jetzt vor den Spiegel und schauen Sie hinein.« Ohne zu zögern, folgte ich seinen Anweisungen.

Ich erschrak, im Spiegel war mein Körper nicht zu sehen, eine Spiegelung fand nicht statt, etwas anderes, äußerst Merkwürdiges geschah. Ich spürte einen unwiderstehlichen Sog, der mich in den Spiegel hineinriss und mich durch ein unsichtbares Tor schleuste. Ich reiste unkontrollierbar zurück in eine rätselhafte Vergangenheit und war nur Zeuge dieses starken Vorgangs. Aus unerklärlichen Gründen versuchte ich mich fieberhaft an die Gestalt und die Worte von Mister Wang zu erinnern, doch das misslang, denn im nächsten Moment waren alle Erinnerungen gelöscht.

Aus einer unsichtbaren Ferne drangen laute Stimmen zu mir, doch ich verstand nichts von dem, was sie sagten, da sie sich in einer mir fremden Sprache unterhielten. Eigenartig, irgendwie kam mir diese Sprache vertraut vor, als hätte ich sie selbst schon gesprochen. Verschwommene Bilder einer alten Stadt tauchten in meinem Bewusstsein auf, und die fremde Sprache war mir plötzlich nicht mehr so fremd.

Der Name Mister Wang durchblitzte mich kurz, ich hatte keine Ahnung, warum und wer er war. Es gab weder Anhaltspunkte noch Erinnerungen, doch der Namen löste das sonderbare Gefühl in mir aus, zwischen zwei Welten eingeklemmt zu sein. Ich hatte den Trank des Vergessens getrunken und war jetzt in einen meiner früheren Körper aus einer fernen, weit zurückliegenden Zeit zurückgekehrt.

Erwachen aus früheren Leben

Im sanften Morgenlicht sah ich in der Ferne den großen prächtigen Tempel, zu dem ich hinwollte. Festen Schrittes ging ich die Straße hinunter zu diesem heiligen Gebäude. Auf beiden Seiten der Straße standen großzügig gebaute, weiß getünchte Häuser, deren Dächer mit getrockneten Schlammziegeln gedeckt waren. Die Türen und die Fensterumrandungen waren kunstvoll mit bunten Mosaiksteinen verziert.

Unten, am Ufer des Nil, wuschen wie jeden Morgen dunkelhäutige Sklavinnen, die aus fernen Ländern stammten, die Kleider der vornehmen Gesellschaft der Stadt. Händler boten geschäftig am Straßenrand ihre Ware an und feilschten lautstark mit den Käufern. Mehrere bekannte Kaufleute der Stadt grüßten mich und gingen an mir vorbei. Ihre Diener trugen schwere Lasten, sie hatten die Güter von den Schiffen am Fluss geholt.

Weiter vorne begegnete ich einer größeren Gruppe stolzer Krieger mit ernsten Mienen, sie waren mit schweren Speeren, Bogen und Pfeil bewaffnet.

Vornehm gekleidete Beamte mit ihren schönen Frauen, die sich von Dienern in bequemen, überdachten Sänften tragen ließen, kamen mir entgegen. Die Damen waren in edle Stoffe gekleidet und mit goldenen Armreifen geschmückt. Einige trugen zusätzlich noch kostbare farbige Edelsteinketten um ihren schlanken Hals, um ihren hohen Status in der Gesellschaft hervorzuheben. Ein schwerer, aber angenehm orientalischer Duft zog an mir vorbei. Er stammte von den erlesenen Ölen, mit denen die Damen ihre Körper pflegten.

In der Kühle des Morgens waren viele Menschen unterwegs, denn bald würde die brütende Mittagshitze gnadenlos auf das Land niederbrennen und die Menschen für mehrere Stunden in ihre kühlen Häuser zwingen.

Angehende Priester in schlichten Gewändern eilten leichtfüßig dem Tempel zu, der auch mein Ziel war. Bald schritt ich in Gedanken versunken durch den lichtdurchfluteten Tempelvorhof und betrat das große Tempelhauptgebäude. Zwei hünenhafte Wächter mit verschlossenem Gesichtsausdruck bewachten diesen Teil des Tempels, der nur Eingeweihten zugänglich war. Ihre langen Speere verliehen ihrem Auftrag Nachdruck.

Sie kannten mich und ließen mich, ohne eine Miene zu verziehen, passieren. Durch luftige Säulengänge näherte ich mich dem innersten Heiligtum, dort standen vier weitere Wächter, die das große Portal hüteten. Einer der Wächter begrüßte mich und öffnete mir das mächtige, schwere Tor. Ich betrat den großen Raum, in dem mich der Pharao und seine Gemahlin empfangen wollten. Sie hatten einen Boten gesandt, um mich zu holen. Beide saßen im hinteren Teil dieser hellen Halle auf zwei aus edlem Holz geschnitzten Thronsesseln, und wir waren allein, was äußerst ungewöhnlich war.

Mit einem Handzeichen bedeutete der Pharao mir, näher zu kommen. Ich verbeugte mich ehrerbietig und setzte mich in gebührendem Abstand auf den Stuhl, den man für mich hingestellt hatte.

Aufrecht saß er da und schaute mich mit großer Ruhe an. Sein helles Obergewand und das lange Tuch um seine Hüften waren aus feinstem edlem Stoff und hatten fast dieselbe Farbe wie das makellose Gesicht seiner Gemahlin. Sie war in ein langes, kostbares, besticktes Gewand gekleidet, und ihre klaren Augen zeugten von Weisheit und Güte.

Auf seinem Haupt trug der Pharao einen hohen, oben abgerundeten, bläulich schimmernden leichten Helm, der wie eine Fortsetzung seines schmalen, kantigen Gesichts wirkte. Auf der Vorderseite der Kopfbedeckung ragte die nach oben gebogene Uräusschlange heraus, Symbol unbegrenzter göttlicher Macht und Weisheit.

Immer wieder war ich von seiner unfassbaren überirdischen Ausstrahlung, die auch von seiner Gemahlin ausging, erstaunt. Hinter ihnen war kunstvoll eine große Sonne in die Wand gemeißelt, von der dreizehn Strahlen ausgingen. Das ganze Relief war mit purem Gold ausgelegt, es symbolisierte Aton, die Licht und Leben spendende heilige Sonnenkraft, ohne die es kein Leben auf der Erde geben würde.

Hellsichtig sah ich das goldene feinstoffliche Stirnband des Gottkönigs, es deutete auf seine ausgereiften geheimnisvollen magischen Kräfte hin. Im Laufe seines Lebens hatte er viele Einweihungen durchlaufen und einen übermenschlichen Zustand erlangt. Die heilige Kraft, die von ihm ausstrahlte, füllte den großen Raum.

Es war eine Zeit der Unruhen und Intrigen, denn die geistige und politische Ausrichtung des Pharao missfiel einer Schar Priester. Sie fürchteten ihren Status zu verlieren, den sie dazu missbrauchten, um ihre materiellen Ziele zu verwirklichen. In mehreren Tempeln gab es Verschwörungen. Man versuchte, einflussreiche Menschen durch falsche Versprechungen dazu zu bewegen, sich gegen den Pharao zu wenden. Dass er mich hatte rufen lassen, hing sicherlich mit diesen Unruhen zusammen. Tatsächlich war es so, wie ich Momente später erfuhr.

Mit ruhiger, fester Stimme sprach er zu mir: »Juba, ich habe einen Auftrag für dich. Fahre nach Luxor, und schaue dich im Tempel von Karnak um, du warst ja schon viele Male dort. Finde heraus, ob sich auch dort Priester gegen mich gewandt haben, und berichte mir bald. Ich habe einige beunruhigende Gerüchte gehört.

Ihr werdet gleich losfahren. Es wurde bereits alles veranlasst, ihr werdet mit einem der königlichen Schiffe nach Luxor reisen. Drei Priester werden dich begleiten, doch sie wissen nichts von deinem Auftrag. Sie werden einige Tage im Karnak-Tempel bleiben und dann nach Abu Simbel weiterreisen, dort werden sie für längere Zeit in der Priesterschule tätig sein. Die Sänften stehen bereit, ein Bote ist zu deiner Gemahlin unterwegs. Sie wurde informiert, dass du für ein paar Tage nach Luxor reisen musstest.«

Der Pharao hatte bereits alles organisiert. Für mich war es eine große Ehre, diesen Auftrag für ihn auszuführen zu dürfen. Ich verbeugte mich vor beiden und verließ rasch den inneren Tempelbezirk.

Die drei Priester saßen bereits in ihren Sänften, ich nahm in der vierten Platz. Die jungen Priester grüßten mich respektvoll und freundlich, ich hatte sie schon öfters im Tempel gesehen. Sie waren Schüler von zwei Oberpriestern, mit denen ich befreundet war.

Geschickt trugen uns die kraftvollen, muskulösen Diener durch belebte Straßen zu unserem Bestimmungsort außerhalb der Stadt, wo sich die Anlegestelle der königlichen Schiffe befand. Überall entlang der Straßen wurden Esswaren und andere Güter angeboten, es wurde lautstark gehandelt und gefeilscht. Sobald sie die königlichen Sänften sahen, wichen die Menschen respektvoll zur Seite. So konnten wir ungehindert die Stadt hinter uns lassen.

Ein lauer Wüstenwind säuselte durch den feinen Sand und blies spielerisch und unermüdlich die feinen Körner vor sich her. Dadurch erschuf er immer neue, verschiedenartige Dünenformen, veränderte ständig das Landschaftsbild und verschlang manchmal ganze Dörfer.

Die Sonne war am Osthimmel erschienen, der Morgen war noch angenehm und kühl, doch bald würde die große, gleißende Hitze kommen.

Wir waren nun an unserem Ziel angelangt, stiegen aus den Sänften und standen vor dem langen, hohen Papyrusschiff, das uns der Pharao zur Verfügung gestellt hatte. Vierzig dunkelhäutige Sklaven hielten die Ruder fest in ihren Händen und warteten auf Anweisungen der Aufseher. Sie blickten alle starr geradeaus, es war ihnen strikt verboten, ihre Köpfe zu drehen, um zu sehen, wer das Schiff besteigt. Ungehorsam bedeutete ihren Tod.

Über einen Steg gelangten wir an Bord und wurden vom Verantwortlichen des Schiffs begrüßt. Der hintere Teil des Schiffs war erhöht und bestand aus zwei verschieden großen Plattformen, die beide mit prächtigen Baldachinen überdacht waren. Auf der oberen Plattform standen auf wertvollen Teppichen Stühle und Tische, die aus dunklen Edelhölzern gefertigt waren. Die untere Plattform war ebenfalls mit Teppichen bedeckt, doch auf ihnen lagen farbig bestickte Kissen und große aufgerollte Decken. Es war ein vom Wind geschützter Ort, an dem man sich hinlegen und ausruhen konnte.

Eine mandeläugige Dienerin empfing uns mit sanftem Lautenspiel und ein Parfümierer versprühte wohlriechende, unaufdringliche Essenzen. Kaum hatten wir uns gesetzt, eilten anmutige Dienerinnen herbei und reichten uns in goldenen Schalen frisches Trinkwasser und süße Datteln, dann wuschen und salbten sie unsere Füße.

Einer der Priester gab dem Aufseher das Zeichen zur Abfahrt. Mit einem sanften Ruck legte das große Schiff ab. Das Aufklatschen der vielen Ruder im Wasser und die lautstarken Befehle der Aufseher durchdrangen die Stille auf dem Fluss. Von unseren erhöhten Plattformen aus sah man weder die Aufseher noch die Ruderer.

Der königliche Bootsvorsteher kam zu uns und ließ uns wissen, dass sie die Nacht hindurch rudern würden, sodass wir am nächsten Abend in Luxor an Land gehen könnten. Da in der kommenden Nacht Vollmond wäre, gäbe es genügend Licht für eine Nachtfahrt.

In der Mittagshitze standen zwei Fächerer hinter uns und verschafften uns eine gleichmäßige Kühlung. Das Boot glitt gegen die Strömung langsam flussaufwärts, zwischendurch stand es fast still, dann wurde den Ruderern Trinkwasser verabreicht.

Zwei kleinere Papyrusboote, die reichen Kaufleuten gehörten, kreuzten das königliche Schiff. Die wohlhabenden Besitzer standen auf, verbeugten sich und grüßten uns ehrerbietig. Aufzustehen, sich zu verbeugen und zu grüßen war Pflicht, wenn man königlichen Schiffen begegnete.

Behutsam zog die glutrote Sonne ihre goldenen Strahlen aus dem Nilland, die Schatten wurden immer länger. Die Sonne war längst am Horizont verschwunden, doch ihr letztes Licht zauberte zum Abschied des Tages die weichsten und schönsten Pastellfarben an den Abendhimmel, bevor sie der Nacht Platz machte. Der Bootsvorsteher hatte angeordnet dass man die Fackeln anzündete. Ihr unruhiges Flackern spiegelte sich tanzend auf dem dunklen, ruhig dahinfließenden Wasser.

Die Nacht war lauwarm und sternenklar. Die drei Priester waren in Stille gehüllt. Seit wir den Tempel verlassen hatten, hatten sie kein einziges Wort gesprochen. Es war Teil ihrer ersten Einweihungen, die sie bereits durchlaufen hatten. Sie hatten gelernt, konsequent keine unnötige Energie in oberflächlichen Gesprächen zu vergeuden. Diese Tugend war nun zu ihrer Natur geworden. Ich hatte selbst alle diese vielen anspruchsvollen, nicht einfachen Einweihungsstufen durchlaufen und wusste deshalb die natürliche Verschwiegenheit und Integrität dieser jungen Priester zu schätzen.

Wenige von ihnen würden in die höheren Einweihungsstufen berufen werden, denn nur wenige besaßen die innere Anlage und Kapazität, die Naturkräfte und ihre geistigen Hierarchien zu kennen und zu leiten, um die großen kosmischen Rhythmen und die fließenden, vibrierenden Schwingungen im Universum neu zu ordnen. Bei einem dieser jungen Priester hatte ich diese Anlage wahrgenommen. Es war das erste Mal, dass die drei den Tempel von Karnak besuchten und dort in einer der großen Tempelschulen wohnen durften.

»Juba«, fragte mich einer von ihnen, »wir haben gehört, dass du schon viele Male in Karnak warst und die Oberpriester kennst. Erhalten die jungen Priester dort dieselben Einweihungen wie bei uns?«

»Ja, denn die Naturgesetze sind überall dieselben und die Reise nach innen auch. Die Stufen in eine höhere geistige Vollkommenheit führen den Eingeweihten zu einer geistigen Festigkeit und Ausgeglichenheit, die negative Stimmungen und Einflüsse nicht mehr zulässt. Nur das Höhere kann auf das Niedere einwirken, nur so das Helle auf das Dunkle«, erklärte ich ihnen.

»Wirst du mit uns im Tempel wohnen?«, wollte einer wissen.

»Nein, der Bruder meiner Gemahlin hat einen großen Landsitz in der Nähe des Karnak-Tempels. Wann immer ich in Luxor weile, wohne ich bei ihnen. Selbstverständlich werde ich aber auch im Tempel sein«, entgegnete ich.

Bald begaben sich die Priester auf die untere Plattform und hüllten sich in die Decken ein. Ich saß allein auf der oberen Plattform, in Gedanken versunken und beobachtete das fahle Mondlicht, das sich im ruhig dahinziehenden Wasser spiegelte. Die sich ausbreitenden Unruhen und Intrigen in den Tempeln beschäftigten mich. Welche dunklen Pläne da im Versteckten geschmiedet wurden und welche Ziele sie verfolgten, war nicht klar. Es gab verschiedene Gerüchte, die nichts Gutes ahnen ließen.

Die Aufseher hatten die Sklaven angewiesen, langsamer zu rudern, nun hatten sie den Rhythmus verlangsamt, damit sie in der Kühle der Nacht ihre physischen Kräfte schonen konnten. Ich bestaunte die Schönheit des tief dunkelblauen Himmels, den grenzenlosen Raum und die Myriaden leuchtender Sterne, die wie glänzende Perlen das endlose Firmament schmückten.

Spät in der Nacht legte auch ich mich hin, doch eine merkwürdige Regung bewegte mich. Eine bizarre Vorahnung mahnte mich zu äußerster Vorsicht, mein Auftrag im Karnak-Tempel schien mit Komplikationen und großen Gefahren verbunden zu sein. Es war eine innere Schau, die solche äußere Umrandungen zu erspüren vermochte, und ich irrte mich nicht, das wusste ich. Durch die tiefen Einweihungen, die ich von den alten Meistern in den Tempeln erhalten hatte, war mein Sensorium mit speziellen Fähigkeiten ausgerüstet worden.

Irgendwann holte mich der Schlaf ab, und ich floss nahtlos aus dem Wachen in die Traumwelt hinüber. Kaum hatte ich die unsichtbare Schwelle überschritten, stand der Pharao in seinem herrlichen und mächtigen Glanz vor mir und verkündete mir Folgendes: »Juba, treuer Weggefährte, deine Tage in der Welt sind bald zu Ende. Doch sei getrost, das strahlende Licht deiner reinen Seele ist unvergänglich und ewig. Löse dich ab vom alten Gewand der Welt und trete ein in den erhabenen Orden der Zweimalgeborenen, den Hütern des Lichts, den Beschützern der goldenen Kraft.«

Sanft wurde ich vom frühen Morgenlicht geweckt, die jungen Priester schliefen noch. Ich wusste, dass die Erscheinung des Pharao in meinem Bewusstsein real gewesen war und was er mir mittgeteilt hatte, deckte sich mit meiner Vorahnung.

Falls noch alte verborgene Teile meines Wesens mit den magnetischen Kräften der vergänglichen Welt verstrickt waren, dann musste ich diese jetzt aufspüren und in mir vernichten. Das Wandern durch die Zeit musste beendet werden. Schicksalskräfte durften in der anderen Welt keine Macht über mich erlangen und mein inneres Wesen ans Totenreich ketten.

Ich stand auf, begab mich auf die obere Plattform und setzte mich dort in einen Sessel. Bald kamen auch die Priester und begrüßten mich ehrerbietig. Sie waren so jung und hatten noch einen langen Einweihungsweg vor sich. Den mystischen Pulsschlag in der Natur kannten sie noch nicht, und auch der Zugang zum Geheimnis des fließenden Lichts war ihnen noch verborgen.

Die anmutige Lautenspielerin von gestern spielte eine sanfte Morgenmelodie auf ihrem Saiteninstrument und sang leise ein Loblied für die aufgehende lebenspendende Sonne, die jeden Morgen mit ihrer Anwesenheit das Land beglückte und befruchtete.

Als Dienerinnen uns ein Frühstück brachten, war die Welt noch nicht ganz erwacht. An den Ufern des Nils lagen noch Schatten der Nacht. Bauern tränkten ihre Ochsen im Fluss, neben ihnen wuschen Frauen einen Stapel Kleider im seichten Wasser. Eine der Frauen schrubbte ihren kleinen Sohn im kühlen Wasser, und der schrie und schlug wild um sich, das Bad behagte ihm offensichtlich gar nicht.

In ihrer Nähe lagen mehrere große Krokodile auf einer Sandbank und starrten regungslos hinüber zu ihrer möglichen Beute. Doch die Bauern ließen die Krokodile keinen Moment aus den Augen.

Ich beauftragte einen der Priester, mir den königlichen Bootsvorsteher zu holen, der sogleich kam. Ich sagte ihm, dass er den Sklaven jetzt eine Pause gönnen solle. Sie hätten die ganze Nacht gerudert und bis nach Luxor wäre es noch weit. Er war erleichtert und sofort einverstanden, denn alle größeren und wichtigen Entscheidungen lagen als Abgesandter des Pharao bei mir. Bald hatte man einen geeigneten Ort gefunden, und das

Schiff wurde kunstgerecht ans linke Ufer navigiert. Einer der Aufseher sprang ins Wasser. Mit zwei robusten Seilen befestigte er das Schiff an Dattelpalmen, die nah am Wasser standen.

Ich war der Einzige, der von Bord ging. Ich wollte eine Weile allein sein und ein paar Schritte über das Land gehen. Nicht allzu weit vom Ufer entfernt sah ich ein kleines Dorf, das von einem großen Palmenhain umgeben war. Mehrere Esel trotteten gemächlich durch den schattenspendenden Hain und suchten nach heruntergefallenen Früchten.

Der starke Wachtraum lag wie ein trüber Schleier über meinem Bewusstsein. Ich hoffte, dass ich trotzdem meinen Auftrag für den Pharao erfüllen und die anliegenden Probleme und Unstimmigkeiten klären könnte. Dass dies nicht einfach sein würde, war mir bewusst, denn mir war nicht klar, an welche Priester ich mich mit meinem vertraulichen Anliegen noch wenden könnte.

In Gedanken versunken, ging ich am Ufer entlang und wich sorgfältig den großen, struppigen Dornenbüschen, die hier wuchsen, aus. Plötzlich sprang ein kräftiger Mann hinter einem der Büsche hervor und bedrohte mich mit einem blitzenden, langen Krummmesser. Der schmutzige Turban, die armselige Bekleidung und seine trüben, blutunterlaufenen Augen verrieten seine Herkunft. Er war ein entlaufener Sklave. Ich war unbewaffnet, das hatte er gleich gesehen, und wegen meiner vornehmen Kleidung hielt er mich wohl für einen reichen Kaufmann, der auf dem Weg ins Dorf war, um dort Handel zu treiben. Offensichtlich hoffte er auf eine gute Beute. Ohne zu zögern, kam er flink auf mich zu und holte zum tödlichen Schlag aus, doch diesen Angriff hatte ich erwartet.

In dem Augenblick, da er mit brachialer Gewalt zum Schlag ansetzte, der meinen Schädel wohl gespalten hätte, entzog ich ihm im Geist blitzschnell die

Möglichkeit zu handeln und neutralisierte dadurch seine Bewegungsfreiheit. Dies bewirkte einen mächtigen Schock in seinem Körper, der zur Folge hatte, dass sein Arm mit dem Langmesser erstarrt und blockiert in der Luft stehen blieb.

Er wusste weder ein noch aus und verstand die Welt nicht mehr. Er fiel auf die Knie und bat mich verunsichert und verängstigt mit gebrochener Stimme um Vergebung. Ich erklärte ihm, dass ich ihn nicht töten werde, jedoch der Bann so lange bestehen bleibe, bis er so weit sei, dass er nie wieder jemanden mit dem Messer bedrohen und töten werde. Ich forderte ihn nach einigen Momenten auf, aufzustehen und nie wieder zu diesem Ort zurückzukehren. Wie von einem Skorpion gestochen sprang er auf und ergriff panikartig die Flucht.

Auf dem Schiff hatte man von diesem Zwischenfall nichts bemerkt, und für mich gab keinen Grund, davon zu erzählen. In der Zwischenzeit hatte man die Sklaven verpflegt und wir setzten unsere Reise fort.

Bald breitete sich die brütende Tageshitze wieder über dem Stromland aus. Die Fächerer verrichteten ihre Arbeit, und der Parfümierer versprühte einen aromatischen Duftteppich, um den ätzenden Schweißgeruch der Ruderer zu neutralisieren. Dienerinnen stellten uns eine Mahlzeit auf den Tisch und zogen sich gleich wie scheue Gazellen zurück.

Am östlichen Ufer des mächtigen Stroms bewegte sich eine lange Kamelkarawane langsam vorwärts, die Tiere waren schwer beladen. Als die Treiber das königliche Schiff sahen, blieben sie unverzüglich stehen und erwiesen uns mit einer Verbeugung ihre Ehre.

Wie ein leuchtendes grünes Band schlängelte sich die fruchtbare Vegetation die Flussufer entlang, doch unmittelbar hinter dem schmalen Grüngürtel begann die karge und trockene Wüste, die bis zum fernen Horizont reichte. Der Fluss war das Leben des Landes, die pulsierende Schlagader für Mensch, Tier und Pflanzen. Die Felder waren reif für die Ernte, die Palmen voller Datteln.

Luxor – im alten Tempel von Karnak

Als die Sonne den westlichen Horizont erreicht hatte und der unangenehm heiße Wind allmählich abkühlte, kam der königliche Vorsteher und teilte uns mit, dass wir bald in Luxor anlegen würden. Doch die Nacht hatte bereits ihr dunkles Kleid übers Land gelegt, ehe wir von Bord gehen konnten. Die Priester verbeugten sich und verabschiedeten sich von mir. Ein junger Priester aus dem Karnak-Tempel hatte sie erwartet. Ich schaute mich um und erkannte gleich mehrere Angestellte meines Gastgebers. Auch sie hatten mich gleich gesehen und eilten mit einer Sänfte herbei.

Auf dem kürzesten Weg ging es durch die bevölkerten Gassen von Luxor hinaus aus der Stadt. Unter dem sternenübersäten Himmel trugen mich die Sänftenträger durch die laue Nacht, und es dauerte eine Weile, bis wir in einen mit Palmen gesäumten Weg einbogen und zum großen Platz vor dem prächtigen Haus gelangten. Ein Diener war bereits vorausgeeilt, um meine Ankunft zu melden. Der Gastgeber stand mit seiner zartgliedrigen Gemahlin und einer großen Dienerschaft vor dem Haus, um mich respektvoll und freundlich zu empfangen.

»Willkommen, Juba«, begrüßte mich Hatia, der Gastgeber, »es ist lange her, seit du uns mit deiner Anwesenheit beehrt hast.«

Mit sanfter Stimme fügte Meritneth, seine Gemahlin, hinzu: »Ja, sei willkommen in unserem Haus Wie ich sehe, kommst du diesmal alleine, ohne meine geliebte Schwester und eure Kinder.«

»Leider war es dieses Mal nicht möglich, sie mitzunehmen, aber hoffentlich das nächste Mal«, tröstete ich sie.

»Du musst hungrig und müde sein. Komm, lass uns ins Haus gehen, ich werde dir deine Gemächer zeigen.« Ich folgte ihr. Ihre elegante Art, sich zu bewegen, hatte etwas Katzenhaftes, Bezauberndes an sich, ihre natürliche Schönheit und innere Kraft überstrahlten den Ort. An ihrer Seite ging stolz und aufrecht mit weit geöffneten Nüstern ihr zahmer Leopard. Jeder Muskel war angespannt, er wartete auf ihre Befehle. Niemand außer ihr konnte ihn berühren.

Der Gastgeber gab den Dienern Anweisungen und entschuldigte sich, er hatte noch eine Arbeit zu erledigen, doch er versicherte mir, dass wir uns bald beim Abendessen treffen werden.

Meritneth führte mich durch ihren feudalen Wohnsitz und genoss es, mir die geschmackvoll eingerichteten Räume zu zeigen. Wir gingen durch ein Vorzimmer in den großen, von Säulen getragenen Speisesaal. Die Teppiche, die auf dem kühlen Boden lagen, waren kunstvoll aus farbigen Pflanzenfasern geknüpft und die weißen Wände mit verschiedenen Tiermotiven bemalt. Die vier Ecken des geräumigen Raumes waren mit kostbaren Goldbändern verziert und vermittelten ihm etwas Majestätisches. Der große Tisch und die Stühle waren aus einem seltenen Holz aus einem fernen Land.

Dann führte sie mich in den hinteren Teil des Hauses in die Räume, in denen ich immer wohnte, wenn ich bei ihnen zu Gast war. Auf dem Tisch standen ein Krug mit frischem Wasser und eine Schale mit köstlichen, reifen Früchten aus ihrem Garten. Die Rollmatten vor den Fenstern waren zum Schutz vor der Hitze und den Insekten heruntergelassen. »Sicher möchtest du jetzt ein Bad nehmen und dich frisch machen, Juba. Komm zu uns in den Speisesaal, wenn du fertig bist.« Sie rief zwei Dienerinnen herbei, um das

Bad vorzubereiten, und wies sie an, welche Öle und Gewänder sie für mich bereitlegen sollten. Dann zog sie sich zurück.

Nachdem wir die Mahlzeit eingenommen und alle Bediensteten und auch Meritneth den Speisesaal verlassen hatten, sagte Hatia: »Juba, du machst einen sehr nachdenklichen Eindruck, und es ist auch das erste Mal, dass du ohne deine Gemahlin und deine Kinder gekommen bist. Hat es mit den Unruhen in den Tempeln zu tun? Es gibt anscheinend Priester, die behaupten zu wissen, dass der Pharao den Karnak-Tempel schließen wolle.«

Seine Frage kam klar und direkt. Hatia war ein Ehrenmann und verschwiegen. Ich wusste, dass ich mich ihm anvertrauen konnte. »Du hast recht, Hatia, ich komme im Auftrag des Pharao und werde morgen den Tempel besuchen. Ich hoffe herauszufinden, wer diese üblen Unwahrheiten in die Welt gesetzt hat, die sich wie ein wucherndes Geschwür in mehrere Tempel ausgebreitet haben.«

Hatia erwiderte: »Wir haben erst kürzlich von einem nahen Freund erfahren, dass sich seit einiger Zeit mehrere einflussreiche und äußerst korrupte Priester im Tempel aufhalten, die überall nach Verbündeten suchen. Ihr Ziel ist es, den Pharao abzusetzen und die Macht im Lande zu übernehmen. Sie würden ihn und seine Gemahlin bestimmt töten lassen. Reichen Kaufleuten wurden Land und hohe Ämter versprochen, und auch uns wurde von einem anonymen Vermittler ein Angebot überbracht.«

Mir war nicht bewusst gewesen, und dem Pharao wohl auch nicht, dass die Verschwörung im Karnak-Tempel ein solch bedrohliches Ausmaß angenommen hatte. Das geheime Licht wurde von mehreren Priestern entweiht, missbraucht und für finstere Ziele eingesetzt. Die Gefahr, die von ihnen ausging, stimmte mich nachdenklich.

»Sollte ich dir irgendwie behilflich sein können, lasse es mich wissen. Wir werden dir zu Ehren morgen Abend ein Fest veranstalten, hoffentlich wird das deine sorgenvolle Stimmung ein wenig auflockern«, meinte Hatia.

Mir war alles andere als zum Feiern zumute, aber unter keinen Umständen wollte ich ihre Gastfreundschaft verletzen. Wir redeten bis spät in die Nacht, dann zog ich mich in mein Gemach zurück. Kaum hatte ich die Türe geschlossen, pochte es leise. Eine junge grazile Nubierin trat ein, sie brachte mir frisches Trinkwasser und ein Gewand für die Nacht. Dann fragte sie scheu: »Wünscht der Herr, dass ich die Nacht über bei ihm bleibe?« Dankend entließ ich sie und schlief bald ein.

Als ich am Morgen erwachte, hatte das Sonnenlicht die Nachtschatten bereits verbrannt. Ich entschloss mich, den Besuch im Tempel auf den nächsten Tag zu verschieben und mich auszuruhen. Ein Diener brachte mir das Frühstück und eine Botschaft von Meritneth. Sie hatte für das Fest noch einiges in der Stadt zu besorgen.

Ich genoss die Ruhe dieses Ortes und wanderte zwischen bebauten Feldern und Blütenbüschen hin zu einem kleinen Teich, in dessen stillem Wasser sich Dattelpalmen spiegelten. Ich setzte mich in ihren Schatten und entspannte mich. Wann immer ich bei Meritneth und Hatia zu Besuch war, kam ich zu diesem stillen Ort.

Der Himmel war tiefblau, der Morgen mild. Seit Millionen von Jahren wanderte die lebenspendende Sonne gemächlich vom Osthimmel, wo sie jeden Morgen erschien, dem Westhimmel zu, um dort jeden Abend wieder zu versinken und der Nacht Platz zu machen.

Ich beobachtete die kleinen Mücken, wie sie mit schwereloser Leichtigkeit über dem dunklen Wasser tanzten. Die Worte des Pharao pochten in meinem Gehirn. Er hatte mir zu verstehen gegeben, dass meine Zeit in der Welt bald zu Ende sei, was in meinem fortgeschrittenen Alter jedoch nichts Außergewöhnliches war. Doch etwas anderes beschäftigte mich tief greifend! Wie konnten die Schicksalskräfte, die noch an mir hafteten, in der mir verbleibenden Zeit gelöscht werden? Die großen Einweihungen hatte ich alle durchschritten und die Stufen der ansteigenden Kräfte in der lichten Macht verwirklicht. Und trotzdem schien noch ein für mich nicht objektivierbarer, diffuser Rest einer schicksalsbedingten Altlast in mir zu vibrieren.

Mir war klar, dass sich auf der intellektuellen Ebene keine Antwort auf diese Frage finden ließ, doch ich wusste, dass sich diese alten Kräfte zu gegebener Zeit in mir zeigen mussten. Es waren Kräfte, die mich auf der Straße der Zeit festzuhalten versuchten. Gelassen wartete ich auf den Moment, da sich dieses alte Feld aus den verborgenen Tiefen meines Bewusstseins lösen würde. Was immer da auch hochgeschwemmt wurde, es konnte mich nicht überraschen, ich war hellwach und bereit.

Mein ganzes Sein war längst ins Allerhöchste eingebettet und in der Lage, diese letzte Hürde unmittelbar zu durchschauen und zu überwinden. Die geheimen Schlüssel in die Vollkommenheit und den Urgrund des heiligen Universums waren mir in den tiefen Einweihungen offenbart und zugänglich gemacht worden. Ein jahrtausendealtes Wissen war mir in mehreren Tempeln allmählich entschlüsselt und bewusst gemacht worden und mit ihm das tiefe Schweigen, die heilige Verpflichtung der absoluten Geheimhaltung.

Als die Sonne den Abendhimmel über dem Niltal mit unzähligen feinen Farben verzauberte, begab ich mich in meine Gemächer, um mich für das Fest frisch zu machen, doch zum Feiern war mir ganz und gar nicht zumute. Auf dem Bett lag ein besonders schönes Gewand aus erlesenem Stoff, das mir eine Dienerin während meiner Abwesenheit hingelegt hatte. Abendkühle bahnte sich ihren Weg ins Zimmer und besänftigte die Gluthitze des Tages. Im großen Garten stimmten unzählige Zikaden ihren eindringlichen Gesang an.

Ein leises Pochen an der Tür weckte meine Aufmerksamkeit. »Herr, Sie werden erwartet«, hauchte eine feine weibliche Stimme. Dezente Düfte wehten mir entgegen, als ich den großen Essraum betrat, der mit leuchtenden Blumen dekoriert war.

Die Gastgeber standen an der Tür und begrüßten die ankommenden nobel gekleideten Gäste, die der Gastgeberin diskret ihre kostbaren Geschenke überreichten.

Meritneth sah hinreißend aus. Sie hatte ihre dunklen Haare kunstvoll auf die linke Seite gekämmt und eine leuchtende Granatblüte hineingesteckt. Die Frauen trugen exquisite goldene Halsketten, in die leuchtende Edelsteine kunstvoll eingearbeitet waren. Es war offensichtlich, sie kannten sich alle, denn sie stammten aus der Oberschicht von Luxor. Einige der Anwesenden hatte ich bereits an früheren Festen kennengelernt, sie nicken mir freundlich zu.

Nachdem alle am Tisch Platz genommen hatten, stand Hatia auf und sprach: »Liebe Freunde, dieses Fest ist unserem lieben Verwandten und Freund Juba gewidmet. Es ist uns immer wieder eine besondere Ehre, ihn in unserem Haus willkommen zu heißen. Lasst uns jetzt den Abend gemeinsam genießen.«

Er gab den Dienern ein Zeichen, die Speisen aufzutragen. Nach einer ausgiebigen und üppigen Mahlzeit wurden die Gäste dann in den Garten gebeten, der ebenfalls festlich geschmückt war. Bald kamen Musikanten und leichtfüßige Tänzerinnen hinzu, die mit ihren Klängen und graziösen Bewegungen die laue Nacht verzauberten. Ich stand etwas abseits und beobachtete, wie die Gäste sich an den Darbietungen der Künstler erfreuten und sich rege miteinander unterhielten.

Mir fiel ein Mann auf, der hinten im Garten im Schatten eines Baumes stand. Ich hatte ihn noch nie gesehen, und beim Essen war er nicht dabei gewesen, dessen war ich mir sicher. Etwas an ihm irritierte mich und übte eine sonderbare Wirkung auf mich aus. Es war seine vergiftete Ausstrahlung, die ich spüren und auch sehen konnte.

Ich schaute tiefer in seine feinstoffliche Welt und erkannte, dass er irgendetwas Unheilvolles plante, in das auch ich involviert war. Dann trat er kurz aus dem Schatten. Seine Gesichtszüge hatten etwas Geierhaftes, seine Gestalt war ungewöhnlich groß und schlaksig. Mit einem messerscharfen Blick fixierte er mich kurz und verschwand dann in der Dunkelheit der Nacht.

Ich zog mich in mein Zimmer zurück und verstand, dass ich mich sehr vorsichtig verhalten musste. Ich fühlte die drohende Gefahr. Der Mann im Garten war ein Vorbote. Man wusste also, dass ich hier war, und erwartete mich, was meinen Auftrag für den Pharao noch komplizierter gestaltete.

Der laute eindringliche Schrei eines Hahns weckte mich aus einem unruhigen Schlaf. Die Morgensonne war gerade dabei, behutsam die Nachtschatten zu verbrennen und ihre wärmenden Strahlen über das Land und die fruchtbaren Äcker auszubreiten.

Eine Dienerin pochte leise an die Türe, ich bat sie herein. Scheu huschte sie durch das Gemach und legte sorgfältig die frischgewaschenen Kleider, die ich auf der Schiffsreise getragen hatte, auf einen Stuhl. Sie waren dezent mit einer feinen Essenz aus dem fernen Orient besprüht worden, die Hatia von einem Kaufmann aus Luxor geschenkt erhalten hatte, wie er mir später erklärte.

»Der Herr erwartet Sie zum Frühstück«, sagte die zierliche Dienerin, bevor sie den Raum verließ.

Hatia und ich waren allein am Tisch, Merithnet schlief noch. Er räusperte sich und sagte: »Ich habe beobachtet, wie du dich gestern mit einem sorgenvollen

Gesicht zurückgezogen hast, nachdem dieser hagere fremde Mann, der unter dem Feigenbaum stand, fluchtartig unser Anwesen verließ. Ich kenne ihn nicht und habe ihn auch noch nie gesehen. Ich dachte, dass er mit einem unserer Gäste befreundet und verspätet zum Fest gekommen sei, doch nachdem du weg warst, habe ich mich umgehört, und es stellte sich heraus, dass ihn niemand kannte. Die meisten hatten ihn gar nicht wahrgenommen. Juba, sei vorsichtig, die wissen, dass du hier bist, und vermutlich auch warum! Irgendjemand hat dich verraten.« Ich bedankte mich für seine Feinfühligkeit und die Gastfreundschaft, dann verabschiedete ich mich.

Hatia hatte mir einen Wagen mit zwei Pferden bereitstellen lassen. Mit gemischten Gefühlen fuhr ich die staubige Straße hinunter zum Tempel, einen bestimmten Plan hatte ich nicht, ich wollte mich im Tempel einfach mal umsehen und umhören. Es waren mehrere Jahre her, seit ich das letzte Mal im Karnak-Tempel gewesen war. Ich kannte einige alte, vertrauenswürdige Hohepriester im Tempel, von denen ich hoffte, einiges erfahren zu können.

Bald stand ich vor dem mächtigen Tempel und schritt den breiten, leicht abfallenden Weg, der auf beiden Seiten mit kleinen Sphinxen gesäumt war, hinunter. Sie waren die stillen Tempelwächter, die darauf hinwiesen, dass das Tempeltor nur den Priestern geöffnet wurde und niemand sonst sich dem Tempel nähern durfte.

Ich stand nun vor dem mächtigen, geschlossenen Tor und klopfte an. Ein kleiner stiernackiger Priester mit hervorquellenden Augen öffnete das schwere Tor. Ich zeigte ihm meine rechte Hand, und er erkannte gleich den königlichen Ring an meinem Finger, der mir unbegrenzte Vollmachten verlieh. Der Pharao hatte ihn mir vor vielen Jahren feierlich übergeben.

Der Priester begleitete mich durch den Vorhof, der von hohen Mauern umgeben war. Die früheren Pharaonen hatten sich hier mit gigantischen, aus Stein gehauenen Statuen verewigt. Doch die beiden monumentalen Statuen von Ramses beidseits des Eingangs zum Säulentempel, dem inneren Heiligtum, überragten alle anderen. Sie waren Zeugen einer großen früheren Dynastie.

Der Priester verabschiedete sich, und ich betrat allein den gigantischen Säulentempel. Jeder Schritt hallte in dieser riesigen, majestätischen, heiligen Halle wider. Außer mir war niemand im Tempel, was mir sonderbar vorkam, denn früher war immer, bei Tag und bei Nacht, einer der Hohepriester im Heiligtum anwesend gewesen.

Ich lauschte in die Stille und schaute mich um, doch da war nichts Verdächtiges zu sehen oder zu hören. Das Sonnenlicht blendete mich stark, als ich auf der anderen Seite den Tempel wieder verließ. Ich ging am großen Obelisken vorbei zum Heiligen See, wo einige junge kahlgeschorene Priester beisammensaßen und miteinander diskutierten. Sie hatten meine Anwesenheit gar nicht bemerkt.

Eine innere Stimme drängte mich, in den Säulentempel zurückzugehen, möglicherweise würde ich dort eine Antwort für meinen Auftrag erhalten können. Leise durchschritt ich den Tempel. Eine schlimme unausweichliche Vorahnung bedrückte mich plötzlich. Ein Schreck durchzuckte mich, als ein dunkler Schatten knapp über meinen Kopf hinweg flog, es war nur eine Fledermaus gewesen. Ich spürte, dass sich mir etwas Bedrohliches näherte. Ich war bereit!

Da weiter vorne trat ein Priester zwischen den Pylonen hervor, winkte mir freundlich zu und sagte: »Willkommen im Tempel, Juba.« Im selben Moment fühlte ich einen stechenden, dumpfen Schmerz im Rücken und fiel zu Boden. Der Priester hatte mich bloß abgelenkt, das wurde mir in diesem Augenblick bewusst. Über mir sah ich das hämische Grinsen des hageren Mannes mit dem Geiergesicht, der Verräter hatte mir von hinten einen spitzen Speer in den Rücken gerammt. Ich spürte, wie das Blut aus einer klaffenden offenen Wunde floss, und wusste, dies war mein Ende.

Meine letzten Gedanken sandte ich dem Pharao und entschuldigte mich, dass ich seinen Auftrag nicht hatte erfüllen können. Ich spürte, dass er meine Botschaft unmittelbar erfasst hatte und wusste, was mir geschah. Im Innern meines Geistes vernahm ich seine Stimme, klar und stark: »Juba, mein treuer Freund, so gehe nun ein ins Meer des Lichtes und folge dem Lichtstrahl deines Geistes. Das goldene Band der heiligen Macht wirst du ewig in dir tragen. Sorge dich nicht um deine Familie, sie wird fortan auch die meine sein.«

Ich fühlte, wie die Lebensflamme langsam in mir erlosch, am anderen Ufer leuchtete bereits das andere Land. Ein Schleier des Vergessens legte sich über mich und löschte all meine Erinnerungen an mein Leben und auch meine Identität. Dann wurde ich von einem merkwürdigen starken Wirbel mitgerissen. Eigenartige Bilder und Gefühle schossen durch mein Bewusstsein, mir war, als würde ich aus dem Unsichtbaren einen sichtbaren Körper annehmen und aus einem Spiegel heraustreten. Momente später stand ich in einem kleinen Raum und ich war nicht allein! »Mister Park, wir wollen jetzt die Loge wieder verlassen«, sagte ein Mister Wang mit einem milden Lächeln im Gesicht zu mir. Ich schaute mich um und sah einen goldenen Sarg, von dem ich wusste, dass ich ihn geöffnet hatte.

Ein Impuls bewegte mich, noch einmal in diesen mysteriösen Spiegel zu schauen – und dann ...

Zurück ins Licht

Der schrille Ton des Weckers riss mich aus tiefem Schlaf. Wie ein Scheintoter lag ich zwischen den kühlen Laken und rieb mir die Augen, wie um mich zu vergewissern, dass sie und auch meine äußere Gestalt noch da waren.

Ich schaute mich um, meine Kleider lagen neben dem Bett auf dem niederen Hocker, den ich auf dem Flohmarkt gekauft hatte. Leider hatte sich der muffige Geruch des letzten Besitzers nie ganz verflüchtigt, wie ich eigentlich gehofft hatte. Meine wenigen Möbel waren immer noch am selben Ort, und mein alter vertrauter Sessel mit dem feinen Riss im Polster stand wie immer nah beim offenen Kamin. Anscheinend war in der kalten Asche noch ein wenig Glut, denn dünne weiße Rauchschwaden schlängelten sich zwischen der Asche hindurch nach oben.

Ja, ich war zu Hause, aber dieser unglaublich starke Traum hielt mich in seinem Bann und wich nicht aus meinem Gehirn, er hielt mich wie einen Bewusstlosen an mein Bett gekettet. Ich hatte das Gefühl, gleichzeitig in zwei Welten zu existieren, von denen ich nicht wusste, welche jetzt die wirkliche ist.

Jemand klopfte an die Türe: »Mister Mongrave, kann ich eintreten?«, ertönte eine hohe pfeifende Stimme. »Ja, kommen Sie herein«, antwortete ich. Es war Clementine, meine Haushälterin, die zweimal in der Woche wie ein Hurrikan durch meinen Haushalt fegte.

Wenn ich sie beim Arbeiten beobachtete, kam sie mir immer wie eine kleine graue Maus vor, die in der Wohnung herumwühlte und nach verborgenen Käsekrümeln suchte.

»Ist Ihnen nicht wohl, Sie sehen ja totenblass aus. Soll ich einen Arzt holen?«, fragte sie besorgt. Ich schaute auf den Wecker auf dem Tisch und erschrak, ich hatte offensichtlich sein Klingeln nicht gehört.

Mich um diese Zeit im Bett vorzufinden, kam ihr höchst suspekt vor. Normalerweise war ich von meinem täglichen Morgenspaziergang im nahen Park zurück, und dann tranken wir zusammen in der Küche eine Tasse Tee, bevor sie mit ihrer Arbeit loslegte. Dass dies heute nicht möglich war, gefiel ihr überhaupt nicht, das gab sie mir deutlich zu spüren. Sie hatte immer viel zu erzählen, von ihrem kranken Ehemann und ihren erwachsenen Kindern, die nicht so lebten, wie sie und ihr Mann sich dies gewünscht hätten.

Clementine stocherte mit einer Eisenstange im Kamin und legte Holz auf die Glut, bald füllte eine angenehme Wärme den Raum. »Wollen Sie nicht aufstehen, ich möchte endlich Ihr Bett frisch beziehen«, sagte sie mit gereizter Stimme und legte meinen Morgenmantel neben mich aufs Bett. »Kommen Sie, setzen Sie sich in den Sessel nahe zum Kamin, ich werde Ihnen eine Tasse Tee zubereiten.« Clementine war eine zuverlässige und gute Seele, ich schätzte sie sehr, obwohl ihr bemutternder Ton mich manchmal nervte.

Vor fünf Jahren hatte mich meine Frau von einem Tag auf den anderen verlassen mit dem kurzen Kommentar, dass sie nichts gegen mich habe, aber wieder frei sein möchte. Es hatte lange gedauert, bis ich den tiefen Trennungsschmerz verkraftet und überwunden hatte, doch nun war ich mit meinem Leben eigentlich ganz zufrieden. Was ich unbedingt vermeiden wollte, war eine neue Beziehung, denn eine solche Trennung könnte ich nicht noch einmal ertragen. Ich saß in Gedanken versunken in meinem Sessel.

Vor einigen Tagen war ich in einer Bibliothek, die ich oft besuchte, einer ungewöhnlichen Frau begegnet. Sie stöberte konzentriert in alten verstaubten Büchern und wusste genau, wonach sie suchte. Ein Hauch einer sonderbar fremden Ruhe umgab sie. Sie trug ein langes dunkelblaues Kleid aus edlem Kaschmir, wie mir schien, und hatte dichte, schulterlange, kastanienbraune Haare. Wie angewurzelt blieb ich hinter einem Regal stehen und beobachtete sie aus der Ferne. Ich konnte nicht anders, und es war mir peinlich.

Sie kam mir vor wie eine Erscheinung aus einer fernen, unbekannten Welt. Anscheinend hatte sie das Buch, das sie gesucht hatte, nicht gefunden, und sie kam nun Richtung Ausgang direkt auf mich zu. Kurz kreuzten sich unsere Wege, ich grüßte sie höflich, und sie grüßte mich auch mit einem charmanten, fremdartigen Akzent. Ihre grünlich-grauen Augen spiegelten eine unergründliche Tiefe, doch ihr blasses Gesicht und ihre durchsichtige, zarte Haut deuteten auf eine fragile Gesundheit hin.

Ich spürte gleich, dass der Herr des Schicksals mir eine besondere magnetische Kraft ins Herz implantiert hatte. Ich war von einem süßen Rausch von Verliebtheit beschwingt, doch meine Zunge war von einer lähmenden Schüchternheit festgenagelt. Ich wagte es nicht, sie anzusprechen. Etwas, was lange in mir geschlummert hatte, war wieder zum Leben erweckt worden, und dass dies einfach so geschehen konnte, hätte ich nicht für möglich gehalten.

Ein paar Tage später war ich wieder in der Bibliothek und hoffte insgeheim, sie dort wieder zu treffen, doch auch mein starker Traum drängte mich dorthin, er hatte mich nicht mehr losgelassen. Etwas in mir suchte fieberhaft nach einer Erklärung, denn ich hatte das komische Empfinden, dass dies mehr als nur ein Traum gewesen sein könnte, und das irritierte mich. Ich wollte mir zwei Bücher ausleihen, eines über das alte Ägypten, das andere über das frühere China. Ich hoffte nicht, irgendeine konkrete Antwort zu finden, aber vielleicht einige Anhaltspunkte.

Natürlich durfte man in der Bibliothek mit dem alten knarrenden Holzboden nicht laut sprechen, höchstens flüstern. Vielleicht war es eine mythische Angst, dass der Lärm der vielen lauten Stimmen die kuriosen Gestalten in den unzähligen Geschichten und Legenden, die hier zwischen den Buchdeckeln schlummerten, zum Leben erwecken würde.

Die Bibliothekarin saß, solange ich mich erinnern konnte, immer am selben Pult bei der Eingangstüre, und ihr entging nichts. Streng äugte sie durch ihre Nickelbrille und musterte argwöhnisch jeden, der eintrat. Sie sorgte stets pedantisch für Recht und Ordnung, und mit ihrem resoluten Auftreten untermauerte sie ihre Machtposition. Sie fürchtete sich nicht, Leute, die sich nicht an die Regeln hielten, mit scharfen Worten zurechtzuweisen.

Ich fragte mich ernsthaft, wie ich mich unter diesen Umständen verhalten sollte, falls ich dieser ungewöhnlichen Frau in der Bibliothek wieder begegnen sollte. Und dann, ein paar Atemzüge später, sah ich sie tatsächlich weiter vorne im großen Saal. Ich konnte es kaum glauben, mein Herz raste. Wie von heftigem Fieber ergriffen folgte ich ihr unauffällig durch den Saal.

Plötzlich sah ich sie nicht mehr, sie war zwischen den hohen Regalen verschwunden. Ich entschloss mich, ihr nicht weiter zu folgen, denn ein solches Verhalten wäre unangebracht und respektlos gewesen. So machte ich mich auf den Weg, um die Bücher zu holen, die ich unbedingt lesen wollte. Die Bibliothekarin hatte mir erklärt, in welcher Abteilung ich suchen sollte.

Mein Blick war auf die Bücherregale gerichtet, langsam ging ich die Regale entlang und stolperte ungeschickt in jemanden hinein. Mein Atem stockte, sie war es! »Entschuldigen Sie meine Unaufmerksamkeit, es tut mir leid«, stotterte ich verlegen. Mit ihrem fremden Akzent antwortete sie: »Ach, das macht doch nichts, es ist ja nichts Schlimmes geschehen!«

Als ich mich gefasst hatte, fragte ich, ob ich ihr behilflich sein könnte. »Gerne«, antwortete sie. »Das Buch, das ich suche, steht hier in der oberen Reihe. Es ist ein Buch über das alte Ägypten zur Zeit der Pharaonen«, erklärte sie. Ich konnte es nicht fassen, sie wollte zum selben Zeitpunkt in derselben Bibliothek dasselbe Buch wie ich! Ein Zufall war das nicht, dessen war ich mir sicher, doch welche mysteriösen Kräfte hatten dieses Zusammentreffen organisiert? Wie konnte ich ihr dies erklären, und würde sie mir überhaupt glauben?

Ich fragte sie höflich, ob ich sie zu einem Kaffee einladen dürfte, sie sagte zu. In der stillen Ecke eines Restaurants fragte ich sie nach der Herkunft ihres charmanten Akzents und, ohne zu zögern, öffnete sie mir ihr feines Herz: »Ich heiße Natascha Romanowski und bin russischer Abstammung. Mein Großvater emigrierte während der Revolution in den Westen und kam schließlich hierher nach England. Er stammte aus einer alten adeligen Familie und konnte sich mit dem Kulturwechsel nie wirklich abfinden, er starb zwei Jahre nach seiner Ankunft in London. Auch meine Mutter starb sehr jung, sie fühlte sich hier auch nie heimisch. Nun lebe ich schon seit vielen Jahren allein mit meinem Vater. Oh, hoffentlich habe ich Sie mit meiner Lebensgeschichte nicht gelangweilt! Erzählen Sie mir doch etwas über sich!«

»Aber ich bitte Sie, Sie langweilen mich doch nicht. Mein Name ist Paul Mongrave. Aus meinem blassen Leben gibt es leider nicht allzu viel zu erzählen. Ich war viele Jahre verheiratet, und vor ein paar Jahren hat mich meine Frau von einem Tag auf den anderen verlassen. Meine Eltern haben mir eine kleine Wohnung und eine Summe Geld hinterlassen, die es mir ermöglichte, mich aus der Arbeitswelt zurückzuziehen. Nun kann ich mich ganz meinen Studien widmen.

Seit meiner frühesten Jugend brennt in mir ein Feuer, ein unerklärlicher Drang, die verborgenen Seiten des Lebens zu erforschen. Und da ist diese innere Stimme, die mich unablässig auffordert, ein goldenes Band zu suchen.« Ich erschrak über meine eigenen Worten, die ungehemmt aus mir hervorquollen und die intime, verborgene Seite meines Lebens offenlegten. In dem Moment, als ich das goldene Band erwähnte, stand Natascha wie von einem Blitz getroffen auf und sagte: »Ich muss jetzt leider gehen.«

»Werde ich Sie wiedersehen?«, stammelte ich verunsichert. Ich war mir nicht im Klaren, ob ich vielleicht etwas Falsches gesagt hatte, etwas, das sie verletzt hatte, das hoffte ich nicht. Eigentlich wollte ich heute ja nur mit ihr über unser gemeinsames Interesse für die alte ägyptische Kultur sprechen.

Ich rief den Kellner, um zu bezahlen. Er starrte mich wie ein hypnotisierter Gockel an und verzog das Gesicht zu einem zweideutigen Grinsen. Was für triebhafte Gedanken wohl in seinem Gehirn rumspukten, dachte ich.

Wir verließen das Restaurant und draußen auf dem Gehsteig sagte sie: »Mister Mongrave, ich werde mich beeilen, das Buch zu lesen. Wir können uns in einer Woche zur selben Zeit wieder in der Bibliothek treffen. Ich danke Ihnen für den Kaffee, es war nett, Ihre Bekanntschaft zu machen, aber jetzt muss ich wirklich gehen.«

»Ich bin jetzt fertig.« Die Stimme von Clementine holte mich aus meiner Gedankenwelt zurück. Erwartungsvoll stand sie vor mir und wartete ungeduldig auf ihre Entlohnung. Ich zahlte ihr stets den doppelten Betrag, da ich ihre prekäre finanzielle Lage kannte. Ihr Ehemann hatte einen schweren Arbeitsunfall erlitten und sich deshalb frühzeitig pensionieren lassen müssen.

Sie bedankte sich und sagte, bevor sie die Wohnung verließ: »Trinken Sie Ihren Tee, bevor er kalt wird. Ihr Frühstück steht in der Küche. Passen Sie gut auf sich auf. Ihnen fehlt eine Frau, Mister Mongrave, das habe ich Ihnen schon viele Male gesagt. Auf Wiedersehen, bis in drei Tagen.«

Heute war der Tag, an dem ich Natascha Romanowski wiedersehen sollte. Das zarte Keimen der Verliebtheit brannte in meiner Brust, und auch der intensive Traum beschäftigte mich immer noch. Doch nur noch fetzenhaft wanderten Bilder und Empfindungen in mein Tagesbewusstsein, und so sehr ich mich auch bemühte, es gelang mir nicht, die überwältigende Reise ganz ins Wachbewusstsein zurückzuholen.

Eine schwache ferne Erinnerung, ohne besondere Details, war jedoch noch präsent in mir. Da war diese geheime Loge in China, ein beeindruckender Pharao, mit dem ich mich tief verbunden fühlte, und dieses goldene Band, nach dem ich seit vielen Jahren suchte, ohne zu wissen, was ich eigentlich suchte.

Ich vermochte nicht in die Schatten meiner Vergangenheit zu schauen, doch diese intensive Traumreise zurück in alte vergangene Welten hatte konkret etwas mit mir und meinem jetzigen Leben zu tun! Aber was?

Es war früher Nachmittag, als ich unten auf dem Gehsteig stand. Ich hatte noch genügend Zeit, um ein paar Besorgungen machen. Ein kalter Regen prasselte auf die Straßen von London nieder. Meinen Regenschirm aufgespannt, ging ich raschen Schrittes die Straße hinunter, vorbei am Quartier-Pub »Fox and Hounds«. Über die Mittagsstunden war der Pub geschlossen, so wollte es das Gesetz. Aber jetzt hatte er seine Türen geöffnet und das Lokal war wieder voll. Auch die ersten betrunkenen Gestalten torkelten bereits lautstark grölend auf die Straße hinaus. Sie hatten offensichtlich und mit Absicht die Türe weit offen gelassen, die Reaktion ließ nicht auf sich warten. Mit derben, unschönen und drohenden Worten schrie einer aus dem Lokal und forderte sie auf, unverzüglich die Türe zu schließen, doch die drei reagierten nicht auf die wütende Stimme und entfernten sich mit schallenden Gelächter. Der Pub war ein Treffpunkt vieler Arbeitsloser, die hier ihren Unmut im Alkohol ertränkten und ihren Aggressionen freien Lauf ließen. Der von unzähligen Lungen gesiebte Zigarettenrauch kroch wie ein weißgelbes, stinkendes Phantom zur offenen Türe hinaus, wo er sich gleich verflüchtigte. Ich beschleunigte meine Schritte, um so rasch wie möglich an diesem Haus vorbeizukommen. Das Lokal kam mir wie eine Art fremde Gegenwelt vor, die mich innerlich seltsam aufwühlte, obwohl es dafür eigentlich keinen konkreten Grund gab.

Ich betrat den kleinen Krämerladen, in dem ich täglich meine Zeitung kaufte. »Guten Tag, Mister Mongrave«, hüstelte Mister Thompson. «Trauriges Wetter heute, der Rheumatismus in meinen Fingern quält mich wieder, und meiner Frau geht es auch nicht gut. Sie ist heute den ganzen Tag oben in der warmen Wohnung geblieben«, klagte er mit zittriger, farbloser Stimme. Seine blauen rissigen Lippen und sein graues, eingefallenes, faltiges Gesicht zeugten von seiner schlechten Gesundheit, trotzdem stand er jeden Tag in seinem kleinen Geschäft.

Um in die Bibliothek zu gehen, war es noch zu früh, deshalb kehrte ich in meine Wohnung zurück und las vor dem Kamin die Zeitung. Einmal mehr wunderte ich mich über mein Verhalten, denn die Zeitung kaufte ich längst nicht mehr nur wegen der Berichterstattung, sondern mehr aus einer alten Gewohnheit. Wie dem auch sei, sie diente noch einem weiteren guten Zweck, ich benutzte sie zum Anzünden des Kaminfeuers.

Immer wieder wanderte mein Blick zum leise tickenden Wecker. Ach, wie zähflüssig die Zeit sich ausdehnen konnte, wenn man zum Warten gezwungen ist. Ungeduld nagte an meinem verliebten Herzen, sie zwang mich, im Zimmer auf und ab zu gehen und mehrere Tassen Kaffee zu trinken.

Endlich war es so weit. Ich ging die Treppe hinunter auf die Straße, es hatte aufgehört zu regnen. Als ich die Bibliothek betrat, musterte mich die Bibliothekarin mit ihrem gewohnten kühlen, scharfen Blick und würgte ein trockenes »Guten Tag!« hervor. Ihr Verhalten irritierte mich nicht, sie war einfach so. Hinter diesem Gebaren hatte ich längst ihre bittere Einsamkeit gespürt, eine Isolation, die alle Tränen aufgesaugt hatte.

Es war siebzehn Uhr, gleich würde die sehnlichst Erwartete kommen, doch sie kam nicht. Ich wartete und wusste natürlich, dass die Bibliothek bald ihre Pforten schließen würde. Ich spürte ein unangenehmes Beben in der Brust, das Warten war unerträglich. Fieberhafte Gedanken schossen wie glühende Pfeile durch mein Gehirn. Ich suchte nach Erklärungen, um Nataschas Wegbleiben zu verstehen. Umsonst, ich fand einfach keine befriedigende Antwort. Hatte ich vielleicht doch unabsichtlich etwas Falsches gesagt, etwas, das sie verletzt hatte?

Um achtzehn Uhr machte ich mich schweren Herzens und niedergeschlagen auf den Heimweg. Auf leisen Sohlen wollte ich an der Bibliothekarin vorbeischleichen und hoffte, so meine jämmerliche Gemütsverfassung vor ihr verbergen zu können, doch daraus wurde nichts. Gerade als ich an ihrem Pult vorbeiging, hob sie den Kopf und meinte lakonisch: »Sie sind doch Mister Mongrave, nicht wahr? Jemand hat einen Brief für Sie abgegeben.« Sie griff in eine offene Schublade und überreichte mir dann den Brief. Freude und Wut stiegen gleichzeitig in mir hoch; sie hatte es genossen, mich absichtlich warten zu lassen.

Kaum war ich aus der Tür, öffnete ich noch im Treppenhaus den Brief. Mit zitternden Händen las ich:

»Werter Mister Mongrave, aus gesundheitlichen Gründen ist es mir leider nicht möglich, unsere Verabredung einzuhalten. Meinem Vater habe ich von Ihnen erzählt, und er hat den Wunsch geäußert, Ihre Bekanntschaft zu machen. Falls Sie heute Abend noch Zeit haben, würde es uns freuen, wenn Sie kommen könnten. Unsere Adresse steht im Brief. Mit freundlichen Grüßen, Natascha Romanowski.«

Ich schluckte leer, diese Einladung kam überraschend. Kaum hatte ich mich gefasst, stoppte ich ein vorbeifahrendes Taxi und stieg ein. Die Straße kannte ich nicht. Es konnte jedoch nicht allzu weit sein, dachte ich, was mir der Fahrer dann gleich bestätigte.

Sanftes Abendlicht wuchs geräuschlos der Nacht entgegen. Graue Schatten schlichen sich still und heimlich in Gassen und Straßen ein und tauchten die Stadt in eine mysteriöse Stimmung. Dort, wo der Tag der Nacht die Hand reicht und das Licht in die Nacht eintaucht, dort herrschen besondere Kräfte, man kann sie spüren.

Der Fahrer kam im stockenden Verkehr nur langsam voran. Es war stockdunkel, als er in eine schlecht beleuchtete Sackgasse einbog und an deren Ende anhielt. Ich stieg aus und stand vor einem großen, noblen Haus mit hohen Fenstern. Ich sah, dass im oberen Stockwerk zwei Zimmer dezent beleuchtet waren und klingelte. Es dauerte nicht lange, bis jemand die Türe öffnete. Vor mir stand ein soignierter Herr. »Willkommen, Mister Mongrave, bitte treten Sie doch ein, schön, dass Sie kommen konnten. Ich bin Sergej Romanowski, Nataschas Vater.«

Er sprach diese Worte mit einer solchen Vertrautheit, als wären wir Freunde, die sich schon ewig kannten. Ich spürte gleich, dass er ein spezieller und vertrauenswürdiger Mensch war. Sein rundliches glattrasiertes Gesicht und seine leicht mandelförmigen Augen deuteten auf eine asiatische Herkunft hin, die ich aber bei Natascha so nicht festgestellt hatte. Seine dichten dunklen Haare waren graumeliert, sein Blick offen und klar. Was mir noch auffiel, er war sehr elegant gekleidet und bewegte sich gelassen und würdevoll. Es war unmöglich, sein Alter zu schätzen, etwas Zeitloses, Mysteriöses umgab ihn.

»Werter Mister Mongrave, Sie glauben vielleicht, dass Sie mich heute zum ersten Mal sehen, dem ist nicht so.« Er nahm meinen Mantel, hängte ihn in einen antiken Garderobenschrank und sprach weiter: »Das goldene Band hat Sie zu uns geführt. Vor langer Zeit haben Sie ein Gelübde abgelegt, das Sie zur Lichtgeburt verpflichtet. Sie erinnern sich nicht mehr. In diesem Leben haben Sie nicht bewusst genug gelebt, um sich zu erinnern. Da gab es starke Bindungen Verstrickungen und Missverständnisse, die Sie von Ihrer wahren Bestimmung abgelenkt haben.«

Sprachlos und benommen stand ich da und nickte. Er hatte mit kompromissloser Klarheit etwas in mir aufgebrochen, das verborgen in den innersten Schichten meines Wesens als Ahnung schon immer dagewesen war. Es war mir jedoch nicht möglich gewesen, in diese unbewusste verborgene Welt hinabzusteigen.

»Wir werden noch Zeit haben, uns zu unterhalten, doch jetzt wollen wir nach oben gehen, Natascha erwartet Sie. Da ist noch etwas, das ich Ihnen sagen muss, Mister Mongrave. Natascha leidet an einer seltenen Blutkrankheit, die sie sehr schwächt. Wenn sie einen Schwächeanfall erleidet, und das kommt leider öfter vor, dann muss sie sich gleich hinlegen, und es dauert jeweils mehrere Tage, bis sie sich wieder erholt hat. Dies ist der Grund, weshalb sie heute nicht in die Bibliothek kommen konnte.«

Ich hatte keine Zeit, seine Worte zu verdauen, denn wir stiegen bereits eine breite Treppe ins Obergeschoss hoch. Der dunkelrote Teppich auf den Stufen dämpfte unsere Schritte. Mister Romanowski klopfte an eine

Tür, gemeinsam betraten wir einen großen Raum, der in ein warmes Licht getaucht war. An den Wänden standen hohe Regale, in die unzählige Bücher sorgfältig eingereiht waren.

Natascha saß in einem bequemen Sessel, der unmittelbar neben ihrem Bett stand. Ich erschrak und zuckte innerlich zusammen, als ich sie sah. Ihr feines Gesicht war wachsbleich, ihr geschwächter Körper fast durchsichtig. Mit einem müden Lächeln begrüßte sie mich und sagte mit dünner Stimme: »Ich freue mich, dass Sie kommen konnten, Mister Mongrave. Es tut mir leid, aber es war mir nicht möglich, in die Bibliothek zu kommen. Bitte, setzen Sie sich doch.«

Ich schaute in ihre fiebrig glänzenden Augen, es war schlimm für mich, sie so zu sehen. Wie glühende Nadelstiche durchbohrte ein stechender Schmerz mein Herz. Mister Romanowski hatte uns für eine Weile allein gelassen, um für uns Tee zu kochen.

»Hat mein Vater Ihnen von meiner Krankheit erzählt?«, fragte sie.

»Ja, das hat er, aber bestimmt werden Sie wieder gesund«, stammelte ich hilflos und ohne Überzeugungskraft.

»Nein, werter Mister Mongrave, diese Krankheit ist unheilbar. Ich habe sie von meiner geliebten Mutter geerbt. Sie starb jung, ich war erst zwölf Jahre alt, als sie uns verlassen hat.«

Eine Welt brach in mir zusammen, meine Kehle war wie zugeschnürt. Ich brachte kein Wort hervor.

»Seien Sie nicht traurig, der Tod erschreckt mich nicht, er ist mir zu einem vertrauten Freund geworden. Gemeinsam mit meinem Vater habe ich noch einige alte karmische Lasten aufgearbeitet und mich von ihnen befreit. Alte Bande wurden durchtrennt, ich bin frei von Furcht. Das Licht der Ewigkeit durchflutet diesen kranken Körper, mein Leben wird durch diesen Glanz geleitet.«

Ihre Worte klangen wie helle Musik in meiner Seele, doch sie vermochten meine Trauer und meinen Schmerz nicht zu löschen.

Mister Romanowski kam zurück, wir tranken Tee und aßen süßes Gebäck. Dann wandte er sich an mich: »Natascha hat mir erzählt, dass Sie sich für die alten ägyptischen Mysterien interessieren?« Ich war erstaunt, denn davon hatte ich ihr ganz sicher nichts erzählt.

»Das stimmt«, antwortete ich. »Ich habe mich intensiv mit der hermetischen Lehre befasst, und auch der historische Hintergrund hat mich stets interessiert.« Er stand auf, ging zu einem der Regale und kam mit einem antiken Buch zurück.

»Mister Mongrave, das hier sind uralte geheime Schriften, die nicht allen zugänglich sind«, erklärte er. Dann öffnete er feierlich das Buch und las mir mit seiner sonoren Stimme einige Passagen vor.

Ich lauschte mit meinem ganzen Sein. Die Wortbilder waren mir vertraut, ich war in Resonanz mit dem alten Wissen und den höheren Kräften. Die verschlüsselten Botschaften waren magisch geladen. Durch bewusstes Lesen und eine innere spezielle Ausrichtung wurden diese alten Schriften aus ihrer Latenz erweckt und wirkten unmittelbar in den mystischen Tiefen des Bewusstseins. Die Schwingungen dieser entschlüsselten Botschaften vibrierten in den tiefsten Schichten meines Seins. Ich drang in verborgene Dimensionen ein und durchschritt geheime Türen.

Mister Romanowski schloss das Buch und legte es neben sich auf den Tisch. Dann erklärte er mit ernster Stimme: »Eine große Wandlung vollzieht sich auf der Erde, der Umbruch findet in den feinstofflichen Welten bereits statt. Bald werden die Einflüsse dieser Umwälzung auch die physische Welt ergreifen und die Menschheit vor große Herausforderungen stellen. In welche Richtung diese Umwälzung die Menschheit bewegen wird, das wird sich dann zeigen. Niemand wird sich diesen einschneidenden Veränderungen entziehen können.

Durch Einsicht und den Rückzug aus dem Vergänglichen werden die erstarrten, nach außen gerichteten Persönlichkeitsstrukturen mit ihren unsichtbaren, zeitgebundenen Wirksamkeiten durchschaut. Was durchschaut ist, wird entkräftet und entmachtet und löst sich in nichts auf.

Wer erwacht, übersteigt die Welt und den vergänglichen Leib. Wenn das Alte erlischt, kann das Neue sein; das Alte wird nie das Neue sein.

Es ist dieser leuchtende geheime Weg, der aus den Umklammerungen der beiden Todeszonen – dem Diesseits und Jenseits – hinausführt. Die Körperzellen sterben und führen ihr eigenes physisches Ende herbei. Was geboren wird, stirbt. Doch der Tod fürchtet sich nie vor dem Leben, und das zeitlose, formlose Sein kennt den Tod nicht. Der innere Mensch, der vom Außen abgelöst ist, bleibt vom physischen Sterbeprozess unberührt, denn sein Da-Sein ist ungeformt, ungeboren, ungemacht und ungeworden. Er ist leuchtender himmlischer Glanz.

Was ich Ihnen erzähle, ist Ihnen gewiss nicht fremd, Mister Mongrave, denn Sie haben das mystische Spiel der Welterschaffung ja bereits vor Hunderten von Jahren durchschaut, das ist offensichtlich, und das wissen Sie tief in Ihrem Innern ja auch.«

Wer war dieser Eingeweihte, für den mein Leben wie ein offenes Buch zu sein schien, in dem er beliebig zurück und nach vorne blättern konnte und der mir bei der ersten Begegnung zu verstehen gab, dass wir uns schon kannten?

Ich forschte tief in meinen schlummernden Erinnerungen, und ja, etwas in mir wusste, doch vieles war noch in verwinkelten Regionen meines Unterbewussten verborgen und drängte intensiv darauf, entdeckt zu werden. Unendliche Tiefen meiner verschütteten Urvergangenheit bewegten sich, wollten erwachen, sich offenbaren. Ich vernahm den geheimen Ruf, ich war nahe dran am großen Mysterium, dessen war ich mir voll bewusst!

»Möchten Sie noch etwas Tee, Mister Mongrave?«, fragte Natascha und holte mich aus meiner Gedankenwelt zurück.

»Gerne, aber ich werde mich bald auf den Heimweg begeben, es ist spät geworden«, antwortete ich.

»Wissen Sie, Mister Mongrave, wir haben selten Besuch und leben zurückgezogen auf einer geistigen Seeleninsel, die für die Welt unsichtbar und undenkbar ist«, erklärte Mister Romanowski und fügte gleich noch Folgendes hinzu: »Die Menschheit hat sich seit Anbeginn der Zeit ein gigantisches Sterbebett erschaffen, in dem geboren, gelebt, gestorben und wiedergeboren wird. Alle geborenen Lebewesen existieren gleichzeitig in zwei Welten, im Diesseits und im Jenseits, im Sichtbaren und im Unsichtbaren. Der Mensch lebt einerseits sichtbar in der physischen Körperwelt, andererseits unsichtbar, verborgen in seiner Gedanken- und Gefühlswelt. Er ist wahrlich ein Zweiweltenbürger. Beide Welten sind ineinander verschachtelt, sie spiegeln sich, bedingen einander und bilden eine untrennbare Einheit. Gigantische Naturkräfte bewegen diese Sphären, durch sie werden diese unendlichen Räume bevölkert und instand gehalten. Leben, Sterben und Wiedergeborenwerden vollzieht sich in endlosen Frequenzbereichen und Dichtheitsgraden. In diesen fließenden, schwingenden Energien verdichtet sich durch die Sinnesprägungen die Vorstellung, ein Etwas, ein Jemand zu sein, der ein individuelles Leben lebt und erlebt.

Der Mensch ist in diese magnetischen Kräfte und Räume eingebunden und ein Gefangener in seinem eigenen Gefängnis. Er selbst ist die Gefängniszelle, der

Gefangene und auch der Gefängniswärter, nur ist er dessen nicht gewahr. Er hat sich durch die Jahrhunderte in seinem engen Gefängnis eingerichtet und dabei vergessen, dass er ein Gefangener ist. Doch jede Zelle hat eine Tür, aber die ist verborgen. Deshalb ist der Ausgang nicht immer einfach zu finden.

Wenige, Mister Mongrave, haben Einsicht in die Funktionalität der Todeswelten und wie die Menschheit in diese Sphären eingebunden ist. Die Menschheit selbst ist Ursache und Wirkung dieser Welten. In beiden Welten ernährt man sich aus feinstofflichen Kräften. In der physischen Welt wird feste Nahrung zur Erhaltung des physischen Leibes gegessen, und durch Verdauungsprozesse werden die wichtigen feinstofflichen Kräfte aus der Nahrung extrahiert. Durch die gewonnene Energie werden das Blut und die Zellen versorgt, der Rest wird vom Körper ausgeschieden.

Die in der jenseitigen Welt lebenden Wesen benötigen auch Nahrung. Um in der feinstofflichen Welt existieren zu können, werden Ätherkräfte, die im Diesseits freigemacht werden, dort aufgenommen, sie sind für die Erhaltung eines feinstofflichen Körpers maßgebend. Es sind komplexe Prozesse, Wechselwirkungen, ähnlich wie man sie von der Photosynthese kennt, wo Licht in Energie umgewandelt wird.

Ohne ein Diesseits gäbe es kein Jenseits, und das Jenseits ist nichts anderes als eine kraftvolle Spiegelung des Diesseits. Beide Welten bedingen einander und sind vergänglich. Zwischen dem Diesseits und dem Jenseits existieren nirgends Grenzen.

Die Menschen leben gleichzeitig in beiden Welten, sie leben in unendlich vielen unterschiedlichen Frequenzbereichen dieser Welt. Deshalb existieren die Seelen, die ihre physischen Körper verlassen haben, nicht hunderttausende Kilometer von uns entfernt, nein, sie leben mit uns, in uns und durch uns.

Beide Welten sind wie ein mystischer Traum des

Geistes. Wer sie überwindet, erwacht und kehrt ins vorweltliche, ungeborene, himmlische Sein zurück, dorthin wo die nährenden Abhängigkeiten nicht mehr existieren.

Haben Sie schon einmal an einer spiritistischen Sitzung teilgenommen?«, fragte er mich. Ich verneinte. Dann sagte er: »Ich kenne einen spiritistischen Zirkel, ich könnte uns dort anmelden. Sie würden sehen und erleben, wie erdgebundene Seelen den Teilnehmern in der Sitzung Lebenskräfte abziehen. Sie haben ja das zweite Gesicht, Mr. Mongrave, Sie werden staunen.« Mit gemischten Gefühlen willigte ich ein, wir verabredeten uns für den nächsten Abend.

Ich verabschiedete mich und schritt die spärlich beleuchtete Gasse hinunter. Bald saß ich in einem Black Cab, einem der Londoner schwarzen Taxis, das mich nach Hause fuhr. Kurz vor Mitternacht war ich in meiner Wohnung und hatte das Gefühl, eine ganze Woche weggewesen zu sein. Mit der langen Zange stocherte ich in der Asche im Kamin und fand ein wenig Glut. Wie feurige Augen starrten mich die noch nicht verbrannten Kohlenstücke aus der Asche an. Mit dem Blasebalg blies ich in die Asche, kleine Feuerzungen antworteten auf meinen Wiederbelebungsversuch. Ich legte die Morgenzeitung auf die Glut und später ein paar Stücke Holz. Bald brannte ein wärmendes Feuer.

Erschöpft ließ ich mich in den alten Lehnstuhl fallen. Das dumpfe metallene Geräusch der losen Springfedern im Polster begrüßte mich. Immer wieder hatte ich mir vorgenommen, den Sessel zur Reparatur zu bringen, doch ich fand es schwierig, mich auch nur einen einzigen Tag von ihm zu trennen.

Meine Gedanken wanderten zu Natascha. Sie war die ungewöhnlichste Frau, der ich je begegnet war. Mir war bewusst, dass ich mich nicht mehr mit Wünschen, Hoffnungen und Erwartungen in Seelenabgründe stürzen durfte. Diese Fangnetze hatten mich immer wieder auf Nebengleise der Wirklichkeit verfrachtet. Doch die Bekanntschaft mit Natascha war etwas anderes. Sie spiegelte mir den leuchtenden Pfad, der endgültig aus diesen alten Abgründen führte.

Wie gleißendes Licht stiegen immer wieder die Worte von Mister Romanowski in mir hoch: »Sie haben ein Gelübde abgelegt, das Sie zur Lichtgeburt verpflichtet!«

Schmarotzer aus dem Jenseits

Müde legte ich mich ins Bett und schlief sogleich ein. Wie in einem Film breitete sich die Traumwelt in mir aus. Eine lichte Gestalt aus unergründlichen Tiefen des himmlischen Raums kam auf mich zu und reichte mir einen goldenen Kelch, gefüllt mit Blut. Als ich am Morgen erwachte, war ich gewahr, dass in der letzten Nacht etwas Signifikantes in mir geschehen war, denn meine sieben Hirnhöhlen waren mit strahlendem Licht durchflutet, und dieses Licht strahlte von mir aus. Dieser bewusste Zustand war mir sehr vertraut, er fühlte sich wie eine heilige Kraft an, eine immense Kraft, die eingeschlafen und jetzt wieder geweckt worden war.

Ich dachte an Natascha, sie hatte meinem Herzen Inhalt und Wärme geschenkt. Ich fühlte mich wie von einem mächtigen, liebevollen Strom zu ihr hingezogen. Es war nicht dieses unkontrollierte Brennen jugendlicher Verliebtheit, sondern etwas Zartes und unergründlich Tiefes. Es hatte mich vom ersten Augenblick, als ich sie in der Bibliothek sah, ergriffen und nicht mehr losgelassen. Mir war, als hätten wir seit Urzeiten unzählige Sternengänge durchschritten und als ob Schicksalszwänge uns immer wieder auseinandergerissen und wieder zusammengeführt hätten.

Ich fürchtete, nicht die richtigen Worte zu finden, um sie zu fragen, ob sie dieses zeitüberdauernde Geschehen auch so tief wie ich empfand. Das Schaffen der Schicksalskräfte schien unergründlich, doch es gab mit Sicherheit Möglichkeiten, hinter diesen Schleier zu schauen.

Ich öffnete das Fenster, frische Morgenluft drang ins Zimmer und verschluckte die schwere Luft im Raum. Allmählich wagte es ein fahler Sonnenstrahl, in den Raum einzudringen und den Staub auf den Möbeln sichtbar zu machen. Das brennende Holz im Kamin hatte über Nacht einen feinen Ascheteppich über das Zimmer gelegt.

Unerwartet früh klingelte es an der Tür, ich öffnete, es war Mister Thompson mit seiner Frau. »Ich bringe Ihnen die Zeitung, Mister Mongrave, wir verreisen für ein paar Tage zu meiner Schwester nach Brighton.« Ich dankte ihnen, dass sie sich extra herbemüht hatten. »Wie geht es ihnen, Miss Thompson?«, fragte ich. »Danke, ein bisschen besser«, antwortete sie mit einer leicht bebenden Stimme und rückte ihr herzförmiges Faltengesicht nach vorne, damit ich sie im schwachen Licht des Treppenhauses besser sehen konnte.

»Möchten Sie für eine Tasse Tee hereinkommen?«, bot ich ihnen an, doch sie waren in Eile und sagten, dass sie die Einladung nach ihrer Rückkehr gerne annehmen würden.

Ich setzte mich in meinen Sessel und blätterte durch die Zeitung. Ein Artikel über eine Sonderausstellung ägyptischer Kunstschätze im British Museum weckte mein Interesse. Diese Ausstellung wollte ich mir ansehen. Es war schon viele Jahre her, seit ich dieses Museum das letzte Mal besucht hatte.

Am frühen Nachmittag spazierte ich durch den kleinen Park, in dem ich mich gerne aufhielt. Die Baumkronen der alten Laubbäume konnte ich vom Fenster meiner Wohnung aus sehen. Mehrere Frauen mit Kinderwagen waren in ein angeregtes Gespräch verwickelt, es ging um die ideale Babynahrung und um die Probleme in ihren Beziehungen. Ein älteres Ehepaar spazierte gemächlich mit seinen Modehündchen an mir vorbei und weiter vorne saß neben einem übelriechenden Abfallkübel eine armselige, vom Alkohol gezeichnete Gestalt auf einer Bank und schaute mich mit müden und leeren Augen an.

Punkt acht Uhr stand ich vor dem Haus der Romanowskis und klingelte. Natascha öffnete die Türe und sagte mit ihrer feinen Stimme: »Guten Abend, Mister Mongrave, treten Sie bitte ein, mein Vater erwartet Sie im oberen Stockwerk im Salon.« Ich erwiderte ihren Gruß und war froh, dass sie nicht mehr so blass aussah, was ich ihr auch sagte. Sie nickte und lächelte verlegen.

»Guten Abend, Mister Mongrave. Es ist gut, dass Sie kommen konnten, aber bitte nehmen Sie doch Platz, wir sind noch etwas zu früh!« Er war in einen dunkelblauen eleganten Maßanzug gekleidet mit den dazu passenden Schuhen, wahrlich ein würdevoller Mann in jeder Beziehung. Der Salon war mit erlesenen antiken Möbeln ausgestattet und an einer Wand, dezent beleuchtet, hing ein kostbares Gemälde, es war ein echter Rembrandt.

Natascha saß neben mir, und als sich ihr Vater für einen Moment entschuldigte und den Raum verließ, erklärte sie: »Ich werde nicht mitkommen, denn aus der Welt, wo die Toten wohnen, bin ich herausgestiegen und ins Licht, das den Tod nicht berühren kann, eingegangen.

Mein Vater muss einen triftigen Grund haben, Sie dorthin zu bringen, denn seine Seele ist völlig frei von den zwei Welten. Er lebt außerhalb der Dualität. Er muss irgendetwas in Ihnen entdeckt haben, dass er es wichtig findet, dass Sie diese Erfahrung machen. Er selbst war bisher noch nie in diesem Zirkel.«

Sergej Romanowski kam zurück und erklärte mir: »Die Frau, die diesen Zirkel leitet, ist ein Trance-Medium. Sie nennt sich Maria Magdalena und sagt, dass sie diesen Namen aus der jenseitigen Welt empfangen habe.

Ich war vor vielen Jahren einmal dort und hätte nie gedacht, dass ich noch einmal dort hinkommen würde. Dieser Abend wird für Sie aufschlussreich sein, Mister Mongrave. Beobachten Sie vor allem, was sich während der Sitzung in der feinstofflichen Welt abspielt.«

Natascha schaute mich verwundert an, sie hatte offensichtlich nicht gewusst, dass ihr Vater diesen Zirkel schon einmal besucht hatte.

Eine Stunde später machten wir uns auf den Weg. Es war bereits dunkel, als wir das Haus verließen. Abends herrschte in diesem Außenquartier der Stadt wenig Verkehr, man spürte eher eine Art feierliche Stille, ähnlich der Atmosphäre an einem Sonntagmorgen. Die Ruhe, die sich hier über die ganze Gegend ausbreitete, ging eindeutig von den vielen Menschen aus, die müde aus ihrem hektischen Arbeitstag in ihre Wohnungen zurückgekehrt waren und sich nun entspannten.

Da der Ort, wo wir hinwollten, nicht allzu weit entfernt war, beschlossen wir, den Weg zu Fuß zu gehen und die frische Abendluft zu genießen. Das grelle Licht der Straßenlaternen spielte mit unseren Schatten. Wenn wir den Lichtkegel einer Laterne hinter uns ließen, wurden unsere Schatten immer länger und lösten sich an einem gewissen Punkt in der Dunkelheit wieder auf, um nach der nächsten Laterne wieder in Erscheinung zu treten.

Still schritten wir die Straße hinunter, einzig der Hall unserer Schritte war auf dem harten Pflaster des Gehsteigs zu hören. Durch die Schlitze der geschlossenen Fensterläden drang wie aus halbgeöffneten Augen mildes Licht nach draußen.

Dann betraten wir einen schmalen, düsteren Hinterhof und standen bald vor einem alten, unscheinbaren Haus. »Hier finden diese spiritistischen Zirkel statt«, flüsterte Mister Romanowski. Dunkelgrüner Kletterefeu rankte sich an den Wänden hoch und überwucherte die ganze Fassade und auch die hohen verschlossenen

Fensterläden. Eine Lampe über der Tür beleuchtete mit ihrem spärlichen Licht die verwitterte Eingangstüre.

Mister Romanowski drückte auf die Klingel neben der Tür, im Inneren des Hauses ertönte der helle Ton einer Glocke. Ein kleinwüchsiger Mann mit einem langen Gesicht und melancholischen Augen begrüßte uns. »Guten Abend, Sie sind Mister Romanowski mit Ihrem Gast? Bitte treten Sie ein, ich bin Bernard«, erklärte er beiläufig mit gut hörbarem französischem Akzent.

Wir hängten unsere Mäntel neben die bereits vorhandene bunte Kollektion in der Garderobe und folgten dann Bernard in den hinteren Teil des Hauses in einen großen Raum. Schwere olivgrüne Brokatvorhänge hingen vor den hohen Fenstern und berührten den dunklen Parkettboden. Die Wände waren mit alten, vergilbten, goldfarbenen Tapeten bekleidet, und in der Mitte des Raumes stand ein großer runder Tisch, um den sich eine merkwürdige Gesellschaft versammelt hatte.

Als Erstes fielen mir die eineiigen Zwillingsschwestern in ihren dunkelblauen Kostümen auf. Für ihre dicken unförmigen Körper waren die Stühle viel zu schmal, und ihre aufgedunsenen Knie hatten unter dem Tisch kaum Platz. Kleine Schweißperlen zeigten sich auf ihren Stirnen, die sie fast gleichzeitig mit ihren weißen Taschentüchern abtupften. Die eine zupfte vor erwartungsvoller Aufregung unentwegt am Saum ihres Rockes, während die andere fieberhaft versuchte, ihren Stuhl näher an den Tisch zu rücken. Neben den beiden saß eine eher dubiose Gestalt, der Mann erweckte den Eindruck eines frustrierten Möchtegernkünstlers. Die dunklen Schatten unter seinen entzündeten Augen und sein fiebriger Blick deuteten auf einen ausschweifenden Lebenswandel hin. Er hatte einen spitzen neckischen Kinnbart und trug ein schwarzes Hemd mit einer feuerroten Krawatte. Und da war noch diese vornehm gekleidete ältere Dame mit ihren großen goldenen Fingerringen, die mit funkelnden Diamanten verziert waren. Sie legte immer wieder kurz ihre beiden Hände auf den Tisch, damit alle ihren Schmuck bewundern konnten. Natürlich sollte niemand auf die Idee kommen, dass sie dies mit Absicht tat.

Ein älteres Ehepaar, das sich durchs Alter ähnlich geworden war, saß in sich gekehrt ruhig und abwartend da. Neben diesem Paar saß eine jüngere Frau, die ein elegantes blutrotes Abendkleid trug. Ihr exaltierter Gesichtsausdruck und die katzenhaften unruhigen Bewegungen zeugten von großen inneren Spannungen und einem aufbrausenden Temperament. Sie war regelmäßiger Gast im Zirkel und stand dem Medium Maria Magdalena sehr nah, wie wir später von Bernard erfuhren.

Während wir uns auf die letzten beiden leeren Stühle setzten, stellte uns Bernard den Gästen mit Namen vor und faselte euphorisch von unserem großen Glück, dass wir heute Abend mit der geistigen Welt in Kontakt treten dürften. Dann erklärte er den Anwesenden, dass niemand während der Sitzung sprechen oder den Raum verlassen dürfe. Nachdem er das Licht des Kronleuchters gedimmt hatte, öffnete sich die Tür und Maria Magdalena trat mit einem schwebenden Gang ein. Sie trug ein langes weißes Kleid und hatte ihre grauen Haare mit zwei blauen Kämmen zurückgesteckt. Ihr blasses Gesicht war leicht geschminkt, mit einem dezenten Wangenrouge hatte sie ein wenig Farbe in ihr Gesicht gezaubert. Sie sah geschwächt und krank aus.

Dann setzte sich auf ihren Stuhl am Tisch und presste durch ihre schmalen, zu rot geschminkten Lippen ein freundliches »Guten Abend!« hervor. In ihren großen dunklen Kinderaugen spiegelten sich ihre bedingungslose Hingabe an die jenseitige Welt, aber auch die Einflüsse der Geister, die von dieser Seele Besitz ergriffen hatten und sie kontrollierten.

Die Gesichter der Zwillingsschwestern waren vor Aufregung rot angelaufen, eine beklemmende Unruhe flackerte in ihren Augen, als Maria Magdalena andachtsvoll ihre Hände faltete und mit einer kraftlosen Stimme das Vaterunser betete. Dann hieß sie die geistige Welt willkommen und bat ihren Kontrollgeist, jetzt in ihren Körper einzugehen. Ein feines Schütteln durchfuhr ihren Leib – der Kontakt war hergestellt. Ihre Gesichtszüge veränderten sich, ihr Blick wurde starr wie der einer Besessenen. Ich spürte, wie Romanowski einen lichten Schutzmantel um mich legte. Er selbst war für die Geister auf der anderen Seite des Schleiers unsichtbar und unantastbar, da seine Seele unsterblich und befreit von Leben und Tod war.

Ohne dass Fragen gestellt wurden, begann der Kontrollgeist unmittelbar durch Maria Magdalena zu sprechen. Anfangs tönte es verzerrt und hastig, doch dann hatte er den Rhythmus gefunden, um durch sein Medium zu reden. Er richtete das Wort an die ältere elegante Dame und sprach: »Mach dir keine Sorgen, es geht mir gut. Dass du mein Pferd und das andere Haus verkauft hast, ist richtig. Ich weiß, dass dich dies bedrückt hat, das muss es aber nicht.« »Das ist mein Mann, das ist mein Mann«, flüsterte die Frau verblüfft und glücklich, »er ist vor sechs Monat gestorben.« Mister Romanowski berührte kurz mein Knie, ich verstand seine Aufforderung. Er wusste, dass ich das doppelte Gesicht besaß und die Geschehnisse in der feinstofflichen Welt beobachten konnte.

Ich änderte meine Sicht und schaute wie durch ein offenes Fenster in die unsichtbare Welt. Über der Dame schwebte ein schemenhaftes Wesen, das offensichtlich diese Informationen aus ihren feinstofflichen Körpern entnommen hatte. Ihren verstorbenen Mann konnte ich nirgends sehen. Maria Magdalena war in Trance und bekam von alledem kaum etwas mit.

Ich erschrak, denn inzwischen hatte sich eine ganze Gruppe solcher erdgebundener Geistwesen eingefunden und ihre Aufmerksamkeit auf uns ausgerichtet. Vor allem fokussierten sie sich auf Maria Magdalena, denn sie war der offene Kanal, durch den sie den Lichtäther, die Lebenskräfte von allen, die hier um den Tisch versammelt saßen, absaugen konnten. Im Zimmer wurde es merklich kühler, Maria Magdalena stöhnte kurz und tief. Außer Mister Romanowski und mir wusste niemand von diesem abscheulichen Schmarotzertum, das sich hier abspielte.

Der Kontrollgeist wandte sich nun an den Pseudokünstler und sprach: »Die geistige Welt segnet dich. Bald wirst du deinen lang ersehnten Erfolg erreichen und genießen können, denke immer an uns, wir unterstützen dich.« Der Mann rutschte vor Aufregung und Begeisterung über diese Botschaft unruhig auf dem Stuhl hin und her, seine Augen glühten vor Stolz und Begeisterung.

Dann richtete der Kontrollgeist unerwartet das Wort an mich. In dem Augenblick setzte Sergej Romanowski dem Spuk ein Ende. Ein Lichtblitz, der für die Anwesenden nicht sichtbar war, schoss in die andere Welt und vertrieb die Geister. Maria Magdalena fiel unmittelbar aus ihrer Trance und stammelte leicht verzweifelt: »Was ist geschehen? Was ist bloß geschehen, ich kann das nicht verstehen.«

»So kurz war die Sitzung noch nie«, sagte Bernard mit aufgeschreckter Stimme, und die Zwillingsschwestern schnaubten vor Enttäuschung, denn sie hatten sich auf eine Botschaft aus der geistigen Welt gefreut. Maria Magdalena saß wie betäubt da und erklärte, dass sie versuchen werde, nochmals Kontakt aufzunehmen.

Mit ihrer süßesten Stimme flötete sie die unterschiedlichsten Gebete, doch die halfen auch nicht. »Warum meldet sich niemand?«, fragte Bernard außer sich, Maria Magdalena war ratlos. Mit bebender Stimme erklärte sie den Anwesenden: »Wir müssen für heute Schluss machen, aber bitte kommen Sie doch in drei Tagen wieder; wir werden die Sitzung nochmals durchführen.« Mit diesen Worten verließ sie mit Tränen in den Augen den Raum.

»Ich hoffe, dass Sie nicht allzu sehr enttäuscht sind, Mister Mongrave, es ist wirklich das erste Mal, dass Maria Magdalena so aus der Trance gefallen ist«, erklärte Bernard mit unsicherer Stimme.

»Das ist nicht schlimm, wir kommen vielleicht ein andermal wieder«, sagte ich, um ihn zu beruhigen. Ich wollte ihn nicht verletzen, doch für mich war klar: einmal und nie wieder! Ich hatte klar gesehen, auf welche Art und Weise die jenseitige Welt das diesseitige Lebensfeld manipulieren und ausnutzen kann.

Die anderen Mitglieder der Runde waren sichtlich enttäuscht und zeigten auch Anzeichen von Erschöpfung, was sie wohl auf die Aufregung des Abends zurückführten. Ich begriff jetzt auch, warum Mister Romanowski mich diese Erfahrung machen lassen wollte. Bernard begleitete uns zur Tür und entschuldigte sich abermals. Als wir ihm sagten, dass wir Verständnis für diese Situation hätten, atmete er erleichtert auf.

Stillschweigend schritten wir die menschenleere Straße hinunter, feurige Gedanken glühten in meinem Bewusstsein. Wie erstaunlich dünn der Schleier zur jenseitigen Welt doch war! Ich hatte gesehen und erkannt, wie das Diesseits und das Jenseits einander bedingen. Die Einsicht, dass diese beiden Welten ihren Ursprung in mir selbst, in meiner Persönlichkeit hatten und ich durch meine Verstrickungen, Vermischungen und Identifikationen diese vergänglichen Erscheinungswelten nährte, auflud und unterhielt, diese Erkenntnis bewirkte einen Aufschrei in meiner Seele, der mich zutiefst erschütterte.

Die Last alter Schatten lag schwer auf meiner Seele, ihre Kraft war erdrückend. Wie ein Blitz durchzuckten mich abermals die Worte von Mister Romanowski:

»Sie haben vor langer Zeit ein Gelübde abgelegt, das Sie zur Lichtgeburt verpflichtet.« Ich hatte in diesem Leben meiner Seele erlaubt, sich mit Vergänglichem und Sterblichem zu vermischen, doch dies hatte mich nie weiter gestört, denn da war diese helle, magische Seite meines Daseins, die das Vergängliche nie berührte.

Es vibrierten noch Erinnerungsfetzen aus alten Zeiten in meiner Bewusstseinsstruktur, sie waren Zeugen einer ununterbrochenen Lebensreise, deren Ziel sich in einer undefinierbaren Unendlichkeit verflüchtigte. Seltsame Erinnerungen tauchten ab und zu kraftvoll in meinem Leben auf und durchdrangen mich. Bilder von beeindruckenden Einweihungen und Reisen ins Totenreich fluteten in mein Bewusstsein. Mächtige Stimmen begleiteten mich und forderten mich auf, in dieser anderen Dimension Kenntnis zu erlangen, um zu lernen, wie man die Kräfte, die Leben und Tod auslösen, beherrschen kann.

»Kommen Sie doch noch für eine Weile zu uns herein, Natascha würde sich sicher freuen«, ermunterte mich Mister Romanowski. Diese Einladung nahm ich gerne an und bedankte mich auch für die aufschlussreiche Erfahrung in diesem spiritistischen Zirkel. Er blieb kurz stehen, wandte sich mir zu und sagte: »Die Menschheit ist in einem kollektiven Weltkarma miteinander verknüpft und wird durch diese grenzenlosen, traumartigen Zustände und Kräfte mitgerissen und gelebt.« Er hatte wohl die Gedanken, die mich beschäftigten, in sich wahrgenommen und mir die gewaltigen Kreisläufe, in die die gesamte Menschheit eingewoben ist, bewusst machen wollen, doch dies wusste ich bereits, denn in meiner natürlichen Zurückgezogenheit hatte das äußere Leben nie wirklich Zugriff auf mein wahres Dasein ausüben können. Etwas in mir war still und unberührt von den betäubenden Kräften, die in der Außenwelt wirkten und wüteten. Diesen unheilvollen magnetischen Sog hatte ich längst durchschaut.

Natascha hatte uns erwartet und eine leichte Mahlzeit vorbereitet. Anscheinend hatte sie geahnt, dass ich mitkommen würde. Sie ging zurück in die Küche und sagte, dass sie uns rufen würde, wenn das Essen bereit sei. Mister Romanowski führte mich in sein Arbeitszimmer und zeigte mir seine kostbare Ikonensammlung, die schon seit Generationen im Besitz der Familie war.

Danach setzten wir uns auf ein bequemes Sofa, und er begann mit leiser Stimme die Unterhaltung: »Wissen Sie, Mister Mongrave, Ihr gefühlvolles, offenes Verhalten gegenüber meiner Tochter macht sie und auch mich glücklich. Ich sehe, wie sie aufblüht. Ich weiß, dass Sie ihr viel bedeuten. Schauen Sie sich dieses Foto an, das dort drüben an der Wand hängt. Wissen Sie, wer das ist?«, fragte er mich.

»Ja, das ist Natascha«, erwiderte ich mit fester Überzeugung.

»Nein, werter Mister Mongrave, das ist ihre Mutter.« Verblüfft schaute ich mir das Foto nochmals genauer an, und dabei schoss mit unerbittlicher Vehemenz ein Gedanke in mir hoch, der mein Herz marterte. Ein brennender Schmerz überkam mich.

Ich wusste ja, dass Natascha an derselben Krankheit wie ihre jung verstorbene Mutter litt und haderte mit meinem mir ungerecht erscheinenden Schicksal. Das Leben hatte diese wunderbare Frau in mein Dasein gewoben. Der Gedanke, dass sie bald diese Welt verlassen musste, war unerträglich. Gleichzeitig ärgerte ich mich über mein Selbstmitleid.

Natascha war auf die unwiderrufliche Tatsache ihres baldigen Todes innerlich vorbereitet, sie war ohne Furcht, und ihre Seele berührte bereits das Ungreifbare, das über alles Weltliche hinausführt. Ich hatte kein Recht, sie mit egoistischen Gedanken an meine Wünsche und Hoffnungen zu ketten.

Nach dem Essen zog sich Mister Romanowski zurück und ließ uns allein. So vieles wollte ich ihr sagen, doch eine unsichtbare Hand schnürte mir die Kehle zu, ich brachte kein Wort hervor. Ich kam mir wie ein schüchterner Jüngling bei seinem ersten Rendezvous vor, wie ein Eisklotz, der sich weigerte, in der Sonne zu schmelzen. Aus unerklärlichen Gründen war es mir einmal mehr nicht möglich, meine Gefühle in Worte zu kleiden.

Natascha hatte meine Hemmungen bemerkt und ergriff das Wort: »Mister Mongrave, ich hoffe, dass uns das Leben noch einige Zeit schenkt, damit wir uns näher kennenlernen können.« Mein Pulsschlag raste und das Rauschen des Blutes in meinen Adern schien so laut, dass ich mich fragte, ob sie es hören konnte.

Ich entkrampfte mich und erwiderte: »Sie haben die Worte ausgesprochen, die schon seit unserer ersten Begegnung in meiner Seele brannten, doch ich hätte nie gewagt, sie auszusprechen.« Ihre liebevollen Worte berührten mich tief und erweckten meine ausgetrocknete und verschüttete Gefühlswelt zu neuem Leben. Ich spürte, wie eine liebende Kraft aus den Urtiefen meines Seins emporspross und mich in eine stille Freude hüllte.

Sanft nahm sie meine rechte Hand und bettete sie in ihre. Ich fühlte, wie die Wärme und die Zartheit ihrer weichen Hand direkt in mein Herz strömte. Still saßen wir da, zerschmolzen und absorbiert in einer heiligen, überpersönlichen Kraft und hofften, dass sich der Pulsschlag der Zeit durch unser Stillsein verlangsamen würde.

Es war schon spät, als ich mich erfüllt und glücklich durch die Dunkelheit der Nacht auf den Heimweg machte.

Schattenkönige

Auf der Kante meines Bettes sitzend, schaute ich durchs Fenster hinunter auf die Straße und sah eine Frau, die wie eine verschlafene Katze an den grauen Häusern entlangschlich. Die mondlose Nacht verbreitete eine eigenartige Stimmung und weckte sonderbare Gedanken in mir. Was für ein merkwürdiges Leben, das ich zusammen mit unzähligen Lebewesen und Kreaturen in diesem gigantischen Lebensraum der Welt teilte und erlebte.

Das Feuer im Kamin flackerte rastlos, als ob es meinen inneren Zustand miterleben würde. Warum machte es mir solche Schwierigkeiten, dieses aufbrechende Gefühl des Glücklichseins ganz zuzulassen? War es meine Angst vor dem Schmerz, einmal mehr verlassen zu werden, oder die Enttäuschungen der vielen und leeren Versprechungen und lieblosen Umarmungen? Ängste, Verunsicherung und Misstrauen hatten sich wie ein dichter Schutzmantel um mein Herz gelegt, den ich aber jetzt nicht mehr wollte.

Ich lag im Bett und versuchte diese alten angstbesetzten Gefühle zu verscheuchen, aber es gelang mir nicht. Ich wollte schlafen, jedoch der Denker dachte ohne mein Einverständnis einfach weiter.

Es war bereits hell, als ich dann doch aus einem tiefen, traumlosen Schlaf erwachte. Eine ungewohnte Stille lag über der Stadt. Ich genoss diese wohltuende Ruhe, die man nur am frühen Sonntagmorgen fühlen konnte. Die Menschen hatten Zeit und erholten sich von der Hektik der anstrengenden Arbeitswoche.

Nach dem Frühstück wollte ich endlich den Brief beantworten, den ich vom Club mit dem Namen »Vereinigung zum Schutz alter Kulturgüter« erhalten hatte. Man bat mich, den Vortrag, den ich vor zwei Monaten in ihrem Club über das alte Ägypten und die grandiosen Bauwerke gehalten hatte, noch einmal zu wiederholen, da er auf großes Interesse gestoßen sei.

Oliver Brandon, der Apotheker, dessen Geschäft sich in meiner Straße befand, war Vorsitzender dieses Clubs. In unserem Viertel hatte er einen eher zweifelhaften Ruf. Man munkelte, dass er nebenbei, um seinen Verdienst aufzubessern, auch ärztliche Tätigkeiten ausübe, die anscheinend seine Kompetenzen bei Weitem überschritten. Obwohl niemand Genaueres wusste, nannte man ihn heimlich den »Quacksalber«.

Einige Male im Jahr suchte ich seine Apotheke auf, um Medikamente zu holen. Gewiss, er war schon ein spezieller Mensch. Zwar war er immer sehr höflich, doch manches, was er sagte, kam mir widersprüchlich vor. Von den Gerüchten, die über ihn kursierten, hielt ich allerdings nichts.

Vor einigen Monaten waren wir uns in der Bibliothek begegnet, und er hatte beobachtet, wie ich mehrere Bücher über die alten ägyptischen Dynastien aus einem der Regale nahm. Er winkte kurz und kam, ohne zu zögern, gleich auf mich zu. So kamen wir ins Gespräch und sprachen diesmal nicht über Medikamente. Interessiert schaute er sich die Bücher an, die ich ausgesucht hatte, und schilderte mir sein brennendes Interesse an alten verschwundenen Kulturen, vor allem deren Kultgegenstände faszinierten ihn.

Nachdem ich ihm gesagt hatte, dass ich bereits mehrfach an Vortragsabenden über das alte Ägypten gesprochen hätte, erzählte er mir von seinem Club. Zwei Wochen später kam eine Einladung mit der Bitte, in diesem Club einen Vortrag zu halten, was ich dann auch tat. Brandon, der als Vorsitzender fungierte, stellte mich an diesem Abend den anderen Mitgliedern vor und nahm dann in der vordersten Reihe Platz. Die Macht der Pharaonen und ihre gigantischen, genialen Bauwerke stießen auf reges Interesse, sodass ich nach dem Vortrag noch viele Fragen beantworten musste.

Wenig später kam es, wohl durch die Beziehungen von Oliver Brandon, zu einer denkwürdigen Begegnung. Einige Tage nach meinem Vortrag in dem Club lag eine weitere Einladung in meinem Briefkasten. Ein exklusiver Gentlemen's Club, zu dem nur die feudale Oberschicht der Stadt Zutritt hatte, lud mich ein, einen Vortrag über die Pharaonische Zeit in Ägypten zu halten. Ich sagte schriftlich zu und wurde dann am vereinbarten Tag von einer schwarzen Limousine mit Fahrer abgeholt.

Der Gentlemen's Club befand sich im teuersten Stadtteil, wo nur Aristokraten und wohlhabende alteingesessene Familien wohnten. Die geschmackvoll eingerichteten Räume waren mit teuren Materialien aus verschiedenen Ländern dieser Erde ausgestattet. Aus einem der Zimmer drang schwerer Zigarrenrauch. Gut gekleidete Männer saßen in großen bequemen Ledersesseln und diskutierten in bestem Upperclass-Englisch über Politik, während andere Zeitung lasen oder genüsslich aus schweren Kristallgläsern ihren schottischen Malt Whisky tranken.

Während meines Vortrags fiel mir ein älterer, charismatischer Herr auf. Am Mittelfinger seiner rechten Hand trug er einen goldenen Ring mit einem ungewöhnlich großen, schön gefassten Amethyst. Ich spürte, dass er ein willensstarker Mensch war; seine Präsenz und sein scharfer, durchdringender Blick deuteten darauf hin. Er war ein außerordentlich wacher und aufmerksamer Zuhörer. Kein Wort von dem, was ich erzählte, entging ihm.

Mir war klar, dass ich seine Bekanntschaft machen würde. Jetzt erinnerte ich mich, ich hatte ihn kurz in

Brandons Club der »Vereinigung zum Schutz alter Kulturgüter« gesehen. Die Tatsache, dass Mister Brandon damals nach meinem Vortrag mit diesem mysteriösen Mann ein längeres Gespräch unter vier Augen geführt hatte, machte mich stutzig. Auch wunderte es mich, dass er Zugang zu solch exklusiven Kreisen hatte. Ich wurde den Verdacht nicht los, dass er diese Begegnung herbeigeführt hatte, aber was steckte dahinter?

Und tatsächlich, kaum hatte ich meinen Vortrag beendet, erkannte ich Mister Brandon, der gerade hereingekommen war. Er trat auf mich zu und erklärte, dass er mir jemanden vorstellen wolle. Dass er kein Mitglied dieses erlauchten Clubs war, war offensichtlich. Er wurde wie einer der Butler, die hier arbeiteten, behandelt – respektvoll, aber distanziert! Einige der Männer, die meinen Vortrag gehört hatten, nickten mir anerkennend zu. Einer von ihnen sprach mich an und gratulierte mir zu den spannenden und aufschlussreichen Schilderungen.

Ich folgte Mister Brandon, er führte mich in ein Zimmer, wo der Unbekannte mich erwartete. »Mister Mongrave, ich möchte Ihnen Sir Arthur Cunningham vorstellen. Sir, das ist Mister Mongrave.« Als er mich ihm vorstellte, fiel mir in seinem Verhalten eine merkwürdige Unterwürfigkeit auf. Sir Arthur Cunningham war aufgestanden und reichte mir die Hand: »Willkommen im Gentlemen's Club, Mister Mongrave, bitte setzen Sie sich. Sie, Mister Brandon, können jetzt wieder gehen.« Brandon verabschiedete sich höflich und verließ dann unverzüglich den Club.

»Darf ich Ihnen etwas zum Trinken anbieten?«, fragte mich Sir Cunningham.

»Gerne, ein Tee wäre gut«, antwortete ich.

Seine dichten, glatt nach hinten gekämmten silbergrauen Haare passten farblich perfekt zu seinem dunklen Anzug. Gewiss, er war ein nobler Herr, doch etwas an seiner Ausstrahlung irritierte mich. Er läutete mit einer kleinen Glocke, die vor uns auf dem Tisch stand. Bald klopfte es an der Tür, einer der Butler mit weißen Handschuhen betrat das Zimmer und fragte: »Sie wünschen, Sir?« Nachdem Sir Arthur Cunningham ihm unsere Wünsche mitgeteilt und der Butler den Raum wieder verlassen hatte, kam er gleich zur Sache. »Ihr Vortrag, Mister Mongrave, hat mir gefallen Gehe ich recht in der Annahme, dass Sie sich vor allem für die Magie dieser alten Kultur, mit der Sie in Resonanz sind, interessieren?« Die Direktheit und Intensität, mit der er mir diese Frage gestellt hatte, ließen mir keine Möglichkeit, ihr auszuweichen.

Spontan antwortete ich ohne jegliche Verzögerung, was mich selbst verblüffte: »Sie haben recht. Seit vielen Jahren befasse ich mich intensiv mit der Magie einiger Hohepriester aus der alten Welt, und obwohl in den alten Schriften kaum etwas Konkretes darüber zu erfahren ist, habe ich immer wieder das starke Gefühl, dies alles zu kennen und bräuchte es nur in meinem Bewusstsein wieder zu erwecken, zu erinnern und zu entdecken. Aber über dem Wissen um diese alten Geheimnisse liegt ein magischer Schleier, der sich nicht so ohne Weiteres lüften lässt.«

Meine Worte schienen ihn sichtlich zu erfreuen, denn er erklärte gleich mit feierlicher Stimme: »Werter Mister Mongrave, wir haben viel Gemeinsames. Es wäre interessant und sicher auch wichtig, wenn wir über unsere Einsichten und Erfahrungen diskutieren könnten. Sie tragen unverkennbar noch eine atlantische Signatur in sich. Ihre alten verschütteten Erinnerungen könnte man sicher wieder wecken und in Ihrem Bewusstsein erblühen lassen, darin habe ich einige Erfahrung.«

Eine seltsame Energie wallte in meinem Blut, seine Worte hatten ein altes, unheimliches Feuer in mir entfacht. Ich wusste nicht, ob ich meine abgestorbene Vergangenheit wieder zu neuem Leben erwecken wollte. Einerseits war da eine starke bejahende Faszination, die dies wollte, andererseits eine mahnende Vernunftkraft, die mich davon abzuhalten versuchte.

Ich wollte mich ja nicht mehr an den zeitgeschaffenen Dingen festhalten, sondern die Grenzen der vergänglichen Welt überschreiten. Mein Innerstes sehnte sich nach dem Glanz der Ewigkeit, dem ungeborenen, ungeformten und ungewordenen Sein.

Doch es schien, als ob mich mit Sir Arthur Cunningham eine geheimnisvolle Schicksalskraft verband. Ich spürte und wusste, dass sich diese rätselhafte Anziehungskraft nicht so ohne Weiteres abschütteln ließ. Mir war sofort klar geworden, dass sich auf meiner irdischen Reise durch den Strom der Zeit noch etwas Altes entwirren musste. Ein Schatten an meinem inneren Horizont musste durchschaut und erlöst werden, damit ich das Grenzenlose endgültig betreten konnte.

»Mister Mongrave«, fuhr er fort, »wir gehören zu einer uralten, längst verschwundenen Kultur. Wir kennen die Verbindungen zwischen den getrennten Sphären und wissen, wie man sie eint. Alle, die zu unserer Kultur und Gemeinschaft gehören, finden sich durch die Äonen der Zeit immer wieder und schließen so den goldenen Kreis. Dadurch werden der innere Bund und die alten Gelübde verstärkt und immer dynamischer. Wir sind eine geheime Gemeinschaft von Gleichgesinnten, in die ich Sie gerne einführen möchte. Ich könnte für Sie Bürge sein, dies würde Ihnen die Möglichkeit eröffnen, in unsere Gesellschaft aufgenommen zu werden. Ich würde Ihnen auch gerne als Mentor für die Aufnahmeriten zur Seite stehen, denn sie sind äußerst komplex und tiefgründig, und nur denen, die diesen hohen Anforderungen gewachsen sind, wird das Tor der Loge geöffnet.

Aber dies hier ist nicht der richtige Ort, um darüber zu sprechen. Mister Brandon hat mir Ihre Adresse ja bereits gegeben, ich werde Ihnen morgen am späten Nachmittag meinen Chauffeur schicken, er wird Sie zu meinem Landhaus außerhalb der Stadt bringen.

Unser heutiges Gespräch ist natürlich vertraulich, aber das brauche ich Ihnen ja nicht zu sagen, da ich weiß, dass Sie ein Ehrenmann sind. Wer in unsere Loge aufgenommen wird, legt unter anderem auch ein Gelübde ab, das zur Geheimhaltung und Verschwiegenheit verpflichtet. In unserem Kreis gibt es außerordentlich einflussreiche Leute, die werden Sie irgendwann sicher auch kennenlernen.«

Am nächsten Tag stand Sir Cunninghams Chauffeur mit einem silbergrauen Rolls-Royce vor meinem Haus und fuhr mich in südlicher Richtung stadtauswärts. Bis wir unser Ziel erreicht hatten, dauerte es fast zwei Stunden. Ich hatte ein großes Landhaus erwartet, und war jetzt überrascht und auch erstaunt, als der Fahrer vor einem großen eisernen Tor anhielt und sich dieses mit einem leisen Summton automatisch öffnete. Wir fuhren durch eine Allee mit vielen alten Bäumen, die sich zu einem weitläufigen Platz öffnete – und hielten vor einem alten, ehrwürdigen Schloss. Ich war ziemlich sprachlos, als der Fahrer mir mit weißen Handschuhen die Tür öffnete und ich aus dem eleganten Gefährt ausstieg.

»Willkommen auf Schloss Cunningham, Mister Mongrave.« Sir Arthur Cunningham stand auf dem großen Vorplatz des Schlosses, neben ihm zwei Butler mit aufgesetzter, ernster Miene und eine Gouvernante in einer langen weißen Schürze und einem Häubchen auf dem Kopf. Mit neugierigen Blicken musterte sie mich von oben bis unten und bewegte dabei unentwegt ihren Kopf leicht hin und her, wie das Pendel einer Uhr. »Servieren Sie uns bitte den Tee im Blauen Salon«, wandte sich der Hausherr an einen der Butler, »dann können Sie sich beide zurückziehen, Ihre Dienste werden heute nicht mehr benötigt.«

Der Salon war äußerst geschmackvoll eingerichtet, wertvolle alte Gemälde von bekannten Malern hingen dezent beleuchtet an den Wänden, und im großen, mit italienischem Marmor ausgekleideten Kamin knisterte ein Feuer. Die Tapeten waren farblich auf die antiken Stühle abgestimmt, nur die schweren dunkelbauen Vorhänge hatten offensichtlich unter dem Einfluss des Sonnenlichts gelitten, die Farbe war an mehreren Stellen verblasst.

Sir Cunningham begann die Unterhaltung: »Dieses Schloss ist seit vielen Generationen im Besitz unserer Familie. Vor vielen Jahren ist meine Frau an einer schweren Krankheit gestorben, und natürlich ist dieses Haus für mich alleine jetzt zu groß, doch das ist mein Zuhause, hier fühle ich mich wohl.«

Nachdem wir den Tee getrunken hatten, folgte ich ihm durch lange Flure in eins der oberen Stockwerke, wo er mit einem Schlüssel, den er immer bei sich trug, eine Türe öffnete. »Bitte treten Sie ein, Mister Mongrave.«

Ich staunte abermals. An der hinteren Wand dieses großen, hohen Raums erblickte ich ein riesiges Wandbild, das mit mathematischer Genauigkeit unser Sonnensystem mit all seinen Planeten und Monden darstellte. Man hatte den Eindruck, in die Tiefen eines unendlichen Raums zu schauen. Ein altes Gemälde an einer anderen Wand zeigte einen Alchemisten in seinem Labor, der sich bemühte, aus Blei Gold herzustellen. An den anderen Wänden reihten sich hohe Regale mit seltenen, alten Büchern, von denen ich kaum glauben konnte, dass sie wirklich noch existierten.

Kultgegenstände aus verschiedenen Kulturen lagen oder standen im Raum. Sie waren offensichtlich benutzt worden, das spürte ich an der seltsamen Energie, die von ihnen ausging. Auf dem Schreibtisch lagen ägyptische Tarot-Karten und daneben ein altes chinesisches Buch in englischer Sprache.

Wir setzten uns auf die Sessel unter dem Gemälde des Alchimisten, und dann begann er mir die Strahlengesetze, die innerhalb des solaren Körpers aktiv waren, zu erklären und den Zugang zu den Elementen. Er besaß eine außerordentliche Fähigkeit, komplexe geheime Analogien zu erklären und dadurch die Kräfte, die in den Elementen schlummerten, freizusetzen. Ich war von seinen umfangreichen Erklärungen und seiner scharfsinnigen Logik beeindruckt, er musste eine außergewöhnliche okkulte Schulung durchlaufen haben.

Dann stand er auf und sagte: »Mister Mongrave, jetzt wollen wir die uralten Erinnerungen, die in den Tiefen Ihres Bewusstseins schlummern, wecken. Dies wird vieles in Ihrem jetzigen Leben klären und an seinen richtigen Platz stellen.«

Er drückte kurz, aber gezielt an zwei Stellen meines Körpers, und dieser starke Impuls katapultierte mich augenblicklich in eine andere Welt, außerhalb meines physischen Leibes. Irgendwie war mir dieser Vorgang vertraut, als ob ich dies schon viele Male erlebt hätte.

Beflügelt reiste ich auf magnetischen Schwingungen Jahrtausende zurück. Bilder, Situationen und durchlebte Erfahrungen breiteten sich fächerartig vor meinem inneren Auge aus. Ich sah große Kriege, Gräueltaten und wie ich ermordet wurde. Ich sah aber auch viel Schönes und Wertvolles. Ich durchlebte noch einmal die magischen Momente der großen Einweihungen, die mich verwandelt hatten.

Die Reise durch meine Vergangenheit war kurz gewesen, bald saß ich wieder mit offenen Augen in meinem Sessel und sinnierte über das Erlebte nach. Die Informationen waren für mich weder neu noch von großer Bedeutung, diese Aspekte meines Daseins kannte ich bereits. Einige Zusammenhänge hatten sich noch erhellt, doch dafür hätte ich gewiss nicht meinen Körper verlassen müssen. Nun sah ich Sir Cunningham mit anderen Augen, denn mir war schlagartig klar geworden, dass es ihm nie wirklich um meine außerkörperliche Erfahrung ging, nein, er wollte mir sein Wissen und seine Macht demonstrieren.

Er hatte gleich bemerkt, dass durch seine Handlung tiefgreifende Zweifel in mir entstanden waren. Offensichtlich waren unsere geistigen Wege nicht die dieselben. Wir waren zwar alte Weggefährten, die sich jedoch im Laufe vieler Leben in unterschiedliche Richtungen entwickelt hatten. Er versuchte mich von den Vorzügen und den großen Möglichkeiten, die sich für mich als Mitglied der Loge eröffnen würden, zu überzeugen. Er schloss mit den Worten: »Mister Mongrave, mit Ihren geistigen Fähigkeiten wären Sie bestimmt ein willkommenes Mitglied in unserer Loge, in der es auch verschiedene Stufen und innere Grade gibt. Die mentale Schulung der Willens- und Konzentrationskraft ist für das Erreichen unserer geistigen Lebensziele wichtig, da der Geist ja die Materie beherrscht. Ich möchte Ihnen anhand eines Beispiels zeigen, wie die schöpferischen Geisteskräfte durch den Menschen wirken. Was ich Ihnen jetzt eröffnen werde, gehört zu einer Prüfung für diejenigen, die in die höheren Grade unserer Loge eintreten möchten. Ihnen darf ich dies enthüllen, weil ich Ihre geistige Stufe und Ihre Möglichkeiten klar erkennen kann.«

Dann öffnete er einen Schrank, nahm einen mit Erde gefüllten kleinen Blumentopf und eine mit Rubinen verzierte Schatulle heraus und stellte sie vor mich auf den Tisch. Er zupfte gekonnt ein einzelnes Samenkorn aus der Schatulle und steckte dieses vorsichtig in die braune Erde. Dann richtete er seine Konzentrationskraft auf den Lebenskern des Samens, und zu meinem Erstaunen spross bald ein Keimling aus der Erde, der nach wenigen Minuten zu einer ausgewachsenen blühenden Blume heranwuchs. Dabei beobachtete er meine Reaktion und sah natürlich, dass ich beeindruckt war.

Doch mit dieser denkwürdigen Machtdemonstration war für mich nun endgültig klar, dass Sir Arthur Cunningham ein Vertreter der linkshändigen Magie war und auch mit den dunklen Kräften der unsichtbaren Welt arbeitete. Diesem Schattental war ich vor mehreren Inkarnationen entstiegen und hatte den Sonnenpfad, der über die Welt hinausführt, betreten, und doch mussten noch gewisse Überreste des alten Lichts in mir vorhanden gewesen sein, das mich schicksalshaft hierhergeführt hatte.

Ein beklemmendes Gefühl bedrückte mein Herz und ich wusste, dass ich jetzt gleich einen Entschluss fassen musste, denn zwischen unserer spirituellen Ausrichtung klafften Welten. Der innere Klang war wahrlich nicht derselbe. Die aussöhnenden Kräfte und das geheime integrale Dasein in der ewigen Stille waren ihm fremd.

Ich schüttelte den eigenartigen Druck von mir ab und sagte: »Würden Sie bitte Ihren Fahrer benachrichtigen, denn ich möchte jetzt nach Hause. Ich habe wirklich großen Respekt vor Ihrem magischen Können und Wissen, doch unsere geistigen Wege sind nicht mehr dieselben, aber das haben Sie sicher auch erkannt. Ein Eintritt in Ihre Loge ist für mich unter diesen Umständen nicht möglich, das können Sie gewiss verstehen. Natürlich bin ich mir der großen Vorzüge für die Mitglieder der Loge bewusst, trotzdem, auf eine Mitgliedschaft muss ich leider verzichten.«

Meine Entscheidung hatte er offensichtlich so nicht erwartet. Er bemühte sich, Haltung zu bewahren und seine Enttäuschung zu verbergen. Mein Entschluss schien ihn seltsamerweise wie eine persönliche Niederlage zu treffen, und es war schwierig für ihn, diesen zu akzeptieren. Mir war klar, dass ihm das Geheimnis des reinen Lichts fremd war. Den verborgenen Weg, der aus der Welt ins ewige Licht führt, kannte er nicht oder er interessierte ihn nicht. Er räusperte sich kurz und sagte dann mit leiser Stimme: »Mister Mongrave, falls Sie es sich doch noch anders überlegen würden, Sie können mich jederzeit kontaktieren.«

Als er mich draußen verabschiedete, war sein Gesicht zu einer regungslosen Maske erstarrt und die Hand, die er mir reichte, eiskalt. Es waren Momente, in denen sich uralte Schicksalskonten, die durch unmessbare Zeiten bestanden hatten, auflösen konnten.

Geöffnetes Leben

Mehrere unruhige Nächte und dunkle Träume hatten mich seit dieser Begegnung verfolgt. Uralte Kräftestrukturen aus längst vergangenen Zeiten waren aus den Tiefen meiner Seelenlandschaft emporgekrochen und wollten sich wieder ausdrücken und entfalten. Doch durch meinen Entschluss, diesen Einflüssen endgültig Einhalt zu gebieten, hatte sich in mir eine wichtige Wende vollzogen. Die alten Lichter waren nun endgültig am Erlöschen.

Ich saß am Küchentisch und aß lustlos eine Kleinigkeit. Ein Spatz landete auf dem Fenstersims und schaute aufgeregt zwitschernd auf meinen Teller. Mit seinem Schnabel pickte er mehrmals ans Fenster und erschrak vor dem Geräusch, das er dabei verursacht hatte. Panikartig flatterte er davon.

Am Nachmittag spazierte ich in Gedanken versunken durch den Park und bewunderte das frische hellgrüne Laub der Bäume. Ich stutzte, denn aus der entgegengesetzten Richtung kam mir Oliver Brandon mit seiner Frau am Arm entgegen. Eigenartig, gerade heute Morgen hatte ich an ihn gedacht. Ich war froh, ihn zu sehen, so konnte ich ihm gleich auf seine schriftliche Einladung für einen weiteren Vortrag in seinem Kulturclub antworten und musste den Brief nicht schreiben.

»Guten Tag, Mister Mongrave, haben Sie meine Einladung erhalten?«, fragte er.

»Danke, ja, ich bin einverstanden, wir könnten gleich ein Datum festlegen, ich habe meinen Terminkalender bei mir«, erwiderte ich.

»Das ist eine wunderbare Idee«, meinte er und wir einigten uns auf einen Abend im nächsten Monat.

»Sie sehen blass aus, Mister Mongrave, Sie sollten endlich wieder heiraten, damit Sie jemanden haben, der sich um Sie kümmert«, bemerkte Anne Brandon in wohlwollend besorgtem Ton. Obwohl sie fast zehn Jahre älter war als ihr Mann, sah sie viel jünger aus als er und war auch dynamischer.

Mit keinem Wort hatte Brandon Sir Cunningham erwähnt, doch ich entdeckte eine Unsicherheit in ihm, etwas bedrückte ihn. Immer weniger konnte ich mir diese seltsame Verbindung zwischen ihm und Cunningham erklären, mit Sicherheit war er kein Mitglied des Geheimbundes.

»Kommen Sie doch wieder einmal zu uns zum Essen, es würde uns freuen«, lud mich seine Frau ein.

Mister Brandon schluckte leer und stimmte mit leicht bebender Stimme zu: »Ja, kommen Sie doch wieder einmal vorbei!«

»Zurzeit bin ich beschäftigt, aber ich sehe Sie ja beim Vortrag, danach komme ich gerne für ein Abendessen zu Ihnen«, erwiderte ich. Brandon war sichtlich erleichtert, dass ich nicht gleich zugesagt hatte.

Später betrat ich das kleine Restaurant, in dem ich mit Natascha gewesen war. Derselbe Kellner hatte mich gleich erspäht und kam auf mich zu: »Ah, kommen Sie heute allein?«, fragte er in zweideutigem Ton und mit einem schrägen Grinsen im Gesicht. Seine pomadigen Haare waren nach hinten gekämmt und rochen nach Brillantine. Die unangenehmen, lüsternen Blicke, mit denen er Natascha angeschaut hatte, waren nicht zu übersehen gewesen. Sein Innenleben war offensichtlich von einem ununterbrochenen, triebhaften Gedankenstrom besetzt.

Ich ignorierte ihn und seine Frage und bestellte eine Tasse Tee. Mit beleidigter Stimme fragte er zynisch: »Und, kann ich Ihnen sonst noch etwas bringen?«

»Gerne, bringen Sie mir bitte die Tageszeitung«, sagte ich ruhig, und das ärgerte ihn noch mehr.

Ich las einige Artikel, bis auf einer Seite ein Foto meine Aufmerksamkeit auf sich zog. Darauf waren zwei bekannte Politiker aus dem Parlament zusammen mit Sir Arthur Cunningham abgebildet. Sie hatten einen größeren Geldbetrag für ein Waisenhaus in Nordengland gespendet. Das Netzwerk des Geheimbundes war wohl viel umfassender und einflussreicher, als ich gedacht hatte.

Ich spazierte den Weg durch den Park zurück, beeindruckt von der Macht dieser geheimen Gemeinschaft. Ein metallenes, klapperndes Geräusch von Hufeisen schreckte mich aus meiner Versunkenheit auf. Eine elegante Dame in voller Reitmontur ritt in kerzengerader Haltung an mir vorbei und schaute mit einem leicht verächtlich wirkenden Blick auf mich herab. Der Schimmel schnaubte, als er an mir vorbeitrabte, als wollte er mich darauf hinweisen, dass er aus edler Zucht stammte.

Mein Magen meldete sich mit einem leisen Knurren, ich merkte, dass ich Hunger hatte. In der Ecke am Rande des Parks stand seit Jahren derselbe Wagen, an dem man Fish-and-Chips kaufen konnte. »Guten Tag, welche Sorte Fisch möchten Sie?«, fragte mich die übergewichtige Frau mit den wässrigen hervorstehenden Augen. Sie trug immer dieselbe Schürze, die von Öl- und anderen Flecken übersät war. Neben ihr stand ihre erwachsene Tochter mit dem tragischen Lächeln. Sie war stets darauf bedacht, ihre sinnlich-verführerische Natur zur Geltung zu bringen, in der Hoffnung, endlich den richtigen Mann fürs Leben zu finden. Bald war ich zu Hause und öffnete das Zeitungspapier, in das der Fisch eingewickelt war. Er hatte nun seine letzte Destination erreicht und meine Magensäfte arbeiteten auf Hochtouren.

Nach dem Essen zog ich mich in meinen bequemen Sessel zurück und las über archäologische Funde im alten Ägypten. Dabei kam mir Mister Smith, den ich vergessen hatte, in den Sinn. Er saß täglich in seinem kleinen, mit Waren vollgestopften Trödlerladen und kaufte und verkaufte alles, mit dem sich Geld verdienen ließ. Vor mehreren Wochen hatte er mir erzählt, dass ihm jemand aus einem anderen Stadtteil aus Geldnot einige altägyptische Schriften angeboten habe. Die hoffte er für mich besorgen zu können. In den nächsten Tagen wollte ich mich erkundigen, ob er die Schriften tatsächlich erhalten hatte.

Wie kochendes Wasser sprudelten unzählige Gedanken in meinem Kopf und raubten mir für einige Momente die Achtsamkeit. Das schwere Buch rutschte aus meinen Händen und fiel laut klatschend auf den Boden, das Buchzeichen lag unter dem Sessel. Ich beugte mich nach vorne, griff das geschlossene Buch und öffnete es dann aufs Geratewohl weiter hinten.

Es war eine Studie über die Amarna-Zeit, die etwa tausendvierhundert Jahre vor Christus ihre Blütezeit hatte. Ich stieß auf die Namen des damaligen Pharaos, Echnaton, und des Hohepriesters Merire. Aus unerklärlichen Gründen konnte ich nicht mehr weiterlesen, eine konzertierte transzendente Kraft verhinderte dies.

Wie ich wusste, hatte Echnaton, dessen Geburtsname Amenhotep IV. war, den Gott Aton in Gestalt der Sonnenscheibe zum Gott über alle ägyptischen Götter erhoben und ihm seine neue Hauptstadt Achet-Aton geweiht. Er setzte auf eine streng nach innen gerichtete Politik. Amenhotep führte den Monotheismus ein, doch die mächtigen, reich gewordenen Priester, die dadurch entmachtet wurden, wehrten sich vehement dagegen.

Unaufhörlich wiederholte sich der Name des Pharao immer und immer wieder von selbst in meinem Gehirn, wie ein Echo aus einer fernen, vergangenen Zeit. Diese unkontrollierbare Energie löste heftige physische und psychische Reaktionen in mir aus. Ich hatte das Gefühl, mein Blut würde kochen, ich fühlte mich innerlich total überhitzt. Diese starke, äußerst unangenehme Erfahrung erschütterte mich zutiefst.

Ich spürte, dass sich ein altes Geheimnis aus dem Urgrund meines Daseins ablösen und in mein Bewusstsein emporschießen wollte, doch ich war nicht imstande, die Botschaft zu entziffern und zu verstehen. Nur eines wusste ich mit Sicherheit, diese unglaublich starke Reaktion war eindeutig mit dem Namen dieses Pharao verknüpft. Bis tief in die Nacht wurde ich von unerklärlichen Kräften durchdrungen und heimgesucht, etwas altes Versunkenes wollte aufbrechen und sich zeigen. Ich war bereit.

Ich beschloss, so bald wie möglich wieder einmal ins British Museum zu gehen, in der Hoffnung, spezifische Informationen über die Amarna-Epoche zu erlangen. Obwohl ich das Museum und die Ägyptische Ausstellung kannte, spürte ich, dass dieser Besuch anders sein würde. Insgeheim hoffte ich, dass sich durch gewisse Impulse mein Bewusstsein erhellen würde und sich diese unwiderstehliche Anziehungskraft klären könnte.

Als ich am nächsten Morgen erwachte, hatte ich das Gefühl, ein anderer Mensch zu sein. Tief sog ich die frische Morgenluft ein, die durch das leicht geöffnete Fenster ins Zimmer drang. Der Himmel war dunkelblau und leicht bewölkt. Es war bereits hell. Draußen auf der Straße hörte ich die Handwerker wie jeden Morgen laut diskutierend unter meinem Fenster vorbeimarschieren. Obwohl ich sie noch nie gesehen hatte, kannte ich ihre schweren Schritte und rauen Stimmen.

Die starken Erinnerungen vom Vorabend schwirrten wie Restbestände von durchsichtigen Wolken in meinem Kopf. Den ganzen Morgen las ich in dem Buch und vergaß dabei völlig meine Umgebung. Ich war in die Geschichten eingetaucht und von den Schilderungen völlig absorbiert. Ich fühlte mich wie in ein zeiträumliches Vakuum dieser spannenden Epoche eingeschlossen. Je mehr ich las, umso frustrierter wurde ich, denn das, was ich suchte, fand ich nicht. Es verbarg sich hinter diesen ganzen historischen Erzählungen, das war mir bewusst. Wie ein kaltes Fieber strömte die Ungeduld durch meine Adern. Die unzähligen herumschwirrenden Teile mussten sich doch zusammenfinden. Das fundamentale Mysterium war zum Greifen nah, gleichzeitig schien es Lichtjahre von mir entfernt zu sein. Irgendetwas fehlte, irgendetwas entging mir.

Ich stand auf und entschloss mich, Mister Smith in seinem Trödlerladen aufzusuchen. Frauen mit schweren Einkaufstaschen schleppten sich mühsam keuchend die Straße hinunter, sie wohnten am Ende der Straße in einer Siedlung mit Sozialwohnungen. Eine Gruppe junger arbeitsloser Afrikaner, die ebenfalls in der Siedlung wohnten, gingen an mir vorbei, sie wirkten deprimiert. Ihre Hoffnungen und Träume, sich in diesem Land eine neue Existenz aufzubauen und am Wohlstand der Gesellschaft teilzuhaben, waren geplatzt.

Beim Öffnen der Tür des kleinen Geschäfts erklang ein feines Glockenspiel, das Signal für Mister Smith, dass jemand sein Reich betreten hatte. Doch schwerhörig wie er war, hörte er diese feinen Töne selten.

Vorsichtig schritt ich zwischen den unzähligen Objekten hindurch, mit denen dieser kleine staubige Laden vollgestellt war. Die meisten Dinge standen seit Jahren unverkauft an derselben Stelle und dienten inzwischen mehr der Dekoration. Da waren alte Puppen mit menschenähnlichen Gesichtern, stumpfe Schwerter, defekte Pistolen aus früheren Zeiten, eine laut tickende Holzpendüle, in der ein Pendel träge hin und her schwang, ein Kupferkessel, vollgestopft mit gebrauchten Haushaltsgeräten und mehrere Stapel Bücher, die niemand lesen wollte. Auf den Regalen standen in Reih und Glied Zinnsoldaten, daneben einzelne Schachfiguren und allerlei Krimskrams.

Am hinteren Ende des Ladens zog ich den Vorhang beiseite und betrat das kleine Arbeitszimmer, in dem Mister Smith an einem Tisch saß. Sorgfältig klebte er einige abgebrochene Scherben an eine Porzellanvase, die anscheinend für jemanden wertvoll war. Er reparierte alles, was man ihm brachte, dafür war er im Quartier bekannt.

Behutsam näherte ich mich ihm, um ihn nicht zu erschrecken, denn offensichtlich hatte er mein Kommen nicht bemerkt. Dieser spindeldürre, bucklige, kleine Mann mit schütterem weißem Haar kam mir wie eines der vielen unverkäuflichen Objekte in seinem Laden vor. Langsam ging ich um den Tisch, bis er mich sah. »Ah, Sie sind es, Mister Mongrave«, hüstelte er aus trockener Kehle, »ich habe Sie gar nicht eintreten hören.«

Er trug wie immer dasselbe bräunliche, ärmellose Stoffwams, aus dessen Seitentasche eine silberne Kette baumelte. Die Taschenuhr seines verstorbenen Vaters war daran befestigt. Seine müden, leicht entzündeten Augen schauten mich mit einem entschuldigenden Blick an. »Tut mir leid, Mister Mongrave, ich habe die Schriften leider noch nicht erhalten, aber schauen Sie doch einmal vorne in der Ecke im Bücherantiquariat nach, dort steht eine Kiste alter Bücher, die man mir vor einigen Tagen gebracht hat. Vielleicht finden Sie etwas Interessantes. Alle möchten mir etwas verkaufen, doch kaum jemand will etwas kaufen«, jammerte er mit leiser Stimme.

Diesen Satz hatte ich schon viele Male gehört. Er jammerte gekonnt, und wenn man ihm zuhörte, erweckte er den Eindruck, kurz vor dem Konkurs zu stehen. Man wusste, dass er äußerst sparsam lebte und sich kaum etwas gönnte, doch aus seiner Verwandtschaft hatte man gehört, dass er sich im Laufe der Jahre ein kleines Vermögen zusammengespart hätte. Wenn ihn jemand darauf ansprach, wurde er wütend und nannte alle Lügner, die solche üblen Gerüchte verbreiteten.

Ich stöberte in den muffig riechenden Büchern, die in offenen Kartons lagen. Kriminal-, Ärzte- und Liebesromane, einige Diät-Kochbücher und ein Buch von Shakespeare, aus dem mehrere Seiten herausgerissen waren, lagen in den Kisten.

»Ich sehe keine neuen Bücher, Mister Smith«, sagte ich und hörte, wie er den Stuhl zurückschob und sich zu mir in den Laden bemühte.

»Nicht da, Mister Mongrave, kommen Sie, ich zeige sie Ihnen.« Er zog eine kleine geschlossene Holzkiste unter einem Regal hervor und öffnete sie. »Das sind die Bücher«, erklärte er knapp und zog sich gleich wieder in sein Hinterzimmer zurück.

Da war ein Buch über Astrologie, ein anderes über das englische Königshaus und mehrere mir bekannte Romane – nichts, was mich sonderlich interessiert hätte. Doch zuunterst in der Kiste lag ein Buch, das ich lieber nicht gefunden hätte. Eine finstere Energie ging von ihm aus, die sich unmittelbar in mein Herz bohrte. Das Buch war in schwarzes mattes Leder gefasst, und auf dem Buchdeckel war ein goldener sechszackiger Stern eingestanzt. Ich kannte die Bedeutung dieses Sterns und wusste auch, dass der Inhalt des Buchs nichts für mich war, und trotzdem, wie von einer kranken Vorahnung getrieben, nahm ich es aus der Kiste und öffnete es. Wie sich herausstellte, stammte das Buch von einer Sekte, die sich dem Satanskult widmete. Eine lähmende Kälte kroch in meine Seele. Mir war, als hörte ich Stimmen aus der Ferne, ein hechelndes Keuchen von Dämonen. Eine unheilvolle Energie breitete sich im Geschäft von Mister Smith aus, schattenhafte Schemen huschten durch den Raum. Sofort schloss ich das Buch, zum Glück war meine Seelenkraft stark genug, um dieses Astralgesindel zu vertreiben.

Soeben wollte ich das Buch wieder in die Kiste legen, als der feine Klang der Türklingel ertönte und ein hoher Geistlicher den Laden betrat. Um seinen breiten Hals hing an einer feinen goldenen Kette ein auffällig großes Kreuz. Wie hypnotisiert starrte er mich und das schwarze Buch, das ich immer noch in der Hand hielt, an. Sein stechender inquisitorischer Blick zeigte, was er über mich dachte. In lateinischer Sprache murmelte er ein Gebet und umfasste dabei das Kreuz mit seiner rechten Hand. Dann donnerte er los: »Sie Gotteslästerer, Sie Abtrünniger, Sie Ketzer!«

Totenbleich stolperte Mister Smith aus dem Hinterzimmer, er hatte sofort erkannt, warum der Geistliche dermaßen aufgebracht war und ging gleich auf ihn zu. Mit zitteriger Stimme erklärte er ihm, dass ich weder mit dem Buch noch dessen Inhalt etwas zu tun hätte. Er schilderte, wie ein Mann vor einigen Tagen diese Kiste bei ihm abgegeben habe und dass er noch keine Zeit gehabt hatte, um die Bücher zu prüfen.

Der Geistliche hatte sich beruhigt und meinte lakonisch: »Nun gut, dann sind Sie ja einer von uns.« Eine Entschuldigung für sein Verhalten kam nicht über seine zusammengepressten schmalen Lippen, er wähnte sich wohl Gott näher als die Normalsterblichen. Dann drehte er sich um und verließ wortlos mit erhobenem Haupt den Laden.

Mister Smith zitterte vor Aufregung am ganzen Körper und stammelte: »Was ist das für ein Mensch? Wie kann einer wie er mit solch zynischem, arrogantem Verhalten den Menschen das Wort Gottes verkünden?«

»Regen Sie sich nicht auf, Mister Smith, himmlische Kräfte werden zu gegebener Zeit bestimmt die nötigen Korrekturen in ihm vollziehen.«

»Sie haben sicher recht, Mister Mongrave, aber dieses Buch werde ich verbrennen«, entschied er.

Ich folgte ihm ins Hinterzimmer, wo er die Tür eines silberfarbenen Gussofens öffnete. Mit einer Zange stocherte er in der Glut und schüttete Kohle in den Ofen.

Kleine Feuerzungen erwarteten ungeduldig die schwarze Nahrung und Mister Smith zögerte keinen Augenblick. Er schob das Buch hinein und schloss schnell das kleine Tor. »So, das hätten wir«, meinte er erleichtert.

Doch, oh Schreck, schwarze Rußwolken schlichen träge aus einer undichten Stelle des Abzugsrohrs, und im Ofen wütete ein tobender Orkan. Es zischte und ächzte, tiefe, grollende, beschwörende Stimmen ertönten aus dem Feuer. Unsichtbare Mächte rüttelten heftig am Ofen, und aus der undichten Stelle am Rohr entwichen furchterregende Phantome.

Ich nahm die Hand von Mister Smith, der vor lauter Furcht zu einem Häufchen Elend zusammengeschrumpft war. »Bleiben Sie ruhig, die können uns nichts anhaben«, beruhigte ich ihn. Mit einem mächtigen Knall endete der Spuk, zum Glück hatte der Ofen diese Explosion heil überstanden!

»Nun ist es wirklich vorbei«, tröstete ich ihn abermals, seine Hand war starr und eiskalt. Als die Blutleere, die durch seine panische Angst entstanden war, langsam aus ihm wich, fiel er auf die Knie und betete laut. Es stank nach Rauch und Schwefel. Ich öffnete alle Fenster und Türen, damit frische Luft diesen üblen Geruch vertreiben konnte.

Stammelnd dankte er mir und fragte, ob ich eine Tasse Tee mit ihm trinken würde. Gerne wäre ich nach Hause gegangen, doch er war sehr aufgewühlt und in einem erbärmlichem Zustand, deswegen nahm ich seine Einladung dankend an. Er war sichtlich erleichtert, dass ich noch eine Weile blieb, denn es fiel ihm offensichtlich schwer, das soeben Erlebte zu verkraften. Er redete unaufhörlich, was überhaupt nicht seinem Charakter entsprach.

Ich schaute ihn an, sein Gesicht war grau und eingefallen, er schien durch diese dunkle Erfahrung um Jahre gealtert zu sein. Wir unterhielten uns noch lange, doch mit keinem Wort erwähnte er das unheimliche Geschehen, er war offensichtlich in einem Schockzustand. Mit aller Kraft verdrängte er das Erlebte. Er wollte von diesen finsteren, lähmenden Begebenheiten nichts wissen, was ich verstehen konnte. Er schützte sich durch Nichtwissen- und Nicht-erinnern-Wollen, was für ihn im Moment sicher das einzig Richtige war. Das Erlebnis mit diesen dunklen Mächten hatte ihn total überfordert.

Am späteren Abend begleitete ich ihn hinauf in seine kleine Wohnung, die direkt über dem Laden lag. Wie ein hilfloses Kind stand er im Wohnzimmer und versicherte mir, dass er jetzt alleine zurechtkomme.

Auf dem Heimweg hatte ich das Gefühl, eine Woche in diesem Laden verbracht zu haben, und stellte fest, dass dieses Ereignis auch an mir nicht spurlos vorbeigegangen war. Irgendwie kam mir diese dunkle Seite des Lebens, die manche zelebrierten, wie eine Art Verformung des Daseins vor. Sie bewegten sich auf einem sonderbaren Entwicklungsgang durch die Finsternis, auf einem Weg, der mit Sicherheit nicht ins ewige Licht führt.

Von Straßenlaterne zu Straßenlaterne tastete ich mich langsam durch die dunkle Nacht und war froh, als ich endlich zu Hause war. Mit einer dumpfen Leere im Kopf saß ich noch lange in meinem Sessel vor dem Kamin. Morgen wollte ich Natascha und Sergej Romanowski besuchen, sie waren in Frankreich bei Verwandten gewesen. Dass sie jetzt wieder zurück waren, hatte mir Natascha in einem Brief mitgeteilt. Ich freute mich darauf, die beiden wiederzusehen.

Am nächsten Morgen, als ich beim Frühstück saß, klopfte es an der Tür und Clementine trat voller Tatendrang ein. Sie begutachtete mich und sagte als Erstes: »Guten Morgen, Mister Mongrave, heute gefallen Sie mir besser, das letzte Mal sahen Sie blass und erschöpft aus. Ich habe Ihnen die Post hochgebracht, es ist nur ein Brief, ich lege ihn auf den Tisch.«

Während sie im Wohnzimmer aufräumte und staubsaugte, machte ich ihr ihre übliche Tasse Tee. Ich hatte genaue Anweisungen: ein halber Teelöffel Zucker, nicht zu viel Milch und den Teebeutel sechs Minuten in der Tasse ziehen lassen. Dann brachte ich ihr den Tee und ihr geliebtes Shortbread ins Wohnzimmer und setzte mich einen Moment zu ihr.

Nach zwei guten Stunden stand sie vor mir, beäugte mich mit ihren graublauen Knopfaugen und erklärte: »Ich bin fertig, Mister Mongrave.« Ich bedankte mich für ihre Arbeit und legte mehrere Geldscheine in die Hand, die sie mir entgegenstreckte.

Erinnerungen an den Vortag krochen in mir hoch. Bevor ich zu den Romanowskis ging, wollte ich bei Mister Smith vorbeischauen, um zu sehen, wie er sich fühlte. Dann öffnete ich den Brief, der neben mir auf dem Tisch lag, er war von den Brandons. Sie wollten mich in zwei Tagen zum Abendessen einladen. Diese Einladung wollte ich unbedingt annehmen, denn ich spürte, dass es dabei um mehr als nur ein Essen ging.

Am frühen Nachmittag betrat ich den Laden von Mister Smith, dieses Mal hatte er das Glockenspiel an der Türe gehört und kam gleich aus dem Hinterzimmer. Stöhnend stand er vor mir und streckte seinen Rücken. »Mister Mongrave, danke, dass Sie vorbeikommen, der Vorfall von gestern hat mich ordentlich mitgenommen. Ich habe immer noch einen beklemmenden Druck auf dem Herz, aber sonst geht es mir besser.«

»Da bin ich aber froh«, erwiderte ich. »Ich werde in zwei Wochen wieder vorbeischauen, vielleicht sind dann die Schriften da.«

Ich stieg in einen roten doppelstöckigen Bus, eine halbe Stunde später stand ich vor der Haustüre der Romanowskis und klingelte.

Ich hörte, wie jemand den Schlüssel im Schloss drehte und die Türe öffnete. Vor mir stand Natascha, und da war es gleich wieder, dieses Gefühl tiefer Vertrautheit. »Welche Freude, dass Sie uns besuchen, Mister Mongrave, mein Vater ist leider nicht da, er wird erst heute Abend zurück sein, aber bitte, treten Sie doch ein.« Ich erschrak, ihr Gesicht war wachsbleich, fast durchsichtig, sie war körperlich sehr geschwächt.

Lange saßen wir stillschweigend oben in der Bibliothek in den bequemen Sesseln. Ich schaute sie an, ihr Gesundheitszustand war wirklich besorgniserregend. Sanft nahm ich ihre weiche und warme Hand und hielt sie fest, der liebevolle Blick, den sie mir schenkte, durchflutete mein ganzes Sein.

»Werte Natascha,« brodelte es aus mir heraus, »Sie waren unaufhörlich in meinem Herzen und meinen Gedanken zu Hause. Mir ist, als ob sich unsere Seelen zu einer einzigen verschmolzen hätten. Eine innere Stimme sagt mir, dass wir uns in den unendlichen Weiten der Sternenwelt immer wieder begegnet sind.«

Sie nickte und sagte: »Ja, so fühle ich auch, das goldene Band führt uns anscheinend über den Tod hinaus immer wieder zusammen.« Ihre Worte elektrisierten mich, vor allem die Aussage vom goldenen Band sickerte in unverschlossene Tiefen meines Daseins ein. Wir standen auf den letzten Sprossen einer unendlich langen Traumleiter durch die Zeit, die wir wohl durch unzählige Inkarnationen gemeinsam hochgestiegen waren. Nun bereiteten wir uns vor, die Leiter endgültig hinter uns zu lassen, um ins formlose, ungeborene Mysterium einzugehen, ins reine Licht der Ewigkeit.

Eine rosafarbene Jugendstillampe verbreitete warmes Licht im Raum, eine Stille, die die Zeit verschlang, umhüllte uns. Unsere Zungen wagten es nicht, diese heilige Stille zu durchbrechen und zu stören, die Zeit außerhalb von uns verstrich träge und schien sich endlos auszudehnen. Uns schien, als hörten wir das Ächzen des alten Weltengefüges, das jeden Augenblick einzustürzen drohte.

Irgendwann fragte mich Natascha, ob ich auch eine Tasse Tee möchte. Ich wollte. Ich spürte ein großes Bedürfnis, ihr von meiner Begegnung mit Sir Arthur Cunningham zu erzählen. Sie hörte aufmerksam zu, doch ich merkte, dass sie meine Schilderungen sonderbar berührten. Mehrmals fragte ich, ob ich mit meinen Schilderungen aufhören sollte, dies wollte sie nicht und bestand darauf, dass ich ihr alles erzählte.

Am Schluss sagte sie mit ruhiger Stimme: »Das sind die Schattenkönige dieser Welt, voller Machthunger, immer von selbstsüchtigen Motiven getrieben. Mein Vater hat mir von solchen Menschen erzählt, sie sind sich nicht bewusst, wie sehr sie Gefangene ihrer eigenen Naturmagie sind. Ihr Verhalten verfärbt die Innenwelt mit düsteren Farben, mit gestählten Willenskräften verbeulen sie die heilige Ordnung. Sir Arthur Cunningham ist bestimmt kein schlechter Mensch, doch sein Blick ist auf die Materie fokussiert, und er scheint der Faszination erlegen zu sein, deren Gesetzmäßigkeiten kontrollieren und leiten zu können. Wenige, Mister Mongrave, vermögen zu höherem Leben aufzusteigen und den Verlauf der Zeit zu übersteigen.«

Vom schwarzen Buch hatte ich ihr nichts erzählt und änderte nun das Gesprächsthema: »Ich habe in der Zeitung gelesen, dass Mozarts ›Zauberflöte‹ im Royal Opera House aufgeführt wird, gerne würde ich Sie und Ihren Vater zu dieser Oper einladen.«

Am Aufleuchten in ihren Augen sah ich, dass meine Einladung ein Volltreffer war: »Sie bereiten mir eine große Freude, Mister Mongrave, diese Oper wollte ich schon immer sehen, doch eine Gelegenheit dazu hatte sich bis jetzt nie ergeben. Ich bin sicher, dass sich auch mein Vater über Ihre Einladung freuen wird. Er besucht gerade einen Freund, der ebenfalls Ikonen-Sammler ist. Sie können sich stundenlang über die Herkunft und das

Alter dieser Kunstwerke unterhalten. Er wird sicher bald kommen.«

Ich war seltsam berührt von ihrem feinen Dasein, denn alles Vergangene schien sich in ihrer Anwesenheit auf einen Nullpunkt zu reduzieren. Unser gemeinsames Einssein ruhte in einer unfassbaren, unergründbaren himmlischen Quelle. Tief in meinem Innern sah ich, wie das alte verunreinigte Wasser, das immer noch meine Seele umspülte, durch reines himmlisches Licht gereinigt wurde. Das Nicht-Selbst wurde immer offensichtlicher, mein physischer Körper mit allem, was durch ihn in Erscheinung trat, war das, was ich nie BIN.

Unten an der Tür klingelte es. »Das ist mein Vater, ich werde ihm die Türe öffnen«, meinte sie und eilte nach unten. Ich hörte die warme sonore Stimme von Sergej Romanowski, wie er seine Tochter in russischer Sprache begrüßte. Sobald sie ihm gesagt hatte, dass ich hier wäre, sprach er höflichkeitshalber in Englisch weiter.

Ich hörte ihre Schritte, wie sie die Treppe hochstiegen und dann die Bibliothek betraten. »Mister Mongrave, wie schön, Sie zu sehen. Natascha hat mir schon von Ihrer Einladung in die Oper erzählt, vielen Dank, wir kommen sehr gerne.«

Da es inzwischen schon spät geworden war, verabschiedete ich mich bald und begab mich auf den Heimweg. Das leise Flüstern des Abendwindes bewog mich, ein Stück des Wegs zu Fuß zu gehen. Das süße Joch der Verliebtheit hielt mich wie in einem feinen, selbstgesponnenen Netz gefangen. In diesen Momenten genoss ich diese zarte Gefangenschaft wie einen kostbaren edlen Tropfen Wein. Obwohl ich es nicht wahrhaben wollte, mein Herz und meine Gedanken waren intensiv damit beschäftig, allerlei Ideen und Wünsche zu kreieren und sich an diese zu klammern. Ich kam mir vor wie ein Blatt eines Baums, das von einem mächtig dahinziehenden Strom mitgerissen wurde.

Gleichzeitig war mir schmerzlich bewusst, dass sich Nataschas reine Liebe an nichts und niemandem mehr festhielt, sicher auch, weil sie wusste, dass sich ihre Zeit im geschaffenen Körper dem Ende zuneigte.

Müde legte ich mich ins Bett und schlief sofort ein. Momente später reiste ich mit meinem Traumkörper durch irreal anmutende Landschaften und unkontrollierbar launenhafte Gefühlsregungen.

Als ich am Morgen erwachte, schmerzten meine Glieder, hohes Fieber fesselte mich ans Bett. Wie ein reinigendes Feuer wütete die Hitze in mir, auf meiner Unterlippe hatte sich eine unangenehm große Fieberblase gebildet. Ich konnte mir die Ursache dieses Fiebers nicht erklären, es war, als ob eine unsichtbare Hand während der Nacht mein Blut in Brand gesetzt hätte.

Ich war froh, dass ich erst am nächsten Abend bei den Brandons eingeladen war, und hoffte, dass das Fieber bis dahin wieder aus meinem Körper verschwunden war. Ich schleppte mich in die Küche und kochte mir eine Kanne Tee. Zum Glück kam Clementine heute nicht, sie geriet immer gleich in Panik, wenn es mir gesundheitlich mal nicht gut ging.

Am Abend setzte ich mich in den Sessel und blätterte lustlos im Buch, das Natascha aus der Bibliothek geliehen und mir am Vorabend mitgegeben hatte. Sie hatte es bereits gelesen. Meine müden, fiebrigen Augen lasen Zeile um Zeile, doch vom Gelesenen konnte ich absolut nichts aufnehmen, es prallte an mir ab.

Ein heftiger Schüttelfrost ergriff mich, das Einwickeln in warme Decken half nichts. Das Bett war nass vom Schweiß, die Schwäche fraß sich durch meinen Körper. Meine Augen waren bleischwer und schlossen sich von selbst, die Medikamente, die ich eingenommen hatte, betäubten meine Sinne. Aus weiter Ferne war mir bewusst, dass sich mein Körper im Schlaf unruhig im Bett hin und her wälzte, doch als ich am Morgen erwachte, war das Fieber überwunden, nur mein Körper war matt und sehr geschwächt.

Ich zwang mich, ausgiebig zu frühstücken, und schleppte dann meinen bleischweren Körper für einen Spaziergang in den Park. Diese Idee entpuppte sich als eine einzige Qual, denn immer wieder musste ich mich setzen, um mich auszuruhen.

Ein armselig gekleideter alter Mann bat mich um eine Zigarette und war bitter enttäuscht, als er hören musste, dass ich nicht rauchte. Dann bettelte er mich um Geld an und zog dabei alle Register, bis er meinen schwachen Punkt gefunden hatte. Er sagte, er habe Hunger und seit zwei Tagen nichts mehr gegessen. Ich öffnete meine Brieftasche und legte einen Geldschein in seine offene Hand.

Dann beobachtete ich, wie er durch den Park ging und alle anbettelte. Die meisten ignorierten ihn, doch eine ältere Dame kramte ein paar Münzen aus ihrer Handtasche und gab sie ihm. Was sie zu ihm sagte, konnte ich nicht hören. Kurz vor dem Parkausgang sprach er einen jüngeren, gutgekleideten Mann an, der ihn mit einem heftigen Tritt in den Allerwertesten abwehrte.

Auf dem Heimweg begegnete ich dem alten Mann wieder, er kam gerade aus einem Geschäft und winkte mir mit einer kleinen Flasche Schnaps freudig zu. Mit dem erbettelten Geld hatte er sich offenbar flüssige Nahrung gekauft.

Am frühen Abend begab ich mich zu den Brandons. Sie hatten ihren Enkel John, auf den sie sehr stolz waren, mit eingeladen. Ich hatte ihn früher öfter als Kind mit seiner Mutter, der Tochter der Brandons, im Park gesehen. Jetzt war er zu einem jungen Mann herangewachsen. Sein gepflegtes Eton-Englisch und sein tadelloses Benehmen zeugten von der Qualität seiner Ausbildung, die er in einer der teuersten Privatschulen des Landes genossen hatte.

Kaum hatte mich Anne Brandon gesehen, kam sie mit einer großen Flasche, die mit einer braunen Tinktur gefüllt war, an und sagte besorgt: »Mister Mongrave, Sie sehen blass und geschwächt aus, nehmen Sie dieses Stärkungsmittel, es wird Ihnen sicher guttun.« Als ich ihr erklären wollte, dass es mir heute besser gehe, hielt sie mir bereits einen großen Löffel, gefüllt mit dem süßen, klebrigen Sirup, hin und befahl energisch: »Öffnen Sie jetzt den Mund, Mister Mongrave.« Eine Widerrede wäre zwecklos gewesen, also schluckte ich, ohne zu murren, die zähflüssige Tinktur. Momente später war sie wieder in der Küche verschwunden, um das Essen anzurichten.

John hatte das Wort ergriffen und erzählte enthusiastisch von seinen Ambitionen und Karrierezielen. Er wollte unbedingt in die Politik und erwähnte so nebenbei seinen Mentor. Ein gewisser Sir Arthur Cunningham unterstütze ihn und helfe ihm dabei, einen guten Job im Wirtschaftsministerium zu finden. Er habe ihm auch den größten Teil seiner Studien finanziert. »Dafür bin ich ihm sehr dankbar, doch ohne meinen Großvater, der Sir Arthur Cunningham seit vielen Jahren persönlich gut kennt, wäre nichts von alldem möglich gewesen. Er ist es, der mir den Weg für mein Leben geebnet hat.«

Offensichtlich hatte Mister Brandon nicht damit gerechnet, dass John von seinem Mentor erzählen würde. Er war konsterniert, sein Blick angsterfüllt, er fürchtete meine Reaktion. Doch ich blieb ruhig und sagte nichts. Es war klar, dass wir das Thema Sir Arthur Cunningham baldmöglichst unter vier Augen besprechen mussten.

Ich verstand nun, wie Sir Arthur Cunningham und der Geheimbund, in dem er offensichtlich Meister des Stuhls war, agierten. Wie ein geschickter Schachspieler rekrutierte er seine Leute und setzte sie nach ihren potenziellen Möglichkeiten an den wichtigen Schaltstellen der Macht ein. Doch die eigentlichen Drahtzieher der Macht wirkten im Hintergrund und spielten sich in der Öffentlichkeit als milde Wohltäter auf. Genau im richtigen Moment brachte Miss Brandon das Essen, denn Oliver Brandon ahnte mit Recht, dass John mich soeben fragen wollte, ob ich Sir Arthur Cunningham auch kenne.

Nach dem Essen spielten wir Bridge, das war bei ihnen so üblich. Es zeigte sich, dass John ein schlechter Verlierer war, denn nach jedem verlorenen Spiel verlor er auch gleich seine guten Manieren und fluchte laut und mit deftigen Worten.

Beim Spielen beobachtete ich Mister Brandon, was wohl in ihm vorging? Solange ich ihn kannte, trug er immer dieselben karierten Hemden, die je nach Anlass in der Farbe variierten. Etwas bedrückte ihn, etwas verbarg sich hinter seinen verschlossenen Gesichtszügen, doch was? Er und seine Frau waren immer freundlich und zuvorkommend, ich mochte die beiden. Als ich mich spätabends verabschiedete, drückte mir Anne Brandon auf der Türschwelle die Flasche mit dem Stärkungsmittel in die Hand, und ich musste ihr versprechen, die Tinktur täglich einzunehmen.

Müde und ausgelaugt ging ich zu Bett, das Fieber hatte meinen Körper wieder ergriffen. Kirchenglocken läuteten, es war Mitternacht. Ich stand auf und legte mir im Bad ein Tuch mit kaltem Wasser über den Kopf, um meinen Körper abzukühlen, dann legte ich mich wieder hin und schlief bald ein. Zuvor visualisierte ich das Gesicht von Natascha, in der Hoffnung, sie so mit mir in die Traumwelt mitnehmen zu können.

Doch zu meinem Entsetzen kam es ganz anders, als ich erhofft hatte, denn ich stand unerwartet in dem großen Saal eines mittelalterlichen Schlosses. Etwa dreißig Mönche hatten sich hier versammelt und sangen gemeinsam uralte Liturgien in lateinischer Sprache. Alle waren in lange schwarze Kutten gekleidet und hatten die breiten Kapuzen der Gewänder hoch und nach vorne ins Gesicht gezogen, sodass man ihre Augen nicht sah.

Als der Abt eintrat, verstummten die Gesänge. »Es ist alles vorbereitet, meine Brüder, folgt mir», sprach er. Obwohl ich mit im Raum war, wusste ich effektiv nicht, ob ich nur als unsichtbarer Zuschauer oder als einer der Mönche anwesend war.

Die Hände zum stummen Gebet gefaltet, stiegen wir eine lange kalte Steintreppe nach unten in das Verließ. Der Abt stieß mit großer Anstrengung ein schweres, modrig riechendes Tor auf. Wir betraten einen großen, mit Fackeln beleuchteten Raum, es war die Folterkammer. Der Henker peitschte einen an die Wand geketteten Mann aus, seine Schmerzensschreie und das fürchterliche Stöhnen erfüllten den düsteren, gespenstisch beleuchteten Raum.

Als der Folterknecht die Mönche sah, hielt er inne und kam unverzüglich zum Abt, der ihm kurz befahl: »Hole jetzt auch die anderen.« Der Folterknecht nickte, begab sich in einen angrenzenden Raum des Kerkers und kam mit einer jungen Frau und einem älteren Mann zurück. Ihre Hände waren mit Seilen gefesselt, die Kleider zerrissen und ihre Körper mit offenen, klaffenden Wunden übersät. Sie waren massiv gefoltert worden.

Der Folterknecht zwang die beiden, vor dem Abt niederzuknien, und der brüllte sie an. »Du hast gestanden, dass du den bösen Blick hast und eine Hexe bist.«

Die junge Frau wimmerte vor Schmerzen und Angst. »Ich bin unschuldig, oh Herr, und bitte um Gnade«, flehte sie, doch der Abt ignorierte ihre Worte und wandte sich dem Mann zu: »Du bist der Ketzerei und der Blasphemie angeklagt worden und hast gestanden. Willst du noch etwas sagen?« Der Mann schwieg und sagte kein Wort mehr.

Während die Mönche für die verlorenen Seelen beteten, sprach der Abt mit roher, autoritärer Stimme:

»Laut dem kirchlichen Gesetz werdet ihr auf dem Scheiterhaufen brennen, doch ich will Gnade walten lassen und verurteile euch hiermit zum Tode durch die Axt. Ihr werdet enthauptet, nur so können eure Seelen noch gerettet werden. Das Urteil wird sofort ausgeführt. Henker, tue deine Pflicht!«

Eine gespenstische Ruhe breitete sich im Raum aus, die junge Frau erlitt einen Schock und fiel seitwärts bewusstlos zu Boden. Ein Eimer eiskaltes Wasser wurde über ihren Kopf ausgeschüttet und brachte sie wieder zurück. Sie schrie, als sie sah, dass der Henker die große Axt holte. Er zwang sie mit brutaler Gewalt, vor einem Holzklotz, der mit ausgetrocknetem Blut besudelt war, niederzuknien und ihren Kopf schräg hinzulegen. Hinter dem Holzklotz lag ein Korb, in den ihr abgehackter Kopf fallen würde. Als sie ihn sah, wurde sie abermals ohnmächtig.

Der Henker wartete auf das Zeichen des Abtes, und als der sich kurz umdrehte, sah ich für einige Augenblicke sein kantiges strenges Gesicht. Mein Gehirn schrie auf, es war Sir Arthur Cunningham. Er hob seine Hand und gab das Zeichen, um jetzt diese Seele über die Todesschwelle zu befördern. Seine Augen blitzten im Rausch der Macht. Mit brachialer Kraft trennte der Scharfrichter der jungen Frau den Kopf ab und Momente später auch den des alten Mannes.

Ich schrie vor Entsetzen, und dieser Schrei riss mich aus dem Schlaf, doch ich schrie weiter. Es dauerte eine Weile, bis mir bewusst wurde, dass ich in meinem Schlafzimmer im Bett lag und einen brutalen Albtraum durchlebt hatte.

Draußen war es stockdunkel, doch ich war hellwach und zitterte am ganzen Körper. Ich schaltete das Licht an, es war drei Uhr, mitten in der Nacht. Aus Furcht, an denselben Ort des Schreckens zurückzukehren, wagte ich es nicht mehr, die Augen zu schließen.

Ich saß in der Küche und trank einen Beruhigungstee, der jedoch nur bedingt die erhoffte Wirkung tat. Ich spürte ein starkes Bedürfnis, mich im Gebet mit dem ewigen Licht zu vereinigen. Heilsame Worte flossen aus unergründlichen Tiefen in mir empor – es betete. Leuchtende Kräfte harmonisierten mein Innenleben und löschten die dumpfen Ängste, die sich durch diesen starken Traum in mir eingenistet hatten. Dieses Traumerlebnis konnte ich in seiner Intensität überhaupt nicht einordnen. Nach etwa einer Stunde beruhigte sich mein inneres Dasein, eine Atmosphäre von Friede und Ruhe kehrte ein.

Die Stille der Nacht war angenehm, ich stand am Fenster und betrachtete im fahlen Mondlicht die schattenhaften Umrisse der umliegenden Hausdächer. Schlafende Körper lagen in ihren Betten in den vielen Häusern. Was sie wohl alle träumten?

Ich zwang mich, wieder ins Bett zu gehen, um hoffentlich noch ein paar Stunden schlafen zu können. Am kommenden Abend wollte ich ja mit den Romanowskis in die Oper und dann nicht unter Müdigkeit leiden müssen.

Am Morgen erwachte ich erstaunlicherweise ausgeruht, jedoch mit einem bittereren Nachgeschmack des krassen Albtraums. Ich bemühte mich, meine Gedanken nicht auf das grässliche Erlebnis zu richten und dadurch die Bilder von Neuem zu beleben und aufzuladen. Ich kannte zwar den Schlüssel, der es mir ermöglichte, mich aus der Versklavung meiner eigenen Gedankenwelt zu befreien. Es gab allerdings immer noch unbewusste Klüfte in meinem Bewusstsein, die mich hinderten, endgültig ins Ungeborene emporzusteigen. Es waren die gleichen alten, festgefahrenen inneren Strukturen, die die Verklärung des Leibes verhinderten. Manchmal kam ich mir wie ein Fisch im Meer vor, der sich immer wieder fragt, was wohl Wasser sei und was er tun müsste, um es zu erkennen. Mir schien, als würden sich alle Tore meiner vergangenen Leben auf einmal öffnen und mich Tausende grausamer und Tausende schöner Gesichter angrinsen. Als ob ich in einem übergeordneten, kosmischen Kegelspiel gefangen wäre, schubsten mich Schicksalskräfte von einem Leben zum nächsten durch das Universum.

Als ich mein Frühstück zubereiten wollte, stellte ich fest, dass Küchenschrank und Kühlschrank fast leer waren. Der Gang in den nahegelegenen Supermarkt blieb mir also nicht erspart. Ich machte mich gleich auf den Weg. Strahlender Sonnenschein begrüßte mich, als ich das Haus verließ und die Straße hinunterging. In dem Hinterhof, wo sich der Laden befand, spielte eine Schar Kinder Fußball. Sie spielten mir übermütig den Ball zu, und ich spielte ihn elegant wieder zurück, was sie sichtlich erfreute und auch belustigte.

Das grelle Neonlicht im Supermarkt irritierte mich jedes Mal, darum beeilte ich mich, meine Einkäufe hinter mich zu bringen, um schnell wieder ins Freie zu gelangen. Als ich suchend vor einem Regal stand, verpasste mir zu allem Überfluss noch eine jüngere, etwas übergewichtige Frau mit Lockenwicklern in den Haaren einen Klaps auf mein Hinterteil, um mir so verständlich zu machen, dass ich ihr im Weg stand. Ich entschuldigte mich, dass ich ihr den Durchgang versperrt hatte. Sie meinte lächelnd, dass dies nicht weiter schlimm sei, sie mich aber gerne für eine Tasse Tee zu sich einladen würde. Sie wohne gleich hier im Hinterhof. Ich überhörte geflissentlich ihre Worte und flüchtete zum Obststand.

Der Laden wurde von Menschen aus den verschiedensten Nationalitäten besucht, es roch nach frischgemahlenem Kaffee, exotischen Gewürzen, Gemüsen, Früchten, Waschmitteln und menschlichen Ausdünstungen. An der Kasse saß, solange ich mich erinnern konnte, immer dieselbe dunkelhäutige Verkäuferin, stets gut gelaunt und farbenprächtig gekleidet. Ein älterer Mann mit starkem Asthma ging keuchend an mir vorbei, grüßte mich freundlich und stellte sich hinter mich in die lange Warteschlange.

Die Kassiererin flirtete mit einem jungen Mann und ließ sich von den ungeduldig wartenden Menschen nicht im Geringsten stören. Als dann zufällig der Abteilungsleiter vorbeikam und mit einem Machtwort den Flirt beendete, entschuldigte sie sich, und der junge Mann verließ eilig, offensichtlich in seinem männlichen Stolz verletzt, das Geschäft.

Mit vollen Einkaufstaschen machte ich mich auf den Heimweg. Nach dem Frühstück saß ich in meinem Sessel und las die Zeitung, als ein lauter Knall mich erschreckte. Das Gemälde eines Engels, das man mir vor vielen Jahren zum Geburtstag geschenkt hatte, war heruntergefallen. Ich schaute auf die Uhr, um zu sehen, ob ich mich bereits für den Besuch in der Oper umziehen müsste, doch es war erst zehn nach fünf Uhr. Ich hatte noch genügend Zeit, um einen neuen Nagel einzuschlagen und das Bild wieder an seinen Platz zu hängen. Zum Glück war es nicht beschädigt worden.

Verwirklichung und Vollendung

Kurz vor sieben Uhr stand ich in meinem besten Anzug vor der Tür der Familie Romanowski und klingelte. Sergej Romanowski bat mich herein, er war in einen dunklen, perfekt sitzenden Maßanzug gekleidet. Irgendetwas in seinem Gesichtsausdruck irritierte mich, ich wusste aber nicht was.

Mit sanfter Stimme sagte er: »Kommen Sie, wir gehen nach oben.« Ich dachte, wir würden wie gewohnt in die Bibliothek gehen, doch er öffnete die Türe eines Zimmers, das ich bisher noch nicht betreten hatte. »Treten Sie ein«, bat er mich mit trauriger Stimme.

Mir stockte der Atem. Natascha lag in einem wunderschönen Abendkleid mit gefalteten Händen auf einem Bett, daneben ein siebenarmiger antiker Leuchter, in dem weiße Kerzen brannten. Ihre Augen waren geschlossen, ihr Gesicht sah friedlich und entspannt aus. »Heute Nachmittag um zehn nach fünf Uhr hat sie in Stille ihren irdischen Körper für immer verlassen. Sie hat mich in ihren letzten Atemzügen gebeten, Ihnen Folgendes mitzuteilen: ›Mister Mongrave, seien Sie nicht traurig. Ich bin in meine himmlische Heimat zurückgekehrt. Die reine Liebe, die uns beflügelt, ist grenzenlos und nie an Materie gekettet, das wissen Sie ja. Im untrennbaren Sein werden Sie ewig in mir wohnen!‹« Die Stimme von Mister Romanowski bebte leicht, als er ihre Worte wiederholte. »Sie ist eine wunderbar reife und strahlende Seele, ihre physische Anwesenheit wird mir fehlen.«

Um zehn nach fünf war auch das Gemälde mit dem Engel heruntergefallen. Endlich hatte ich die Frau meines Lebens gefunden und im Geheimen bereits einige Pläne geschmiedet. Ich Narr war einmal mehr dem Zauber meiner eigenen Wünsche zum Opfer gefallen.

Ein brennender Schmerz durchzuckte jede Zelle meines Daseins. Mir war, als würde eine unsichtbare Hand mir mein Herz aus der Brust reißen. Es war seit Jahrtausenden immer derselbe Leidensschrei, immer derselbe Schmerz, als würde ein Teil von mir weggerissen.

Innerlich fühlte ich mich zerrissen und schwankte zwischen Ohnmacht und Dankbarkeit für die kurze Zeit, die ich mit Natascha verbringen durfte. Wie gebannt starrte ich hilflos auf diesen regungslosen Körper, etwas in mir sträubte sich, die Tatsache, dass sie diese Welt für immer verlassen hatte, zu akzeptieren.

Mister Romanowski hatte meinen tiefen Schmerz bemerkt und legte sachte seine Hand auf meine Schulter: »Da ist etwas, was wir noch für sie tun können. Wir wollen sie innerlich begleiten, damit sie ungehindert ins reine Land eingehen kann.« Still saßen wir da, unsere fokussierten Seelenkräfte verhinderten, dass duale Einflüsse in der anderen Welt sie stören oder ablenken konnten.

Dann standen wir abermals neben dem Bett, und Mister Romanowski sprach mit fester und feierlicher Stimme: »Das reine Licht weist dir den Weg ins heilige vorweltliche Mysterium, das Zuhause der himmlischen Meister.

Wie ein leuchtender Stern bist du von göttlicher Kraft erfüllt, alles Kranke geheilt, alles Sterbliche gelöscht. So gehe nun ein ins Land der Stille und des Friedens, geliebte Tochter.«

Wir begaben uns in die Bibliothek, wo Mister Romanowski weitersprach: »Durch einen feinen Ruck hat sich ihre Seele vom irdischen Gewand gelöst, leise, mühelos, so wie sich Fruchtfleisch von einer überreifen Frucht ablöst. Ich werde ihren Körper drei Tage hier behalten, sodass er keinen Störungen ausgesetzt ist und sich die restlichen Ablösungsprozesse ruhig und harmonisch vollziehen können. Dann wird er dem Feuer übergeben.«

Ich war sprachlos und fand keine passenden Worte, um ihm zu sagen, wie leid es mir tat. Er war gefasst und nicht überrascht, er hatte diese letzte Stunde stets vor Augen gehabt. Dieselbe Erfahrung hatte er bereits früher mit seiner Frau durchlebt.

Ich spürte, dass er jetzt allein sein wollte, auch um seine neue Lebenssituation zu überdenken. »Ich werde jetzt nach Hause gehen, und wenn es Ihnen recht ist, werde ich Sie gerne in zwei Wochen anrufen. Es ist gut zu wissen, dass Natascha in ihre geistige Heimat zurückkehren durfte, trotzdem wird sie mir sehr fehlen«, sagte ich.

»Mir auch, Mister Mongrave, mir auch, aber kommen Sie doch in vier Tagen wieder, wir könnten gemeinsam essen gehen. Ich kenne hier in der Nähe ein gutes Restaurant.«

Er begleitete mich zur Tür, eine seltsame Stille hatte sich im ganzen Haus ausgebreitet. Wortlos hielt er beim Abschied meine Hand, ich spürte seine tiefe Trauer und dass uns eine so tiefe Freundschaft verband, wie ich sie bis dahin noch nicht gekannt hatte.

Der Taxifahrer war offensichtlich betrunken und hatte gemerkt, dass mir das aufgefallen war. Mit schwerer Zunge erklärte er, dass er mit einigen Kollegen ein paar Bier getrunken habe, dies jedoch für ihn kein Problem darstelle, da er ein sehr erfahrener Fahrer sei und die Stadt bestens kenne. Krampfhaft versuchte er mit mir ins Gespräch zu kommen, doch mir war nicht zum Sprechen zumute, mein Herz war von Trauer und Schmerz erfüllt.

Plötzlich drehte er seinen Kopf nach hinten. Unter der braunen Schirmmütze sah ich ein schwammiges Gesicht, buschige Augenbrauen und eine dunkelrote Knollennase. »Ich bin Ihnen wohl nicht gut genug, um mit mir zu sprechen?«, pöbelte er mich aggressiv an und schnalzte mit der Zunge.

»Halten Sie sofort an! Ich steige aus, Sie sind ja betrunken«, befahl ich, doch meine Worte bewirkten genau das Gegenteil. Er drückte wie ein Irrer aufs Gaspedal und raste durch die Straßen. »Sie werden nicht aussteigen, bevor ich bei Ihrem Haus angelangt bin«, drohte er mir. »Ist schon in Ordnung«, versuchte ich ihn zu besänftigen. Ich war heilfroh, als ich endlich aus dem Taxi steigen konnte.

Gedankenverloren schaute ich in meinem Wohnzimmer in die kalte Asche des Kamins und erschrak plötzlich, denn unerwartet schwappte ein unangenehmes, unerwünschtes Gedankenbild in mein Bewusstsein, das mich erschütterte. Die Asche erinnerte mich an ihren kremierten Körper beziehungsweise an das, was noch von ihm übrig bleiben würde. Ich bemühte mich, diesen Gedanken mit aller Kraft zu verscheuchen, was mir dann auch gelang.

Mein Herz war in tiefen Schmerz eingekapselt. Wie gerne wäre ich Natascha auf den Flügeln der Morgenröte in die geistige Heimat gefolgt. Ich wusste natürlich, dass der Moment, in dem ich leicht wie eine Feder die gestaltenden Kräfte überschreiten konnte, noch nicht da war. Doch das Heranreifen und der mysteriöse Umwandlungsprozess der Blüte zur reifen Frucht vollzogen sich in unfehlbarer Herrlichkeit in mir. Das wusste ich mit Sicherheit.

Abermals wanderte mein Blick zu der grauen Asche, doch diesmal spülte sie ein anderes Symbol in mein Bewusstsein, nämlich das des Mysterienvogels, des Phönix, der aus kalter Asche wiedergeboren zu neuem Leben emporsteigt. Lustlos saß ich da, verloren in Selbstmitleid. Obwohl mein Magen knurrte, mochte ich nichts essen. Eigentlich sollte ich ja zu dieser Stunde mit Natascha und Sergej Romanowski in der Oper sitzen. Die Schicksalskräfte hatten jedoch die Weichen in eine andere, unvorhergesehene Richtung umgelegt.

Ich schleppte mich ins Bett und schloss die Augen in der Hoffnung, sie nie mehr öffnen zu müssen. Tränen, die nach außen fließen wollten, versiegten im Tränenkanal und flossen nach innen, wo sie mein Herz überschwemmten. Ich wusste nicht, ob ich schlief oder ob ich wach war, denn plötzlich überkam mich eine große Ruhe. Ich sah Natascha in strahlendem Licht und erfasste gleichzeitig eine Botschaft aus diesem Licht. »Traure nicht zu tief, bald kommt eine große und wunderbare Aufgabe auf dich und meinen Vater zu, sie wird dein Leben erfüllen und ihm neuen Sinn schenken.«

Benommen öffnete ich die Augen und schaute mich verwundert um. Eines wusste ich mit Sicherheit, das war kein normaler Traum gewesen. Natascha war noch einmal kurz zurückgekehrt, um mich aus diesem erbärmlichen Zustand zu erlösen und mir anzukündigen, dass sich mein Leben bald tiefgreifend verändern würde.

Trotz Appetitlosigkeit zwang ich mich am nächsten Morgen, etwas zu essen, und dachte über den Auftrag nach, der mich und Mister Romanowski anscheinend erwartete. Ich hatte keine Ahnung, was es sein könnte.

Schau ins Neue

Eine unstillbare Sehnsucht nach innerer geistiger Freiheit brannte weiterhin wie tausend Sonnen in mir. Es musste doch ein Heilmittel geben, das mir das endgültige Überschreiten von Raum und Zeit ermöglichte. Viele Bücher hatte ich gelesen und Vorträge fachkundiger Referenten auf dem Gebiet der Geistes- und Naturwissenschaften gehört, doch die Kernkraft, die über die Jahrtausende hinweg Geburt und Tod in mir erschuf, hatte mich immer noch fest im Griff. Ich war dankbar für die tiefe Freundschaft, die mich und Mister Romanowski in unseren Seelentiefen verband. Er war ein nie versiegender Quell von Weisheit, Inspiration und geistiger Kraft.

Eine sonderbare Stimmung, die ich nicht deuten konnte, ergriff mich. Merkwürdig, es war das erste Mal, dass ich mir in meiner eigenen Wohnung wie ein fremder Gast vorkam. Die Wände waren mir zu eng, die Decke zu tief. War dieses starke Empfinden von Eingeengt- und Eingesperrtsein aus meinem brennenden Drang nach innerer Freiheit entstanden? Mein Leben schien mir paradox. Schicksalskräfte trieben mich immer wieder durch extrem schmerzhafte Mühlen des Lebens, aber auch hin zu den Grenzen des reinen Lichts. Die alten Knoten der Persönlichkeit begannen sich anscheinend zu entwirren und mit ihnen auch die permanente Belagerung des Todes.

Wie viele Enttäuschungen warteten noch wie Feuerteufel vor den Pforten meines Schicksals, um mein Innenleben immer wieder in Brand zu setzen und mich innerlich zu zerreißen? Manchmal wollte ich vor meinem eigenen Leben davonlaufen, doch mir war stets bewusst, dass ich allein für meinen Lebensweg verantwortlich war und letztendlich auch für die Schicksalskräfte. Ich wusste jedoch auch, dass mit dem Überschreiten von Raum und Zeit, von Leben und Tod diese unberechenbaren Kräfte erlöschen. Die Persönlichkeit ist Baumeister und Erzeuger dieser starken, zeitgebundenen Kräfte, die auch die gesamte überlagerte Welt erschaffen und unterhalten. Tausende von Inkarnationen hatten wie eine unsichtbare Kette mein jetziges Dasein geschmiedet, und diese bleischweren Verflechtungen in Raum und Zeit ließen sich nicht so einfach abstreifen.

Am Abend vor dem Zubettgehen stieg ich müde ins heiße Wasser, das ich in die altmodische, vierfüßige Badewanne eingelassen hatte. Durch das grünliche Wasser betrachtete ich meinen nackten Körper. Die Kräuteressenzen, die ich ins Wasser geschüttet hatte, wirkten so beruhigend, dass ich eine Stunde später erschrocken im inzwischen kühlen Wasser erwachte. Ich war in der Badewanne eingeschlafen.

Schleunigst begab ich mich ins Bett, doch von Schlaf konnte keine Rede sein. Auf einer inneren Filmleinwand erschienen verschiedene Landschaften und intensive Szenen. Obwohl ich lediglich der Zuschauer dieser Abläufe war, war es mir nicht möglich, den inneren Projektor abzuschalten. Unkontrollierbare, herumschweifende Gedankenfetzen verbreiteten sich wie unsichtbare Zellwucherungen in meinem Nachtbewusstsein.

Mitten in der Nacht erwachte ich mit einem zwingenden Bedürfnis nach frischer Luft. Kurzentschlossen entschied ich mich für einen Spaziergang. Die Straßen waren menschenleer. ich genoss diese einzigartige Nachtstimmung. Ein kühler Windstoß fächelte über mein Gesicht, ich zog den Kragen meines Mantels hoch und ging festen Schritts die Straße hinunter. Es war ungewöhnlich still. Ich hörte meine Atmung und das Echo meiner Schritte, die an den Hauswänden widerhallten. Als städtische Sparmaßnahme war um diese Zeit nur jede zweite Straßenlaterne eingeschaltet. Zwischen den Lichtkegeln, die spärlich den Gehsteig beleuchteten, breitete sich die Nacht wie ein schwarzes Tuch aus. Bleiches Mondlicht durchbrach die Wolkendecke, die vom Wind langsam nordwärts geschoben wurde.

Eine laute, aufgeregte, aggressiv tönende Frauenstimme zerriss die Stille der Nacht. Momente später tauchte eine Frau mit ihrem Mann und sechs Kindern aus den Schatten der Nacht auf. Ich sah sie im Licht der übernächsten Laterne eng beieinanderstehen. Die Kinder sahen müde und verwahrlost aus, ihr Vater war in armselige Lumpen gekleidet. Untertänig kuschte er vor seiner gewaltigen, übergewichtigen Ehefrau, die mit ihren schaufelgroßen Händen zwei zerschlissene Taschen trug.

»Du Holzkopf, du Trottel, du Taugenichts«, fauchte sie ihren hustenden, krank aussehenden Mann an. Er schrumpfte sichtlich unter ihren Worten zusammen und wagte es nicht, den Mund aufzumachen. Erschrocken und eingeschüchtert klammerten sich die Kinder an den weiten Rock der Mutter. »Kommt jetzt!«, donnerte sie. Kraftlos, den Kopf gesenkt und gedemütigt folgte der Mann der Familie in die dunkle Kühle der Nacht.

Auf dem Rückweg kam ich am Trödlerladen vorbei und schaute durchs Schaufenster in den Innenraum, der in Dunkelheit gehüllt war. Schemenhaft sah ich die alten Puppen, die mit ihren bunten Kleidern an dünnen Fäden an einer speziellen Holzvorrichtung baumelten. Geduldig warteten sie auf einen Puppenspieler, der sie zum Leben erweckte. Die menschengetreu nachgebildeten Gesichter wurden vom bläulichen Licht einer nahen Laterne schwach erhellt. Das fahle Licht verlieh den blassen, kantigen Gesichtern gespenstische Züge.

Die Puppen erweckten den Eindruck, dass ihnen nur noch Leben eingehaucht werden müsste, damit sie eigenständig in einer irrationalen Parallelwelt existieren könnten.

Müdigkeit schlich in meine Glieder. Wieder zu Hause in meinem Bett produzierte mein Gehirn ungewollt eine abstrakt wirkende Puppenwelt. Ich hatte die Eindrücke aus dem Schaufenster in die Traumwelt mitgenommen und in dieser Dimension in meinen Gedankenbildern den Puppen Leben eingehaucht. Es war ein makabres, faszinierendes und gleichzeitig furchteinflößendes Spektakel, und ich war wirklich froh, als ich am Morgen in meiner vertrauten Umgebung in meinem Bett erwachte.

Zwei Tage später entschloss ich mich, den lange geplanten Besuch im Britisch Museum nachzuholen. Als ich am frühen Nachmittag die Wohnung verlassen wollte, klopfte jemand an die Tür. Ein wenig verärgert öffnete ich und war ziemlich überrascht, denn es war Oliver Brandon. Er fragte mich, ob er kurz hereinkommen dürfte, für ihn wäre es wichtig.

»Natürlich, bitte treten Sie doch ein, Mister Brandon«, forderte ich ihn mit ruhiger Stimme auf. Ich spürte die übermächtige Spannung, die ihn bedrückte und innerlich zerriss. Mir war klar, dass dieser Besuch für ihn alles andere als einfach war und ihn große Überwindung gekostet hatte.

Innerlich aufgewühlt saß er da und wusste nicht, wie und wo er das Gespräch beginnen sollte. Ich bot ihm einen Tee an, er winkte ab und sagte: »Mister Mongrave, Sie wissen, weshalb ich gekommen bin. Ich weiß, ich bin ihnen noch eine Antwort schuldig. Es ist eine lange und traurige Geschichte, doch ich werde mich kurz fassen.

Sir Arthur Cunninghams Großvater hatte in der Kolonialisierung von Afrika und anderen Ländern eine wichtige Position. Das Empire hatte ihn geadelt und mit Macht ausgestattet. Was immer er auch tat, er tat es unter dem Deckmantel der Krone. In Afrika besaßen die Cunninghams große Ländereien, und auf einer dieser Plantagen arbeitete mein Großvater als Vorsteher. Was aber damals viele nicht wussten, war, dass die Familie ihren Reichtum vor allem durch ihren skrupellosen Sklavenhandel erlangt hatte, und nicht durch die Einnahmen aus den Plantagen. Es gab Dokumente, die diesen Sklavenhandel belegten, doch um den Ruf der Familie Cunningham nicht zu schädigen, wurden die Dokumente später von einflussreichen Politikern vernichtet.

Nachdem Sir Cunninghams Vater vor vielen Jahren nach England zurückgekehrt war, starb er kurz darauf an einer Tropenkrankheit, die er aus Afrika mitgebracht hatte. Mein Großvater, der in Afrika alles gesehen und miterlebt hatte, wurde in England massiv unter Druck gesetzt, da er sich stets gegen den Sklavenhandel, den er menschenunwürdig fand, ausgesprochen hatte. Ihm wurde gedroht, dass, falls er jemals in England jemandem davon erzählen würde, er und auch seine Nachkommen massiv darunter würden leiden müssen. Man bezahlte ihm eine stattliche Summe Schweigegeld, das er damals bedauerlicherweise annahm. Doch wir waren zu dieser Zeit sehr arm, und das Geld ermöglichte ihm, seine Familie zu ernähren und in eine größere Wohnung umzuziehen.

In Anwesenheit des Anwalts der Familie Cunningham musste er ein Dokument unterzeichnen, das ihn und auch seine Nachkommen verpflichtete, sich an die Abmachung zu halten. Weiter musste er schwören, dass unsere Familie den Cunninghams je nach Bedarf gewisse Dienste zu erweisen hätte.

Diese Verpflichtung übertrug sich auf meinen Vater und nun auf mich. Jetzt ist es allerdings der Nachkomme, Sir Arthur Cunningham, der mich und meine Familie unter Druck setzt. Wie Sie ja bereits wissen, verkehrt er in hohen gesellschaftlichen Kreisen, und er hätte durchaus die Macht, mich und meine Familie zu zerstören, wenn er dies möchte. Er ist natürlich ein Gentleman und würde so etwas nie direkt aussprechen, doch er hat eine Art, Dinge zu erklären und klarzustellen, dass man stets die Schlinge um den Hals spürt, wenn er mit einem redet.

Wie Sie gesehen haben, hat er unseren Neffen John von seinen politischen Ansichten überzeugt und ihm den Himmel auf Erden versprochen. Ohne Zweifel wird John einen Arbeitsplatz in den oberen Etagen erhalten und dann genau das tun, was Cunningham von ihm verlangt.

Mister Mongrave, ich habe noch nie mit jemandem darüber gesprochen, doch Ihnen musste ich es erzählen, damit Sie verstehen, warum ich Sie in den Club bringen musste. Das war mir äußerst peinlich, es tut mir wirklich leid. Bitte erzählen Sie meiner Frau nicht, dass ich Sie besucht habe, und vor allem Sir Arthur Cunningham darf nie von diesem Gespräch erfahren. Ich möchte mich jetzt verabschieden.«

Er stand auf, reichte mir die Hand und wollte schleunigst die Wohnung verlassen, doch bevor er ging, sagte ich eindringlich zu ihm: »Mister Brandon, ich danke Ihnen für Ihr Vertrauen und bin zutiefst erschüttert von Ihrer tragischen Familiengeschichte. Das ist ja ein Albtraum für Sie und Ihre Frau. Vielleicht sollten Sie doch den Mut aufbringen, um diese schlimme Bindung zu lösen, trotz der unvorhersehbaren Konsequenzen. Das ist doch kein Leben für Sie und Ihre Familie.«

Verängstigt schaute er sich um und flüsterte, als ob die Wände Ohren hätten: »Wir sind nicht mehr die Jüngsten, Mister Mongrave. Für uns ist es jetzt zu spät, noch etwas zu unternehmen, dazu fehlt uns schlichtweg die Kraft, und John wird sich bestimmt nicht von seinem Mentor abwenden. Ich möchte Sie nun nicht mehr länger aufhalten. Danke, dass Sie mir zugehört haben.«

»Mister Brandon, überlegen Sie es sich gut, es ist gewiss nie zu spät, um sich aus einer Schicksalsumklammerung zu befreien«, forderte ich ihn noch einmal auf.

Wie ein aufgescheuchtes Reh schaute er mich an und eilte die Treppe herunter.

Endlich saß ich im Taxi, doch wie immer war der Verkehr durch die Innenstadt dicht und chaotisch. Langsam, manchmal im Schritttempo schlängelte sich der Taxifahrer geduldig und gekonnt durch die verstopften Straßenschluchten. Wir fuhren durch ein Labyrinth großer Einkaufshäuser, wo sich eine bunte, multikulturelle Menschenmasse auf den schmalen Gehsteigen bewegte.

Die Fahrt dauerte länger, als ich gedacht hatte, doch dann erreichten wir endlich unser Ziel. Nachdem ich mich vom Fahrer verabschiedet hatte, schritt ich die breite Treppe hoch zum Eingang dieses gigantischen Bauwerks, in dem unermessliche Kunstschätze aus der ganzen Welt aufbewahrt und ausgestellt wurden.

Ich schaute auf die Uhr, es war schon spät. Rasch kaufte ich eine Eintrittskarte und ging schleunigst an der etruskischen Kulturabteilung vorbei hin zur ägyptischen. Die ältere Dame an der Kasse hatte mich freundlich darauf hingewiesen, dass sie bald schließen würden.

In einer schlichten grauen Uniform stand ein Museumswärter vor dem Eingang in die ägyptische Sektion und gab den Besuchern, falls erwünscht, Auskunft über die Ausstellung. Sein Mund hatte die Form eines Karpfens, seine vollen, leicht nach vorne gewölbten Lippen öffneten und schlossen sich unaufhörlich. Es sah aus, als würde er ständig nach Luft schnappen oder ein endloses Selbstgespräch führen.

Dann betrat ich die große Halle im Untergeschoss. Beeindruckend große, aus Stein gehauene Köpfe von Pharaonen starrten mich mit kühlen, leblosen Blicken an. Sie waren stumme Zeugen längst erloschener Dynastien. Obelisken und andere größere und kleinere Gegenstände erweckten großes Interesse bei den noch anwesenden Besuchern.

Eine merkwürdige Schwingung herrschte in der Halle. Es fühlte sich an, als ob ein leiser Groll von den vielen wertvollen Objekten ausgehen würde, weil man sie aus ihrer jahrtausendealten Heimat, dem Niltal, hierher verfrachtet hatte.

An der rechten Seite der Halle gab es eine tunnelähnliche Galerie, in der kleinere, dezent beleuchtete Statuen hinter Glas standen. Diese Objekte stammten alle aus Grabkammern. Viele dieser Statuen und Gefäße waren in einem erstaunlich guten Zustand, der Zahn der Zeit hatte sie vor dem Zerfall verschont.

Zwei ältere Damen begutachteten eine Statue aus der Grabkammer von Ramses II. Sie flüsterten, als würden sie sich davor fürchten, eine alte Macht zu erwecken. Erst jetzt bemerkte ich, dass sich die Besucher langsam dem Ausgang zubewegten. Der Museumswärter ging an mir vorbei, zeigte auf seine Uhr und meinte trocken: »In einer halben Stunde schließen wir.«

Durch den Besuch von Mister Brandon hatte ich mich verspätet, doch ich hätte auch sonst niemals die ganze Ausstellung sehen können. Ich war unter Zeitdruck und auch ein wenig enttäuscht, denn insgeheim hatte ich gehofft, irgendwelche wichtigen Hinweise zu erhalten. Allerdings hatte ich keine Ahnung, was für welche und wonach ich eigentlich suchte. Einem Impuls folgend, eilte ich die lange Treppe hoch ins Obergeschoss. In verschiedenen kleineren Räumen waren Waffen, Kleidungsstücke, Schmuck, Vasen und allerlei bemalte Töpfereien ausgestellt. Diese Objekte waren schön, interessant und aufschlussreich, doch irgendetwas fehlte, aber was?

Ein sonderbares Gefühl nagte in meiner Psyche und

drängte mich vorwärts durch die verschiedenen Räume. Durch einen Lautsprecher hörte ich die Stimme des Museumswärters: »In zwanzig Minuten schließen wir!«

Plötzlich spürte ich eine innere Spannung. Ein eigenartiges Kraftfeld sog mich förmlich in den hintersten und letzten Ausstellungsraum. Ich war allein, die Besucher hatten das Obergeschoss bereits verlassen. In großen Vitrinen standen kunstvoll bemalte Sarkophage. Durch ein schmales, rechteckiges Oberlicht drang mildes Abendlicht ein und beleuchtete die Sarkophage.

Eine seltsame Stimmung überwältigte mich. Mir war, als würde sich gleich eine geheimnisvolle innere Tür öffnen und mir den Blick in eine mysteriöse Welt freigeben. Sanftes Abendrot beleuchtete die Bilder der Götter Isis und Osiris und Anubis und Toth, die die Seelen in der großen Sonnenbarke durch das Totenreich begleiten. Zwei der Sarkophage waren geöffnet. In ihnen lagen Mumien, die vor Tausenden von Jahren in eben diese Tücher eingewickelt worden waren.

Beim Anblick der Mumien wurde mir schwindlig. Ein mächtiger magnetischer Sturm riss mich aus meinem Körper. Ich hatte das Gefühl, ich würde mich gleich völlig auflösen. Ich taumelte gegen die Wand und ließ mich auf den Stuhl fallen, der unmittelbar vor der Vitrine mit den Mumien stand.

Meine Sinne entrückten, ich glitt aus meinem Körper und reiste unerwartet zurück in meine Vergangenheit. Mit gekreuzten Beinen saß ich in einem dezent beleuchteten Logenraum auf einem blauen Kissen. Vor uns saß auf einem goldenen Kissen ein altehrwürdiger Meister, der soeben allen Menschen, die hier versammelt waren, telepathisch einen Auftrag übermittelt hatte. Im nächsten Augenblick stand ich allein mit einem Chinesen, dessen Name Mister Wang war, in einem kleinen Nebenraum. Ich sah einen offenen Sarg, in dem ein goldenes Schwert lag, und in der Nähe einen sonderbaren Spiegel, in dem sich zu meinem Erstaunen mein Ebenbild nicht spiegelte, als ich hineinschaute. Nein, beim Hineinschauen fiel ich förmlich durch diesen Spiegel hindurch.

Momente später stand ich in einem sonnendurchfluteten ägyptischen Tempel. Von Weitem hörte ich eine vertraute Stimme zu mir sagen: »Vergiss das goldene Band nicht, es weist dir den Weg in das leuchtende, reine Land.«

Einen Augenblick später wandelte ich durch einen gigantischen Säulentempel. Ein düsteres und bedrückendes Gefühl von Furcht und Trauer legte sich wie ein schwarzer Schatten über meine Seele. Dann spürte ich plötzlich einen stechenden, brennenden Schmerz im Rücken. Ich sackte zusammen, fiel auf den kühlen Boden und fühlte, wie das Leben aus meinem Körper wich. Ein Mann beugte sich mit einem hämischen Grinsen über mich und sagte: »Auftrag erledigt.« Danach erlosch das Lebenslicht in mir.

Ich erschrak heftig, jemand hatte seine Hand auf meine Schulter gelegt und sagte mit gedämpfter Stimme: »Mister Park, durch den Schaum der Welt sind Sie über verschlungene Sternenwege endlich hier angelangt.«

Ich saß wieder vor dem Glaskasten mit dem offenen Sarkophag und der Mumie und versuchte, meine Gedanken zu ordnen und ganz in meinen Körper zurückzukehren. Abermals sprach der Mann, der hinter mir stand. »Mister Park, kommen Sie, wir müssen das Museum unverzüglich verlassen, in wenigen Minuten wird es geschlossen.«

«Mein Name ist Mongrave, und nicht Park. Sie müssen mich wohl mit jemandem, den Sie kennen, verwechseln«, stammelte ich und drehte mich um. Hinter mir stand ein älterer Chinese mit einem alterslosen, harmonischen Gesicht. Kraftvoll und aufrecht stand er vor mir und sagte abermals: »Kommen Sie jetzt, Mister Mongrave.« Dann packte er meinen rechten Arm und zog mich, als hätte ich kein Gewicht, vom Stuhl hoch.

Noch benommen folgte ich ihm wie ein Schlafwandler die Treppe hinunter zum Ausgang.

Genervt, weil er auf mich warten musste, stand der Museumswärter am großen Ausgangstor und fragte den Chinesen in einem aggressiven Ton, ob denn mit mir alles in Ordnung sei, da er mich stützen müsse? Der nickte und sagte nur: »Ja.« Skeptisch schaute mich das Karpfengesicht an, er hätte gerne mehr erfahren. Es regnete leicht, als wir die lange Treppe hinuntergingen. Der Museumswärter stand oben an der Treppe und rief dem Chinesen noch nach: »Ich habe Sie gar nicht gesehen, als Sie das Museum betraten. Haben Sie überhaupt eine Eintrittskarte gekauft?«

Das Rad der Zeit hatte sich für Momente entschleunigt und Himmel und Erde in mir verflüssigt. Im Moment war es mir nicht möglich, diese intensive außerkörperliche Reise in ihrem vollen Umfang zu begreifen. Doch eines wusste ich mit Sicherheit: Es waren Ausschnitte aus früheren Leben, in die ich eingetaucht war. Beim Anblick der Mumie hatte sich schlagartig eine innere Tür geöffnet. Im Bruchteil von Sekunden oder Minuten war ich Hunderte, ja Tausende von Jahren in meine Vergangenheit zurückgereist.

Urerinnerungen waren geweckt worden, sie hatten mich die unverschlossene Unendlichkeit des Geistes, sowohl im Sichtbaren wie auch im Unsichtbaren, erkennen lassen. Nichts in der Welt der Ursachen und Wirkungen ging verloren.

Wie aus einer fernen Welt hörte ich die Stimme des Chinesen neben mir: »Mister Mongrave, Sie sollten aufhören, in Ihre Vergangenheit zu reisen, den Weg ins Tao finden Sie nicht im Gestern. Wo wohnen Sie? Mein Auto steht gleich hier um die Ecke in der nächsten Straße, wenn Sie möchten, fahre ich Sie nach Hause.«

Ich war froh über dieses Angebot, und als wir vor dem Haus, in dem ich wohnte, angelangt waren, fragte er zu meiner Überraschung, ob er noch kurz in meine Wohnung kommen dürfe, er hätte mir etwas Wichtiges zu sagen. Obwohl ich ihn nicht kannte, fühlte ich mich in seiner Anwesenheit entspannt und ruhig und hieß ihn in meiner Wohnung willkommen.

Während ich in der Küche grünen Tee zubereitete, wartete er geduldig im Wohnzimmer. Irgendwie kam er mir bekannt und auch vertraut vor, aber im Bilderbuch meiner Erinnerungen fand ich keine passende Geschichte oder Erklärung für dieses Empfinden. Obwohl ich von ihm nichts wusste, nicht einmal seinen Namen, wusste er scheinbar einiges über mich. Ich hatte das merkwürdige Gefühl, dass meine Seele für ihn wie ein offenes Buch war, in dem er beliebig blättern konnte.

Inzwischen hatte ich mich erholt und brachte den Tee ins Wohnzimmer. »Ich danke Ihnen, dass Sie mich nach Hause gefahren haben, ich war ziemlich wackelig auf den Beinen. Aber Sie müssen mich mit jemandem verwechselt haben, als Sie mich als Mister Park angesprochen haben.«

Wie angeflogen hatte sich plötzlich eine unerträgliche Spannung in mir aufgebaut. Ich fühlte mich wie gegen eine Wand gepresst und spürte gleichzeitig eine unwiderstehliche Kraft, die mich durch diese drücken wollte. Eine diffuse Vorahnung erschütterte mich. Da war ein Gefühl, wie der Klang einer höheren Natur, dass die Antwort dieses geheimnisvollen Fremden mein ganzes bisheriges Leben auf den Kopf stellen würde.

»Erkennen Sie mich denn nicht?«, fragte er. Seine Frage verunsicherte mich noch mehr. In London gab es viele chinesische Restaurants, vielleicht war er Besitzer eines solchen Lokals und hatte mich wiedererkannt, ab und zu speiste ich in chinesischen Restaurants. Ich überlegte, wie ich ihm antworten konnte, ohne ihn zu beleidigen, und erklärte dann: »Es tut mir leid, aber ich kann mich wirklich nicht daran erinnern, Ihnen schon einmal begegnet zu sein.«

»Nun gut, mein Name ist Wang. Sagt Ihnen dieser Name etwas?«, fragte er.

»Tut mir leid, nein«, erwiderte ich.

»Und die Loge des Goldenen Drachen, haben Sie diesen Namen schon einmal gehört?«

Mir war, als ob sich eine Million unsichtbarer Zahnräder gleichzeitig in meinem Gehirn in Gang gesetzt hätten. Schlagartig erinnerte mich an den intensiven und präzisen Wachtraum vor einigen Wochen, und nun hatte ich genau dasselbe in abgeschwächter Form im Museum noch einmal durchlebt. Es waren Seelenwanderungen gewesen. Durch ein Schlüsselloch der Zeit war ich offensichtlich in vergangene Leben zurückgereist.

In dem Augenblick, als Mister Wang mich auf die Loge des Goldenen Drachen aufmerksam gemacht hatte, wallte eine mächtige Kraft in mir hoch und der Auftrag, den ich damals erhalten hatte, war mir wieder voll bewusst. Ganz vergessen hatte ich ihn nie!

»Erkennen Sie mich jetzt? Ich habe Sie damals in einem Ihrer früheren Leben in Shanghai in die Loge des Goldenen Drachen eingeführt. Sie sind damals jung gestorben, aber bald wieder inkarniert. Die himmlische Kraft des goldenen Bandes hat uns wieder zusammengeführt, doch diese innere Verbundenheit verpflichtet uns, unermüdlich dem ewigen Licht zu dienen. Der himmlische Plan vibriert seit Anbeginn der Zeit machtvoll in unseren Seelen.«

Diese machtvollen Worte waren mir tief vertraut, es waren Worte, die aus einem unerschöpflichen Quell zu fließen schienen. Mir war, als ob dieselbe Stimme durch die Jahrtausende immer wieder dieselben himmlischen Worte ausgesprochen hätte.

Er fuhr fort: »Nun wissen Sie, Mister Mongrave, dass

wir uns heute nicht zum ersten Mal begegnet sind. Dass wir uns genau an diesem Tag und zu dieser Stunde im Museum getroffen haben, war kein Zufall. Wir sind mehrere, die sich aus alten Zeiten wiedergefunden haben.

Erinnern Sie sich an die Worte, die uns unser unsterblicher Meister in der jahrhundertealten Loge des Goldenen Drachen damals telepathisch übermittelt hatte? ›Der Erwachte ist nicht bei sich, er ist bei allen. Er lebt geschlossen im Vielen und aufgetan im Einen, seine Fassungskraft gründet nicht im Außen. Wer das Innere bewahrt, verliert sich nicht im Außen und überschaut das Nahe und das Ferne. Nichts scheint dem Erwachten groß oder gering, wichtig oder unwichtig, deshalb durchdringt seine Anwesenheit die Welt. Nicht tuend, nicht wollend wird alles Erschaffene transformiert und durch himmlisches Licht erlöst und vollendet!‹«

Ein Geistesblitz durchzuckte mein Gehirn: »Mister Wang, ich kenne einen Menschen, den Sie unbedingt kennenlernen müssen«, sagte ich mit großer Überzeugung und erzählte ihm von Natascha. Ruhig hörte er aufmerksam zu, doch als ich den Namen von Mister Romanowski aussprach, erklärte er, ohne zu zögern: »Er ist es, er ist einer von uns. Wir sollten ihn morgen besuchen, aber jetzt muss ich gehen. Wenn es Ihnen recht ist, hole ich Sie morgen am frühen Nachmittag ab.« Er stand auf.

»Ich hätte noch eine Frage, bevor Sie gehen! War Mister Romanowski damals auch in der Loge des Goldenen Drachen anwesend?«

»Nein, Mister Mongrave, zu dieser Zeit war er im Auftrag des Goldenen Drachen in Indien unterwegs. Morgen wird sich vieles klären.«

Zutiefst erstaunt, dass er Mister Romanowski tatsächlich kannte, begleitete ich ihn zur Tür, wo wir uns verabschiedeten. Lächelnd sagte er, als wir bereits im Treppenhaus standen: »Mister Mongrave, ich habe

Sie wiedergefunden und Sie Mister Romanowski, das ist gut! Dinge geschehen, mysteriös, von himmlischen Kräften geleitet. Wenn Gedanken nicht mehr nach außen keimen, dann öffnen sich spirituelle, machtvolle Weiten. Dort, wo wir aufhören zu wissen, beginnt DAS, was sich nie wissen lässt. Dort tauchen wir ein ins Mysterium, ins Tao.«

Die Nacht hatte sich über die Stadt gelegt. Ich stand am offenen Fenster und atmete die frische Nachtluft ein. All die unglaublichen Geschehnisse des heutigen Tages musste ich erst noch innerlich verarbeiten. Ich schaute zwischen den Häusern zum wolkenlosen Himmel empor und betrachtete die Myriaden Sterne, die silbern am dunkelblauen Firmament glitzerten. Sie verkündeten die grandiose Botschaft von der Unendlichkeit des Raums, der jedoch von etwas unfassbar Größerem behütet und durchdrungen wurde.

In den Nachthimmel schauend, schaute ich zurück in die Urvergangenheit des Universums. Doch wie sah es mit der Zukunft aus? Wohin ging meine Reise? Dass mich Mister Wang in diesem Leben wiedergefunden hatte, war schlichtweg unglaublich. Nun verstand ich auch die tiefe Vertrautheit, die mich mit Mister Romanowski verband – dieses Gefühl, ihn schon ewig zu kennen.

Ergriffen von brennender Sehnsucht nach diesem zeitlosen, reinen Land, das kein Ort ist, lag ich noch lange wach im Bett. Es war die blinde Energie der Ich-Kraft, die das Tor ins himmlische Mysterium verschloss, dessen war ich gewahr. Das Reinwaschen der inneren Widersprüche und das Abbrechen der alten konzeptuellen Persönlichkeitsstruktur war durch meine Bekanntschaft mit Mister Romanowski und Mister Wang beschleunigt worden. Ich wusste: Noch bevor mein Körper steif und kalt wurde und das Leben aus ihm gewichen war, würde alles Äußere und Vergängliche in mir verbrannt sein.

Am nächsten Morgen spürte ich beim Erwachen ein feines, unangenehmes Beben, das meinen ganzen Körper durchdrang. Mein Nervensystem war durch das gestrige Erlebnis überreizt und überfordert worden, meine Glieder fühlten sich entzündet an. Mein Blick wanderte zum leise tickenden Wecker, der neben mir auf dem Nachttisch stand. Es war sechs Uhr dreißig, das Tageslicht hatte die Dunkelheit der Nacht noch nicht ganz aufgesaugt.

Nach einem kurzen Spaziergang durch den Park war ich bald wieder zu Hause und verbrachte meine Zeit mit Grübeln und Warten auf Mister Wang. Ich wusste, dass dieser Tag einschneidende Veränderungen in mein Leben bringen würde. Die Stunden des Wartens waren zähflüssig und träge, die Zeit schien sich endlos auszudehnen. Mein Blick wanderte immer wieder zur Uhr, gnadenlos zählte der Sekundenzeiger die Atemzüge und Momente ab, die mir in diesem physischen Körper noch zur Verfügung standen. Ich fürchtete mich nicht vor dessen Ende, denn ich hatte DAS entdeckt, was Geburt und Tod verschlang.

Endlich pochte es leise an der Tür. Mister Wang begrüßte mich mit zurückhaltender Höflichkeit und fragte: »Sind Sie bereit, Mister Mongrave?« Ich war! Meinen Anweisungen folgend, lenkte er sein Auto durch den dichten Verkehr, vorbei an Bussen und Fahrradfahrern. Es begann zu regnen. Die Fußgänger öffneten ihre Schirme, die Radfahrer waren in kürzester Zeit klatschnass. Wir sprachen kaum. Mister Wang war kein Mensch vieler Worte, das war mir schon aufgefallen.

Still saß ich neben ihm, sein Dasein fühlte sich erstaunlich leer und grenzenlos weit an. Eine unerklärliche Energie ging von ihm aus. Es war dieselbe stille Kraft, die auch von Sergej Romanowski ausstrahlte.

»Wir sind gleich da«, erklärte ich, dann bogen wir schon in die kleine Seitenstraße ein, an deren Ende das von Bäumen und Büschen umwucherte Haus der Romanowskis stand. Als ich klingelte, waren meine Nerven aufs Äußerste angespannt, mein Blut schoss wie ein reißender Fluss durch meinen Körper. Ich hörte, wie sich Mister Romanowski mit leisen Schritten der Tür näherte und auch das feine Klicken im Schloss, als er den Schlüssel drehte. »Mister Mongrave, seien Sie willkommen«, begrüßte er mich.

Ich erwiderte: »Ich bin nicht allein, ich habe jemanden mitgebracht.«

Seine sonst eher ruhigen, gleichmäßigen und regungslosen Gesichtszüge veränderten sich schlagartig, als er Mister Wang, der einige Schritte hinter mir stand, sah. Er war zutiefst erstaunt und irgendwie auch fassungslos, so hatte ich ihn noch nie gesehen.

Ohne zu zögern, ging er auf Mister Wang zu, nahm seine Hand und sagte leise und tief ergriffen: »Endlich, endlich, die Loge des Goldenen Drachen hat ihre zum Ziel führende Bestimmung wiedergefunden. Wie schade, dass meine Tochter diesen großen Moment nicht mehr erleben kann. Wahrlich, dass wir uns wiedergefunden haben, zeigt des Himmels Fügung. Mister Mongrave, ich hatte längst geahnt, dass auch Sie ein Mitglied der himmlischen Loge sein könnten. Ich hatte nur auf einen geeigneten Moment gewartet, um Sie darauf anzusprechen. Aber wann haben Sie Mister Wang kennengelernt?«, wollte er wissen. »Ach, kommen Sie doch bitte herein, das können Sie mir im Haus erzählen«, besann er sich.

Als wir oben in der Bibliothek saßen, überkam mich eine tiefe Trauer. Vor meinem inneren Auge sah ich Bilder, die mich an all die verzauberten Augenblicke, die ich hier mit Natascha verbracht hatte, erinnerten. Mister Romanowski spürte meine Trauer und sagte zu Mister Wang: »Entschuldigen Sie uns bitte, wir kommen gleich wieder zurück. Kommen Sie, Mister Mongrave, ich möchte Ihnen etwas zeigen.« Momente später standen wir im Garten hinter dem Haus unter einem großen Laubbaum. Auf einem kleinen Erdhügel lagen frische Blumen. »Heute Morgen habe ich die Urne mit der Asche hier begraben, Natascha hatte sich diesen Platz gewünscht, sie liebte diesen alten Baum. Obwohl sie uns fehlt, dürfen wir uns nicht allzu sehr vom Strom der Trauer mitreißen lassen. Natascha ist ins reine Licht eingegangen, ihrer neuen Bestimmung zu«, sprach er mit ruhiger Stimme. »Nun wollen wir Mister Wang nicht länger warten lassen, heute ist wahrlich ein besonderer Tag.«

Wieder zurück in der Bibliothek bestand Mister Wang darauf, dass ich Mister Romanowski erzählte, wie und wo wir uns kennengelernt hatten. Sorgfältig schilderte ich alle wichtigen Einzelheiten und erzählte ihm auch von diesem gigantischen Wachtraum, den ich vor einigen Wochen gehabt hatte, von dieser Reise in meine vergangenen Leben.

Als ich meine Erzählung beendet hatte, ergriff Sergej Romanowski das Wort: »Schon seit Jahren fühlte ich, dass sich Mitglieder der Loge des Goldenen Drachen in diesem Land aufhalten müssten. Die Hauptloge in Shanghai existiert ja seit über neunhundert Jahren, doch inzwischen gibt es andere Logen im Fernen Osten und einige auch im Westen, die Kontakt aufgenommen haben. Es sind Ableger der Großloge von Shanghai. Einige habe ich im fernen Osten besucht und mit den Mitgliedern gesprochen. Vollkommene Transformation des Menschen und die Vergeistigung der Materie wird in allen Logen angestrebt.

Doch Sie, Mister Mongrave, hatten das Privileg, in die Großloge in Shanghai eingeladen zu werden und vom erhabenen Meister direkt einen himmlischen Auftrag zu empfangen. Wenige haben diesen heiligen Tempel betreten, wenige wissen von der Loge des Goldenen Drachen, und sehr wenige haben den alterslosen Meister, den weder der Tod noch Vergängliches berühren kann, jemals gesehen. Durch alle Zeitalter war er immer hier für die Menschheit.«

Still saßen wir in der Bibliothek und tranken Tee, die letzten Worte von Mister Romanowski wirkten tief in mir. Etwas in mir war in Einklang mit dem, was er soeben vom erhabenen Meister gesagt hatte, mehr noch, ich spürte seine unermessliche Präsenz, mächtiger als die Kraft aller Ozeane. Der Kontakt zur ursprünglichen vorweltlichen Lichtquelle war wieder hergestellt. Erfüllt atmete ich tief durch.

In mir brannte eine Frage, die ich Mister Wang stellen wollte, doch ich stutzte, als ich die beiden so vor mir sitzen sah. Etwas fiel mir auf, dass ich bis jetzt noch nicht wahrgenommen hatte. Beide hatten dieselbe unversehrte, alterslose und unantastbare Ausstrahlung und waren von einer geheimnisvollen Aura umgeben. Mir war klar, sie lebten jenseits von Himmel und Erde und nicht mehr in die Welt verstrickt. Mister Wang hatte meinen pulsierenden Gedankenstrom gelesen und mein Erstaunen wahrgenommen.

»Mister Mongrave«, sagte er, »Sie haben es gesehen, es ist Zeit, das Geheimnis zu lüften. Seit fünfhundert Jahren habe ich die Erde nicht mehr verlassen und immer mit diesem Körper auf diesem Planeten gelebt. Mister Romanowski hat vor zweihundertfünfzig Jahren seinen Körper vollkommen vergeistigt und lebt seither auch mit demselben Körper auf der Erde. Durch himmlische Alchemie und die geheime geistige Formel, die das goldene Licht ins Fließen bringt, werden das Leben und der Tod transformiert und die Materie vergeistigt.

Der Grund, weshalb ich so lange im selben Körper auf der Erde lebe, liegt darin, dass ich vom erhabenen Meister einen besonderen Auftrag erhalten habe, der unter anderem auch darin bestand, die Reinheit und Qualität unserer Logenarbeit über einen längeren Zeitraum zu sichern und zu gewährleisten, was nicht immer einfach war. Ich wurde auch beauftragt, Menschen, die für diesen Weg geeignet und bestimmt sind, zu kontaktieren und in unsere Loge einzuführen. Bald ist mein Auftrag erfüllt und beendet, dann werde ich nach China zurückkehren und mich zurückziehen. Dort werde ich allein in einer Einsiedelei leben, es wurden bereits erste Vorkehrungen für meine Rückkehr getroffen.« Verschmitzt fügte er noch hinzu: »Wissen Sie, Mister Mongrave, in meinen Reisedokumenten bin ich immer neunundachtzig Jahre jung!«

Wang saß still da und beobachtete die Wirkung, die seine Worte auf mich ausübten. Sie war total. Das geistige Kunstwerk, das diese beiden verkörperten, beeindruckte mich zutiefst. Sie waren reines Licht, das sich bewusst in Materie gekleidet hatte. Sie waren abwesend in dieser Welt und gleichzeitig anwesend in dieser Welt. Sie existierten als sichtbare Gedankenbilder im Bewusstsein, die sich auf dem heiligen Ozean des reinen Lichts spiegelten.

Aus zeitloser Ferne hörte ich die Stimme von Mister Romanowski zu Mister Wang sagen: »Ich werde für mehrere Wochen nach Indien reisen und dort einige Meister besuchen, die ich schon sehr lange kenne. Sie sind wie wir alle Mitglieder der einen universellen Loge, die von Anbeginn der Zeit existiert.«

Mister Wang nickte zustimmend und meinte: »Ja, es ist wichtig, weltumspannende Kontakte zu pflegen.«

»Möchten Sie mich begleiten, Mister Mongrave?«, fragte mich Romanowski.

Ohne auch nur einen Augenblick zu zögern, antwortete ich: »Ja gerne, ich war noch nie in Indien!«

»Gut, ich werde morgen die nötigen Vorbereitungen treffen, damit wir so bald wie möglich reisen können«, erklärte er, sichtlich erfreut über meine Zusage.

Mister Wang ergriff wieder das Wort: »Das Netz des All-Geschehens hat große und kleine Maschen, es ist die Pflicht der Abgesandten, das Nicht-Übereinstimmende übereinstimmend zu machen und Ausgleich in der Welt zu schaffen. Wir dürfen den Auftrag, den wir von unserem erhabenen Meister erhalten haben, keinen Augenblick aus den Augen verlieren.

Ich muss mich nun verabschieden. Ich habe noch eine Verabredung mit mehreren Menschen, die ich Ihnen, nach Ihrer Rückkehr, gerne vorstellen möchte. Es gibt vieles, was ich noch erzählen möchte, unter anderem, dass ich vor vielen Jahren hier eine neue Loge gegründet habe. Ich freue mich, Sie den Mitgliedern vorstellen zu dürfen.

Gerne würde ich Sie, Mister Mongrave, noch einmal sehen, bevor Sie abreisen, doch wenn dies nicht möglich ist, treffen wir uns, wenn Sie aus Indien zurück sind.« Er überreichte uns seine Visitenkarte mit seiner Adresse. »Sie können mich jederzeit unter dieser Adresse erreichen. Mister Mongrave, soll ich Sie jetzt gleich mitnehmen?«

Mein Blick suchte kurz jenen von Mister Romanowski, dann war meine Antwort klar: »Danke für Ihr Angebot, doch ich werde noch eine Weile hierbleiben.« Mister Wang erhob sich, um sich zu verabschieden. Die Elastizität seines Körpers und die Leichtigkeit, mit der er aufgestanden war, verblüfften mich.

Ein titanischer Lichtstrom zirkulierte in mir, die Erklärungen von Mister Wang hatten mich erhoben und vieles erklärt und geklärt. Mein bisheriges Weltbild hatte sich schlagartig verändert, und ich spürte tief meine Verbundenheit mit der Loge des Goldenen Drachen.

Mister Romanowski begleitete Wang zur Tür, kam aber gleich wieder zurück und setzte sich still neben mich. Er ahnte, in welcher Verfassung ich war. Die hohe Meisterschaft der beiden erstaunte und berührte mich außerordentlich tief. Sie hatten ihre Körper so vollkommen vergeistigt, dass weder der Tod noch die Vergänglichkeit sie berühren konnte. Ihr Leuchten war der himmlische Glanz der Ewigkeit.

Irgendwann räusperte sich Mister Romanowski und durchschnitt das Schweigen. Mit ruhiger Stimme sagte er: »Ihre Gedanken bemühen sich zu verstehen, wie es möglich ist, dass Menschen Jahrhunderte unberührt vom Tod mit dem gleichen Körper existieren können. Der menschliche Körper setzt sich aus Billionen Zellen zusammen, und diese Zellen haben die Fähigkeit, Eindrücke und Informationen aufzunehmen und diese an alle Zellverbände weiterzuleiten, bis ins Blut.

Wenn ein Mensch sein Dasein konsequent ununterbrochen auf die himmlische Macht ausrichtet und abstimmt, dann wird dem gesamten physischen Organismus allmählich eine neue vorweltliche Information zugeführt. Es geschieht wie eine Art Reflex aus der Ewigkeit, und durch diesen verwandelt sich allmählich die Information in der Zellstruktur. Das todlose ungeborene Ewige strahlt ein und bewirkt eine Auferstehung, eine Transfiguration des gesamten Menschen. Der Leib wird zu reinem Licht, zu reiner himmlischer Kraft, zu reiner Gnade. Natürlich gibt es dabei tiefe Geheimnisse, die man kennen, erfahren und durchleben muss. Diese Geheimnisse wurden jedoch nie aufgeschrieben, sie wurden immer mündlich weitergegeben. Es sind Schritte zur universellen Meisterschaft, die sich unpersönlich und frei von Eigenwillen vollziehen.«

Gespannt lauschte ich seinen Worten und Erklärungen und wurde mir während des Zuhörens bewusst, dass ich den vordergründigen und vergänglichen Dingen noch zu viel Beachtung und Kraft schenkte. Immer wieder hatte ich mich an leblose Objekte geklammert und sinnlose Wünsche durch Gedankenkraft belebt. Doch nun war es möglich, diese alte Schwäche zu überwinden. Das himmlische Licht war wach in mir, und ich wusste mit Sicherheit, dass es alles ordnen und fügen würde, wenn sich das, was sich ständig nach außen kehren möchte, besänftigt.

Mister Romanowski ergriff abermals das Wort. »Es

freut mich, dass Sie mit mir nach Indien reisen. Dieses Land wird eine einzigartige Erfahrung für Sie werden. Ich habe mehrere Jahre dort gelebt und wollte schon lange wieder einmal meine Freunde dort besuchen, doch der sich zunehmend verschlechternde Gesundheitszustand von Natascha hatte diese Reise verunmöglicht. Ich hätte sie gerne mitgenommen, denn auch sie war noch nie in Indien gewesen.

Nun da ich Sie kennenlernen durfte und auch meinen alten Weggefährten Mister Wang wiedergetroffen habe, erhält die Reise einen tieferen Sinn. Es ist lange her, seit ich Mister Wang zum letzten Mal gesehen habe. Soweit ich mich erinnere, war es in der Inneren Mongolei. Der kosmische Auftrag des Goldenen Drachen war durch die Jahrhunderte in allen Ländern immer derselbe.«

Ausgerechnet jetzt schoss ein intensiver Gedanke an Sir Arthur Cunningham in mein Bewusstsein. Ich wollte etwas sagen, doch das war nicht möglich. Mir war, als ob ein Würgeengel meine Kehle zuzuschnüren versuchte, um mich am Sprechen und Atmen zu hindern. Ich schluckte leer und schnappte nach Luft. »Ist Ihnen nicht gut?«, fragte mich Mister Romanowski besorgt.

Tief atmete ich durch, dann hatte sich mein Körper wieder entspannt und beruhigt. Nun war ich bereit, ihm alles zu erzählen, meine merkwürdigen Erfahrungen mit Sir Arthur Cunningham und Mister Brandon und wie mich diese Bekanntschaften belastet hatten. Ich war froh, dass ich diese unschöne Geschichte endlich jemandem mitteilen konnte, um sie so aus meinem Innersten herauszuschälen. Dazu kam noch dieses ungute, düstere Gefühl, dass Sir Arthur Cunningham einen dunklen Schatten in meiner Seele zurückgelassen hatte.

Ruhig, aber nachdenklich hatte er zugehört, dann antwortete er: »Zu allen Zeiten gab es Menschen, die ihre ganze Herzkraft bündelten, um ihre Willenskraft zu stählen. Dadurch erlangten sie Macht und Kontrolle über Materie und Menschen. Sie kümmern sich bloß um den Schauplatz ihrer eigenen Herrschaft und isolieren sich selbst in ihrem Eigensinn. Wahrlich, ein einsames Dasein.

Ich bin froh dass Sie sich mir anvertraut haben. Machen Sie sich keine Sorgen mehr, bald ist der Spuk vorbei und alte irdische Schlacken, die durch die Jahrtausende Ihre Seele verkrustet haben, entfernt.«

Seine Worte wirkten wie Balsam. Ich war glücklich, einen solchen Freund gefunden zu haben. Das Läuten von Kirchenglocken durchdrang die Nacht: »Es ist spät, ich möchte mich jetzt auch verabschieden«, erklärte ich.

»Kommen Sie doch in zwei Tagen wieder, dann werde ich Ihnen sagen können, wann wir fliegen«, schlug er vor.

Ich lag im Bett und versuchte meine Gedanken zu ordnen. Mein Leben schien eine Schallmauer durchbrochen zu haben und nun in Lichtgeschwindigkeit weiterzufliegen. So viel Wunderbares hatte sich mir heute eröffnet. Der Glanz der unfassbaren menschlichen Tiefe von Mister Wang und Mister Romanowski hatte meinen strukturierten Verstand durchstoßen. Etwas Uraltes in mir war zerbröckelt und im heiligen Feuer verbrannt.

Nie hätte ich geglaubt, dass Menschen unter uns leben, die einen so hohen Verwirklichungsgrad realisiert haben und allein durch ihre Anwesenheit das Gute in der Welt fördern. Sie sind unauffällige Bürger dieser Welt, doch in Wahrheit sind sie Bürger des einen heiligen Universums, eins mit der Essenz von ALLEM und frei von allem, was im göttlichen Universum erscheint und vergeht. Erfüllt von Liebe, Reinheit und himmlischer Kraft leben sie unter uns.

Zwischen meinen kühlen Laken schlief ich bald erleichtert und ruhig ein. Durch die starke innere Erfahrung des vorangegangenen Tages manifestierte sich ein ungewöhnlicher Traum in meinem Bewusstsein. In einem spärlich beleuchteten Raum saß ein uralter Mann an einem Tisch und studierte das große Puzzlespiel, das vor ihm auf dem Tisch lag. Es fehlten nur noch drei Teile, um das Bild zu vervollständigen. Als er sorgfältig das letzte Stück eingefügt hatte, erschrak er heftig, denn das Bild, zeigte ihn selbst. Er ergriff das Glas, das neben ihm auf dem Tisch stand, es war mit trübem Wasser gefüllt. Als er daraus trinken wollte, zersprang es in tausend Stücke.

Das gleichmäßige energische Klopfen an der Wohnungstür verriet mir, dass es Clementine war. Sie hatte mich aus einem tiefen Schlaf geweckt, denn ich hatte am Vorabend vergessen, den Wecker zu stellen.

Schlaftrunken taumelte ich zur Türe und öffnete ihr. Entsetzt schaute sie mich mit großen Augen an und sagte in gereiztem Ton: »Es ist fast acht Uhr, und Sie sind immer noch im Bett. Was ist aus Ihrem Morgenspaziergang geworden?«

Nachdem sie sich beruhigt und ich gefrühstückt hatte, machte ich ihr ihre übliche Tasse Tee und legte ihre Lieblingskekse daneben. Später bat ich sie, in die Küche zu kommen, und erklärte ihr, nachdem sie sich gesetzt hatte, mein Anliegen. »Ich muss Ihnen etwas Wichtiges mitteilen. Ich werde mehrere Wochen weg sein, ich reise nach Indien. Sobald ich zurück bin, werde ich mich wieder bei Ihnen melden.«

Nervös rutschte sie auf dem Stuhl hin und her und strich sich die grauen, strähnigen Haare aus ihrem spitzen Gesicht. Ihre schmalen Lippen zuckten, sie rang nach Worten. Ihre wichtigste Einnahmequelle wäre für mehrere Wochen versiegt, das bereitete ihr Sorgen. Ich kannte ihr Dilemma. Sie und ihr kranker Mann waren auf das Geld angewiesen, das wusste ich. Ich öffnete meine Brieftasche und überreichte ihr einen größeren Betrag, damit sie keinen Lohnausfall hatte.

Diese unerwartete Geste machte sie überglücklich, sie bedankte sich mehrmals überschwänglich und wünschte mir immer wieder eine gute Reise. Aufgeregt tänzelte sie zur Tür hinaus und trällerte im Treppenhaus ein Lied vor sich hin. So hatte ich sie noch nie erlebt. Den Rest des Tages beschäftigte ich mich mit den ersten Reisevorbereitungen.

Am übernächsten Tag begab ich mich am frühen Nachmittag, wie verabredet, zu Sergej Romanowski. Oben in der Bibliothek teilte er mir freudig mit: »Ich habe gute Nachrichten für uns. Ich hole rasch die Unterlagen aus meinem Arbeitszimmer.«

Obwohl ich erst vor zwei Tagen hier gewesen war, hatte ich das Gefühl, dass unendlich viel Zeit seit meinem letzten Besuch verstrichen wäre. Wo sich Mister Wang wohl gerade aufhielt? Dieser außerordentliche Mensch, der außerhalb des Rads des Schicksals in dieser Welt lebte, war mir sehr nah, so nah, dass ich ihn als Teil meines Lebens empfand.

Mister Romanowski kam zurück und legte die Fluginformationen auf den Tisch. »Wir haben Glück, in drei Tagen können wir fliegen, morgen hole ich die Flugtickets. Wir haben einen Nachtflug nach Bombay, von dort fliegen wir weiter nach Madras, in Südindien. Dort wohnt ein langjähriger Freund von mir, vermutlich weiß er, wo sich die Meister zurzeit aufhalten. Es ist nicht einfach, sie zu finden. Sie halten sich meistens in abgelegenen, schwer zugänglichen Gegenden auf, doch es gibt immer Menschen, die ihre Aufenthaltsorte kennen.«

Durch seine Worte wurde mir die Bedeutung dieser Reise noch bewusster und auch, dass es eine Reise in meine Innenwelt werden würde, ein Hineinreichen in unerforschte Lebenstiefen. In Mister Romanowskis Nähe spürte ich immer diese bedingungslose Hingabe und Demut, die auf mich übersprang und mich erfüllte und durchglühte. Er achtete auf kleine Dinge und erkannte deren Ursprung, bevor sie in Erscheinung traten. Er sagte, dass im Schauen des Kleinen das Große sichtbar werde.

»Dürfte ich Sie zum Essen einladen?«, fragte ich ihn. Er nahm meine Einladung dankend an und schlug ein indisches Restaurant in der Gegend vor, das er kannte. »Ich möchte mich noch rasch umziehen, Sie können sich inzwischen in der Bibliothek umsehen. Es gibt sicher Bücher, die Sie interessieren.«

Doch ich spürte keine Lust zum Lesen und saß in Gedanken versunken da. Bilder und Gespräche, die ich mit Natascha hier geführt hatte, breiteten sich unwillkürlich in meinem Bewusstsein aus.

Bruchstückhaft setzte ich Erinnerungen zusammen und visualisierte ihren feinen Körper und ihr blasses, harmonisches Gesicht. Dabei merkte ich nicht, dass ich mit meiner fokussierten Konzentration in meinem Geist ein Bild von ihr verdichtete, erschuf und belebte. Ich versuchte, ohne mir dessen bewusst zu sein, Natascha wieder in einen Fleischkörper zu zwingen. Ich wollte sie hier bei mir haben und mich mit ihr unterhalten. Diese brennende Sehnsucht überwältigte mich und wurde immer stärker.

Ich erschrak zutiefst, als sie plötzlich vor mir erschien. Mir war sofort bewusst, dass dies nicht Natascha war, obwohl ihr Äußeres genau meinen Vorstellungen entsprach. Das Wesen lächelte mich mit blutleeren Augen an, und ich war dermaßen schockiert, dass ich unfähig war, auf diese Situation zu reagieren. Mir war klar, dass dieses Wesen das Ergebnis meiner unkontrollierten Sehnsucht war, nichts als eine mentale Projektion, die ich erschaffen hatte. Ich hatte ein Phantom kreiert.

Eine unsägliche Wut auf mich selbst schoss durch jede Zelle meines Daseins, mein Gehirn schrie, doch kein Laut drang nach außen. Dann brach der Damm. Aus dem Urgrund meines Seins brachen Worte hervor: »Hebe dich hinweg von mir, löse dich in meinem Bewusstsein auf, und vergib mir meine Ignoranz.« Augenblicklich löste sich der Spuk auf.

Mister Romanowski kam ins Zimmer geeilt. Er hatte meinen Schrei gehört. Aufgeregt fragte er: »Um Himmels Willen, was ist geschehen? Sie sehen ja ganz blass aus.«

Es war mir peinlich, ich fand keine Worte, um ihm mein absurdes Verhalten zu erklären. Ich war geschwächt und fühlte mich innerlich leer. Die schreckliche Projektion hatte mir viel Lebenskraft abgezogen. »Ich hole Ihnen ein Glas Wasser.« Besorgt verließ Mister Romanowski den Raum und kam mit dem Wasser zurück.

»Wollen wir trotzdem noch essen gehen?«, erkundigte er sich fürsorglich.

Inzwischen hatte ich mich einigermaßen wieder erholt und war bereit, ins Restaurant zu gehen. Ich wusste, dass ich ihm eine Erklärung schuldig war, doch er sagte nichts und erwartete nichts. Er wusste, dass ich es ihm zu gegebener Zeit erzählen würde.

Das indische Restaurant war nur drei Straßen weiter. In verschnörkelter goldener Schrift stand über der Eingangstüre »Taj Mahal«. »Einen Tisch für zwei?«, fragte beflissen ein indischer Kellner mit einem starken Akzent. Ein schwerer Duft nach Räucherstäbchen und Curry erfüllte das spärlich beleuchtete Lokal, das in kleine Nischen unterteilt war. An der abgeschossenen, dunkelroten, mit Gold verzierten Tapete hing ein vergilbtes Poster des Taj Mahal.

Kaum hatten wir uns gesetzt, brachte der Kellner einen Krug Wasser und die Speisekarte. Er nickte kurz und ging hinter die Theke, wo sein Kollege stand, der offensichtlich für den Ausschank der Getränke und die Kasse zuständig war. Neugierig gafften sie zu uns herüber, man konnte ihre Blicke förmlich spüren. Kaum hatte Mister Romanowski die Speisekarte beiseitegelegt, war der Kellner da, um die Bestellung aufzunehmen. Allerdings mussten wir dann über eine Stunde warten, bis das Essen kam.

Dies störte uns aber nicht. Mister Romanowski erzählte mir, dass er einige Zeit in China und Japan verbracht habe, dann aber mit seiner Frau und seiner Tochter nach England gezogen sei. In seinen ausführlichen Erzählungen verlor er kein Wort über seinen geistigen Weg und die hohe Meisterschaft, die er verwirklicht hatte. Es dauerte eine Weile, bis ich erkannte, dass er selbst der Weg und das Weglose ist und dort existiert, wo es weder ein Innen noch ein Außen, keinen Tag und keine Nacht gibt.

»Kellner«, rief eine heisere, aggressive Stimme aus einer der hinteren Nischen. Man hörte, dass die Zunge des Mannes durch den schweren Wein, den er und seine Gäste getrunken hatten, gehemmt war. Er wollte die Rechnung. Verunsichert huschte der Kellner, die Rechnung in der Hand, an uns vorbei. Mit einem erzwungenen Lächeln bemühte er sich, sein Unbehagen zu verbergen. Da donnerte der betrunkene Gast auch schon los: »Das Essen und die Bedienung waren miserabel. Es war das erste und das letzte Mal, dass wir hier waren. Nie wieder!« Es war offensichtlich, dass er seine Überlegenheit genoss.

Mit zitternden Knien öffnete der Kellner den Herrschaften die Tür und entschuldigte sich immer wieder für die Unannehmlichkeiten. Als alle das Lokal verlassen hatten, fühlte man die atmosphärische Entspannung im Raum. Der Kellner kam zu uns, um sich für den peinlichen Vorfall und die Störung zu entschuldigen. Mister Romanowski beruhigte ihn in seiner Muttersprache Marathi. Der arme Kellner war hocherfreut und sichtlich überrascht, und ich natürlich auch. Mit feuchten Augen kam er mit zwei frischen, essfertig aufgeschnittenen Mangos aus der Küche zurück, die er uns zum Dank anbot.

Beim Verlassen des Lokals wollte er noch unbedingt wissen, ob wir wiederkommen würden. Mister Romanowski bejahte. Die Augen des Kellners leuchteten auf, und er verriet uns, dass er sich auf unseren nächsten Besuch freue und man dann für uns etwas ganz Besonderes, das nicht auf der Speisekarte zu finden sei, kochen würde.

Es war schon ziemlich spät, als ich durch den schlecht beleuchteten Hausflur die Treppe hochstieg und in der Jackentasche meinen Wohnungsschlüssel suchte. Das fremde Essen und die starken Gewürze machten meinem Magen zu schaffen. Er rebellierte heftig und hielt mich die halbe Nacht wach. Ich hoffte, dass ich mich rasch an das indische Essen gewöhnen könnte, denn das war das Einzige, was es in den nächsten Wochen zu essen geben würde.

Frühmorgens erwachte ich mit einem seltsamen Gefühl. Mir war, als ob ein Teil von mir bereits abgereist sei. Ich vernahm lichte Stimmen aus inneren Galaxien, die sanft mit meinem Herzen kommunizierten und das endgültige Zerfließen der äußeren Form einläuteten. Meine konstruierte Welt zerbröckelte immer schneller.

Träge schlich die Zeit dahin, der Tag zog sich endlos in die Länge. Ab und zu wanderte mein Blick zur Wanduhr, und ich hörte, wie der gleichmäßig leise tickende Sekundenzeiger Minuten und Stunden auffraß. Das Zahnradwerk der Zeit drängte mich erbarmungslos über die Straße der Vergänglichkeit hin zu meinem physischen Ende, dem Tod.

Am späten Nachmittag spazierte ich durch den Park, es regnete. Meinen breitrandigen Hut hatte ich tief ins Gesicht gezogen, doch das nützte nicht viel, ein kühler, bissiger Wind klatschte den Nieselregen in mein Gesicht. Trotzdem ging ich weiter die lange Allee hinunter und genoss die frische Luft.

Ein streunender Hund tippelte den Weg entlang, seine feine Nase schnupperte interessiert an Bäumen und Abfalleimern. Er war offensichtlich auf der Suche nach neuen und frischen Düften, den Visitenkarten der Hundewelt. Als er direkt neben mir war, blieb er kurz stehen und schaute mich mit einem rührenden Bettelblick an. Er hoffte natürlich auf ein leckeres Häppchen, das ich ihm aber nicht bieten konnte. Ein Windstoß trug den herben Geruch seines nassen Fells in meine Nase.

Ich schaute sinnend dem Regen zu, wie er in feinen, transparenten Fäden nach unten strömte und auf den Boden klatschte. Eine aufgeschreckte Krähe, die in einem der Abfalleimer etwas Fressbares gefunden hatte, flog laut krächzend davon. Seltsam, ich hatte ich das Empfinden, dass sich diese Verhaltensmuster und Wahrnehmungen auf einer inneren Ebene auch im menschlichen Dasein spiegelten: Das Ein- und Ausatmen der Bäume, der streunende, bettelnde Hund, die aufgeschreckte Krähe, das launische Wetter.

Am Ausgang des Parks stand an der Bushaltestelle ein rotes Kunststoffhäuschen, das den Wartenden Schutz vor Regen und Schnee bot. Die Wände waren mit rassistischen Parolen beschmiert, und die Mülltonne daneben quoll von übelriechendem Müll über, was mich dazu bewog, meine Schritte zu beschleunigen.

Innen im Bushäuschen saß ein eng umschlungenes Liebespaar. Die scharlachrote Liebesgöttin hatte das Feuer der Leidenschaft in ihren lustgebundenen Körpern entfacht. Durch Erotik spielte die Natur in ihrem grenzenlosen Drang, sich zu vermehren, ihre besten Karten aus – die Kunst der Verliebtheit, ein Bad in einem hormonellen Meer.

Der Anblick des jungen Liebespaars schwemmte Enttäuschungen und schmerzhafte Erfahrungen, die ich in meinen Liebesbeziehungen erlebt hatte, in mein Bewusstsein. In Abgründen alter Erinnerungen brannten noch Bilder, die an Gefühle und diffuse Emotionen gekoppelt waren. Der Lauf der Zeit hatte die Erinnerungen zwar entkräftet und geschwächt, doch offensichtlich waren sie noch nicht ganz verblasst.

Am Abend traf ich weitere Reisevorbereitungen. Es gab doch noch allerhand zu erledigen. Ich begann auch schon, meinen Koffer zu packen. Mister Romanowski hatte mir dringend empfohlen, nicht zu viele warme Kleidungsstücke mitzunehmen.

Geheimnisvolles Indien

Nun war es endlich so weit. Etwas aufgeregt, ich hatte Reisefieber, stand ich mit Mister Romanowski in der großen Halle des Flughafens, umgeben von einer vielfarbigen, multinationalen Menschenmenge, und wartete auf Flug IA 607 BOM nach Bombay. Eine Mischung aus Vorfreude, Erwartung, Ungeduld und Flugangst war in der Halle spürbar. In unserer Nähe diskutierten Männer und Frauen einer Großfamilie aus dem Kongo lautstark und aufgebracht miteinander, sie hatten ihren Anschlussflug verpasst. Die Frauen waren in wallende farbige Gewänder gekleidet, und neben ihnen am Boden saßen gelangweilt ihre Kinder zwischen großen Koffern.

Arabische Männer in langen weißen Gewändern und mit rot-weiß karierten Kopftüchern schauten gebannt zur Anzeigentafel, wo nun die grüne Lampe blinkte. »Boarding now«. Durch einen Lautsprecher kam die Anweisung, sich jetzt bitte durch die Sicherheits- und Passkontrolle zu begeben, in einer Viertelstunde öffne man das Gate für den Flug nach Abu Dhabi.

Obwohl sich an den Schaltern der Air India noch kein Personal eingefunden hatte, warteten bereits viele Menschen vor dem Check-in in langen Schlangen. Viele der indischen Familien schleppten sich mit großen, vollgestopften Koffern und zugeschnürten Kartons ab, in denen sich wohl auch die vielen Geschenke für ihre zahlreiche Verwandtschaft befanden.

Neben ihnen, beim Check-in für die Business Class,

warteten indische Geschäftsleute in Maßanzügen mit teuren Aktenkoffern und diskutierten über ihre Firmen. Sie achteten peinlich darauf, dass zwischen ihnen und den anderen, mit denen sie offensichtlich keinen Kontakt wollten, ein angemessener Abstand gewährleistet war. Es schien ihnen sehr wichtig, dass man den Unterschied zwischen ihnen und dem gemeinen Volk klar erkennen konnte.

Und da war noch dieses nervöse, junge englische Paar. Ihre Kleider rochen nicht gerade taufrisch, die Haare waren ungepflegt, fettig und verfilzt. Ihre Gesichter waren ausgemergelt und kreideblass von einem übermäßigen Drogenkonsum. Die Sucht hatte die beiden in ein trauriges Schattendasein verfrachtet.

Ein Raunen ging durch die wartende Menge, das Personal hatte an den Schaltern seine Plätze eingenommen. Als Erstes wurde uns zu unserer gar nicht freudigen Überraschung mitgeteilt, dass der Flug zwei Stunden Verspätung habe. Doch schließlich war es so weit, wir saßen im Flugzeug und erhielten eine warme Mahlzeit serviert. In den hinteren Sitzreihen weinte ein Säugling, so laut er nur konnte. Der Flug schien ihm gar nicht zu behagen, und auch das besänftigende, liebevolle Zureden der Mutter half nicht.

Wir unterhielten uns kaum. Nur einmal unterbrach Sergej Romanowski das lange Schweigen und erklärte, dass uns in Madras jemand erwarten würde, um uns ins Hotel zu fahren. Danach schliefen wir einige Stunden, bis uns eine Durchsage weckte. »Wir wünschen Ihnen einen guten Morgen, in Kürze werden wir das Frühstück servieren. In einer Stunde landen wir in Bombay.« Verwundert stellte ich fest, dass ich allein war. Ich schaute zum Fenster hinaus und sah, wie sanfte Morgenröte die Nachtschatten auflöste.

»Guten Morgen, haben Sie ein paar Stunden schlafen können?«, hörte ich plötzlich Mister Romanowski, der, ohne dass ich es bemerkt hätte, frisch rasiert wieder neben mir saß.

»Danke, ja, und wir landen auch bald in Bombay«, antwortete ich.

Hinter mir hörte ich ein leises Stöhnen. Eine ältere Frau betete zu Jesus Christus. Ihr fliegender Atem zeugte von ihrer Flugangst, die ich energetisch in meinem Nacken spüren konnte.

Mister Romanowski blätterte in einer indischen Tageszeitung, die ihm eine Stewardess auf seine Bitte gebracht hatte. Irgendwie nahm ich ihn jetzt, beim Lesen dieser indischen Zeitung, ganz anders wahr, noch geheimnisvoller, noch unfassbarer, noch unergründlicher.

Beim Verlassen des Flugzeugs strömte uns eine kompakte Wärme entgegen. »Wie lange wollen Sie in Indien bleiben und was ist der Grund Ihres Aufenthalts?«, wollte der Mann bei der Passkontrolle wissen und knallte dann die Stempel in unsere Pässe.

Vor der Flughalle kam ein in Lumpen gekleideter Junge auf uns zu. »Namaste, wo wollen Sie hin, kann ich Ihre Koffer tragen?« Mister Romanowski winkte ab und erklärte ihm, dass wir nur ein paar Schritte zum Shuttle Bus, der uns zum Inlandflughafen im Stadtteil Santa Cruz bringen würde, gehen müssten.

Wir standen vor einem uralten, leeren Bus und wollten eben einsteigen, als ein Taxifahrer hinter uns herrannte und eifrig auf uns einredete: »Sir, kommen Sie mit mir, Sie wollen doch zum anderen Flughafen. Ich mache Ihnen einen speziellen Preis, 500 Rupien. Wissen Sie, es gibt keinen Bus, der zum anderen Flughafen fährt.«

Mister Romanowskis lachte und gab dem Mann zu verstehen, dass er viele Jahre in Indien gelebt habe und sich bestens auskenne. Grinsend entfernte sich der Taxifahrer, als er den Busfahrer kommen sah.

»Steigen Sie bitte ein, wir sind vom Staat angestellt«,

meinte dieser stolz und wies auf das Abzeichen an seiner braunen Jacke. Er ging barfuß, seine abgetragenen Schuhe lagen neben dem Gaspedal.

Kaum hatten wir uns gesetzt, fuhr er mit einigen Passagieren los und warb unterwegs lautstark um Fahrgäste. Es dauerte nicht lange, bis der Bus heillos überfüllt war. Der Fahrer drehte seinen Kopf und nickte uns lachend zu.

Ein leises Klopfen neben mir an der staubigen Fensterscheibe weckte meine Aufmerksamkeit, als wir im dichten und lauten Verkehr vor einer Ampel anhielten. Zwei armselig in Lumpen gekleidete Mütter mit nackten, unterernährten Kindern auf ihren Armen streckten mir ihre hohlen Hände entgegen. Ihre ausgehungerten Blicke drangen mir durch Mark und Bein. »Baba, Baba«, riefen sie verzweifelt, Mister Romanowskis reichte mir ein paar Münzen, die ich ihnen durch eine Ritze im Fenster zuschob.

Kaum hatten sie das Geld eingesteckt, streckten mir schon andere, die herbeigeeilt waren, ihre Hände entgegen. Eine sonderbare Hilflosigkeit überkam mich, denn mir wurde schlagartig bewusst, dass dies ein Fass ohne Boden war. Irgendwie fehlte mir der Bezug zu dieser irreal anmutenden Situation, die jedoch für diese Hunger leidenden Menschen sehr real war. Ich war überfordert!

Ich nahm diese Menschen wie aus einer weit entfernten inneren Leere in mir wahr. Ich kam mir vor wie in einem Film, in dem ich die Zusammenhänge nicht verstehen konnte. Diese zwingende Armut erschütterte mich. Die Intensität dieser vielen fremden Eindrücke, die durch die fünf Sinne in mich hereindrängten, wühlte mich auf und gewährte keine Pause, um das Gesehene und Erlebte zu verkraften und einzuordnen.

Ich wurde von Stimmungen und Emotionen hin und her gerissen, doch das wirklich Erstaunliche war, dass eigentlich wenig und nichts Besonderes geschah. Es war ein Tag wie jeder andere in Indien. Die vielen

Menschen und auch die Kühe mitten auf der Straße bewegten sich gelassen und ohne Hast und Hektik durch den lärmenden Verkehr.

Ich hatte den Eindruck, dass dieses riesige Land weder von der Vergangenheit noch der Zukunft berührt wurde und dass in einer übergeordneten heiligen Kraft, die alles vereinigte, genau das geschah, was ich hier und jetzt erlebte. Dieses Land hatte seinen eigenen Rhythmus, in den ich mich so rasch wie möglich einfügen musste, das war mir klar.

Mister Romanowski saß in tiefe Ruhe gebettet neben mir, völlig integriert in diesen andersartigen Lebensrhythmus, eins mit dieser alten Kultur.

Der Bus ratterte an vereinzelten hohen Palmen vorbei, die die staubige Straße säumten. Hupend überholte er einen mit Bauschutt beladenen Ochsenkarren. Mir fiel auf, dass die Hörner dieses großen, starken Tiers bunt bemalt waren.

Eine halbe Stunde später erreichten wir den Inlandflughafen, in dem das totale Chaos herrschte. Überall standen, saßen oder lagen Menschen, die Halle war hoffnungslos überfüllt, denn fast alle Flüge hatten mehrere Stunden Verspätung, und niemand wusste, wann er endlich fliegen konnte.

Mister Romanowski hatte mich bereits vorgewarnt. Er nannte diesen Flughafen »Ort des geduldigen Wartens«. Er hatte sich nicht geirrt. »Passen Sie auf unser Gepäck auf, ich werde versuchen herausfinden, wann unser Flug startet. Eigentlich sollten wir in einer Stunde weiterfliegen können, doch hier ist immer alles anders, als man denkt«, sagte er scherzend und verschwand in der Menschenmasse.

Zwei wohlgenährte Inder schliefen neben mir auf dem Boden, ihre Köpfe ruhten auf ihrem Gepäck, und sie schnarchten laut und ungeniert. Der Lärm um sie herum schien sie überhaupt nicht zu stören.

Die Zeitverschiebung, wenig Schlaf und diese andersartige Atmosphäre setzten mir zu. Dieses fremde, aber nicht unangenehme Lebensfeld zwang mich in eine seltsame Isolation. Mir war, als würde ich inmitten dieser Menschenmasse in einem Vakuum existieren.

Ich hatte einen Kulturschock, wie ich ihn bis dahin noch nie gekannt hatte. Gedankenlos saß ich da und staunte in dieses farbenprächtige Menschenknäuel hinein. Diese Menschen folgten ihren eigenen gesellschaftlich festgelegten Strukturen und besaßen einen tiefen religiösen Glauben, der diese ganze Kultur prägte und trug. Unendlich viele Gottheiten hatten durch die Jahrtausende über dieses Land gewacht und wachten weiterhin.

Endlich kam Mister Romanowski zurück und meinte lachend: »Unser Flug hat zwei Stunden Verspätung. Kommen Sie, wir wollen die Morgensonne Indiens genießen.«

Wie ein Schlafwandler stolperte ich hinter ihm her, wir überquerten die dichtbefahrene Straße und gelangten in einen kleinen Park, der sich unmittelbar vor dem Flughafen befand. Wir setzten uns ins Gras, in den Schatten eines Baums. Der Himmel war wolkenlos und klar.

Ein älterer Mann, mit einem langen, braunen, um die Hüften gewickelten Tuch und einem dunkelgrün karierten Hemd bekleidet, goss gemächlich und meditativ die herrlich rot leuchtenden Blumen und auch die verschiedenen Fächerpalmen, die am anderen Ende des Parks standen.

Hunderte zarter weißer Blüten eines Jasminstrauchs verströmten ihren feinen, betörenden Duft. Ein jüngerer Mann beobachtete uns aus einiger Entfernung. Als ich ihn kurz anschaute, war dies für ihn offensichtlich das Signal, seine Hemmschwelle zu überwinden und mich anzusprechen: »Möchten Sie Geld wechseln?« Ich verneinte. Dann fragte er: »Haben Sie etwas zu verkaufen?«

Ich verneinte wieder, doch er fuhr gleich fort: »Haben Sie eine Zigarette für mich?« »Ich rauche nicht«, erklärte ich. Doch er ließ nicht locker. »Meine Frau liegt krank im Hospital und ich kann die Medikamente nicht bezahlen, geben Sie mir etwas Geld«, bat er theatralisch mit weinerlicher Stimme.

Nun setzte Mister Romanowski diesem aufdringlichen Gebaren ein Ende. Mit ruhiger, aber bestimmter Stimme sagte er: »Es reicht jetzt, geh!« Augenblicklich entfernte er sich und grinste mich an, als wollte er mir sagen: »Man kann es ja mal versuchen.«

Lachend sagte Mister Romanowski: »Er hatte natürlich sofort bemerkt, dass Sie das erste Mal in Indien sind. Sie müssen lernen, mit Bestimmtheit Nein zu sagen. Haben Sie eigentlich keinen Hunger, Mister Mongrave? Wir hätten noch genügend Zeit zum Frühstücken, und inzwischen ist sicher auch das Flughafenrestaurant geöffnet«, schlug er vor. Diese Idee behagte mir, denn ich spürte, wie die Tageshitze allmählich das ganze Land eroberte.

Gedanken schoben sich von selbst in mein Bewusstsein, Gedanken, die selbst nichts anderes als Bewusstsein waren. Ich hatte den Eindruck, dass jeder einzelne Gedanke frisch und neu in einem Raum der Stille in mir geboren wurde. Die festen Formen schienen sich in diesem riesigen Land zu verflüssigen, der Schauplatz der Welt löste sich in nichts auf. Ich fühlte mich von einer mysteriösen, heiligen Kraft umarmt, die Sein und Nicht-Sein vereinigt. Ich wusste, dass diese alte Kultur mein Dasein transformieren würde.

Das Restaurant befand sich im ersten Stock, eine große Halle, in der die Klimaanlage bereits auf Hochtouren lief. Wir setzten uns an die Fensterfront und beobachteten die startenden und landenden Flugzeuge. Ein Kellner spazierte lustlos durch das Restaurant und tat so, als hätte er uns nicht gesehen, doch irgendwann kamen wir dann doch noch zu unserem Frühstück.

Stunden später landeten wir in Madras. Die enorme Hitzemauer und die hohe Luftfeuchtigkeit trafen uns wie ein Faustschlag, als wir aus dem Flugzeug stiegen. Gegenüber dem alten Flughafengebäude, an dem der Zahn der Zeit nagte und überall Spuren des Zerfalls sichtbar waren, erkannte ich zwei Hügel, die mit grünbraunem Buschwerk überwachsen waren.

Ich musste meine Augen zukneifen, um die Umgebung zu sehen, das grelle Sonnenlicht blendete stark. »Schauen Sie, Mister Mongrave, dort vorne steht unser Fahrer«, sagte Mister Romanowski und machte mich auf einen kleinen Mann in einem blütenweißen Hemd aufmerksam. Er stand zwischen den vielen Menschen, die hier auf jemanden warteten, und hielt einen großen Zettel hoch, auf dem der Name Romanowski stand.

Mister Romanowski winkte ihm zu, und als er uns sah, eilte er erleichtert herbei. »Guten Tag, Mister Romanowski, und Sie müssen Mister Mongrave sein, willkommen in Madras! Bitte lassen Sie mich Ihr Gepäck tragen, Sie sind sicher sehr müde von der langen Reise.« Dann stellte er sich vor: »Ich bin Kumar, der Fahrer von Sri Ventakaraman.«

Er teilte uns im Namen seines Auftragsgebers mit, dass dieser sich entschuldige, da es ihm leider nicht möglich gewesen sei, uns wie geplant persönlich am Flughafen zu empfangen. Doch morgen Abend seien wir bei ihm zu Hause zum Essen eingeladen, der Fahrer hole uns um siebzehn Uhr im Hotel ab.

Schweißperlen rannen über mein Gesicht, meine Kleidung klebte am Körper von der hohen Luftfeuchtigkeit. Indien hatte ich mir heiß vorgestellt, aber diese Hitze übertraf alle meine Vorstellungen.

Unterwegs sagte Kumar: »Wir haben Ihnen in einem Hotel im Zentrum der Stadt zwei Zimmer reserviert, hoffentlich sind Sie mit unserer Wahl zufrieden.«

Hupend fuhr er unbeirrt durch den ständig dichter werdenden Verkehr. Dass wir unfallfrei die Innenstadt erreichen konnten, grenzte für mich schon fast an ein Wunder. Mitten auf der Straße stand eine wiederkäuende Kuh und glotzte in die vielen Autos, die lärmend und hupend an ihr vorbeiratterten. Niemand versuchte sie zu vertreiben, sie war einfach da, integriert in den hektischen Verkehr.

Nach einstündiger Fahrt bogen wir in eine schmale Seitenstraße ein, wo sich unser Hotel befand. »Vergessen Sie nicht, morgen um siebzehn Uhr hole ich Sie hier ab«, erinnerte uns Kumar, als wir aus dem Auto stiegen und uns verabschiedeten.

Das Hotelpersonal war freundlich und hilfsbereit. Nachdem wir die Formalitäten erledigt hatten, führte man uns ins obere Stockwerk in unsere kleinen, aber sauberen Zimmer. »Wir treffen uns morgen beim Frühstück«, sagte Mister Romanowski.

Nachdem ich mich frisch gemacht hatte, sank ich erschöpft aufs Bett. Die alte, durchgelegene Matratze passte sich den Formen meines Körpers an, und über mir an der Decke ratterte lautstark ein Ventilator, der wohl noch nie geölt worden war.

Obwohl alle Fenster geschlossen waren, war der Straßenlärm so laut, dass ich, nachdem ich die Augen geschlossen hatte, dachte, das Bett stehe unten mitten auf der Straße. Irgendwann schlief ich ein, geplagt von zusammenhanglosen Träumen und eigenartigen Phantasien. Unruhig wälzte ich mich im Bett hin und her, mein Nervensystem reagierte stark auf den ununterbrochenen Lärm, der von der Straße in mein Zimmer drang.

Plötzlich weckte mich ein innerer Impuls. Ich erschrak, es war bereits taghell und ich hatte keine Ahnung, wie viel Uhr es war. Ich hatte die Zeitverschiebung vergessen und meine Uhr noch nicht umgestellt. Ich stand auf, zog die Vorhänge zur Seite und öffnete ein Fenster. Der Himmel war leicht bewölkt, doch die Tageshitze war bereits spürbar. Ich schaute hinunter in einen engen Hinterhof, in dem mehrere Kinder mit Kokosnussschalen Fußball spielten.

Sie entdeckten mich schnell. Schüchtern und erwartungsvoll schauten sie mit großen Augen zu mir hoch, doch bald überwand einer seine Schüchternheit und streckte mir die geöffnete Hand entgegen. »Rupia, Rupia«, rief er, bald folgten die andern seinem Beispiel und bettelten ebenfalls um Geld.

Ich winkte ab, da riefen sie noch lauter. Ein Mädchen trug ihr kleines halbnacktes Brüderchen mit einer solchen Selbstverständlichkeit auf dem Arm, als wäre bei ihr der Mutterinstinkt bereits voll entwickelt. Obwohl der Winzling noch nicht sprechen konnte, streckte auch er mir sein Händchen entgegen.

Es pochte an der Türe, eine vertraute Stimme fragte: »Sind Sie wach, Mister Mongrave?«

»Ja, bitte treten Sie ein.« Mister Romanowski legte frisches Obst, süße Trauben und Bananen, in eine leere Schale, die auf dem Tisch stand. Er hatte die Früchte bei einem Händler unten auf der Straße für mich gekauft.

»Sie haben lange geschlafen, es ist bereits neun Uhr. Macht nichts, in ein paar Tagen hat sich Ihre innere Uhr an die Zeitverschiebung angepasst. Kommen Sie, gehen wir frühstücken! Ich habe gleich hier um die Ecke ein kleines Restaurant entdeckt.« Mein Magen knurrte laut, Mister Romanowski zeigte lachend auf meinen Bauch und kommentierte: »Er ist einverstanden.«

Gemächlich bewegten wir uns mit der Menschenmenge die Straße hinunter. »Es ist wichtig, dass man sich dem Rhythmus dieses Landes anpasst«, erklärte Mister Romanowski. Die Abgase des Verkehrs lagen wie schwere übelriechende Wolken in den Straßen, sie entzündeten die Augen und beeinträchtigten meine Atemwege. In den Gehsteigen hatte es größere und gefährliche Löcher. Ich musste aufpassen, um sie zu umgehen. Hereinzufallen hätte unter Umständen verheerende

Folgen. Trotz alldem, ich fühlte mich wohl und getragen von dieser farbigen, lebendigen und freundlichen Kultur.

Das kleine Restaurant war total überfüllt, doch ein älterer aufmerksamer Kellner fand zwei Plätze für uns in der hintersten Ecke des Lokals. Wir aßen Dosa und Idly. An die Schärfe der Soßen musste ich mich noch gewöhnen. Ich wusste, in den nächsten Wochen war diese Schärfe der Maßstab von allem, was es hier zu essen geben würde.

Nach dem Frühstück fragte mich Mister Romanowski: »Haben Sie schon einmal einen Hindu-Tempel besucht?«

»Nein«, antwortete ich, »doch es würde mich schon interessieren.«

»Gut, am besten fragen wir einen Rikschafahrer, die kennen die Tempel hier in der Nähe«, meinte er.

Mit einer Handbewegung stoppte er am Straßenrand einen Fahrer, und der war doch sehr überrascht, als Mister Romanowski ihn auf Tamil ansprach. Nach kurzem Feilschen brachte er uns zu einem nahegelegenen Shiva-Tempel. Kaum hatten wir den Tempelhof betreten, wurden wir von einer Schar Bettler belagert. Nachdem Mister Romanowski allen einige Münzen gegeben hatte, ließen sie uns in Ruhe. Ich bestaunte die hohen und mächtigen Türme, an deren Außenseiten unzählige kunstvoll aus Stein gehauene Statuen standen. Wohlwollend schaute eine bunte Götterschar auf die vielen Pilger hinunter, die andächtig den Tempel betraten. Ehrfürchtig trugen die Gläubigen kleine Körbchen, gefüllt mit Opfergaben, ins Innere des Heiligtums. Von den himmlischen Wesen erhofften sie konkrete Hilfe für die zahlreichen Leiden und Schwierigkeiten, die sie bedrückten.

Im Inneren dieses riesigen Gebäudes roch es nach Urin, Räucherstäbchen und Kampfer, und im hinteren Teil des Tempels rezitierten mehrere Priester monoton tönende Mantras. Sie bemühten sich, mit den Gottheiten und ihren Kräften in Kontakt zu treten. Menschliche und himmlische Bedürfnisse schienen sich hier nahtlos zu vermischen.

Kaltes Neonlicht beleuchtete die hohe Säulenhalle, in der das spirituelle Kraftfeld dieses Tempels spürbar war. Dann betraten wir einen kleineren Raum, das eigentliche Heiligtum des Tempels. Dicht gedrängt mit gefalteten Händen standen die Gläubigen da, ihre Blicke waren unverwandt in einen kleinen offenen Raum, zu dem nur die Priester Zutritt hatten, gerichtet. Dort befand sich der Shiva-Lingam – ein großer schwarzer, abgerundeter, eiförmiger Stein, der die Kraft und die kosmische Anwesenheit von Shiva zum Ausdruck bringt –, an den sie ihre Gebete richteten.

Ein sanftmütiger alter Priester kam mit einer flachen Schale, in der ein kleines Kampferfeuer brannte, zu den Gläubigen und blieb auch kurz vor mir stehen. Mit seinem Zeigefinger strich er mir ein wenig graue Asche auf die Stirn und nickte mir stillschweigend freundlich zu.

Quer über seinen nackten Oberkörper trug er, wie alle Brahmanen, die traditionelle Schnur, an der man ihre hohe Kaste erkannte. Seine dichten grauschwarzen Haare waren streng nach hinten gekämmt und an seinem Hinterkopf zu einem Knoten zusammengeflochten.

Die Gläubigen legten symbolisch kurz ihre Hände über die kleine Flamme und nahmen so das von der Gottheit gereinigte und dynamisierte Feuer auf. Dann strichen sie die aufgenommene Kraft über ihre Köpfe und Gesichter.

Für mich war dies alles exotisch und fremd. Eben noch war ich in London in der mir vertrauten Kultur und dem angenehm kühlen regnerischen Wetter, und nun stand ich da, in dieser schweißtreibenden, brütenden Hitze in dieser fremden, aber faszinierenden Welt. Ich kam mir vor wie ein Wanderer, der zwischen zwei Welten eingeklemmt war.

Als wir wieder draußen in der gleißenden Sonne auf der Straße standen, hatte ich das Gefühl einen Zeitsprung durchlebt zu haben. Im Inneren des Tempels schien die Zeit stillzustehen. Seit Jahrhunderten wurden hier täglich dieselben Rituale zelebriert, die durch die Kraft der Mantras dynamisiert und belebt wurden.

Ich war erschöpft und ausgelaugt, die Mittagssonne brannte erbarmungslos auf uns nieder. Ich floh in den Schatten eines Baums, der vor der Tempelmauer stand.

»Mister Mongrave, gehen wir ins Hotel zurück, um uns für eine Weile auszuruhen und frisch zu machen, bevor wir abgeholt werden«, schlug Mister Romanowski vor. Der Rikschafahrer redete unaufhörlich auf uns ein. Er wollte uns überzeugen, dass er mit Abstand der beste Fahrer der Stadt sei und wir fortan nur noch seine Dienste in Anspruch nehmen sollten. Er sei auch immer in der Nähe des Hotels und würde auf uns warten.

Mister Romanowski kam noch kurz mit in mein Zimmer und sagte: »Ich hoffe, dass wir heute Abend von Sri Ventakaraman die nötigen Informationen erhalten. Er kennt die Kontaktpersonen, die wissen, wo sich die hohen Meister zurzeit aufhalten. Das Land ist riesig. Niemand kann sie finden, es sei denn, sie lassen es zu. Nur wenige Menschen wissen von ihrer Existenz. Ihr Segen wird unseren kosmischen Auftrag für die Welt dynamisieren und im Innersten beschleunigen, das Halblicht in der Welt wird sich erhellen und wandeln, damit das Zeitliche ins Ewige zurückfließen kann.

Vor langer Zeit bin ich den universellen Meistern zweimal begegnet. Einmal in Indien und ein anderes Mal auf einem anderen Kontinent, damals war auch Mister Wang dabei. Mit Sicherheit wissen die Meister bereits von unserer Anwesenheit in Indien und dass wir dabei sind, uns über ihren Aufenthaltsort zu informieren. Sind Sie sich bewusst, Mister Mongrave, dass es nicht unser persönlicher Entschluss ist, wenn wir hier zusammensitzen und uns die Möglichkeit geschenkt wird, die himmlischen Meister zu treffen? Unsere Wege werden von heiligen, vorweltlichen Lichtkräften geleitet und bestimmt, und wer ins Vorweltliche eingeht, gehört zur Loge der Erhabenen.

Leider ist es vielen Menschen noch nicht möglich, die Stimme des himmlischen Lichts zu hören und in sich aufzunehmen. Die sieben geheimen inneren Gänge, durch die man aus dem Vergänglichen ins Unvergängliche und aus dem Sterblichen ins Todlose gelangt, sind den meisten verborgen und verschlossen.«

Seine kraftvollen Worte waren Offenbarungen aus dem heiligen Mysterium. Ich hatte das Gefühl, als ob seine Wortkraft ein inneres Tor aufgestoßen hätte, durch das ich aus dieser Welt ins reine Land eingehen könnte. Bescheiden und ruhig saß Mister Romanowski da, frei von an ihm zerrenden Schicksalskräften, abgelöst von den Bindungen dieser Welt.

Als wir um fünf Uhr nach unten in den Empfangsraum gingen, war der Fahrer von Sri Ventakaraman bereits da. Er saß mit verschränkten Beinen in einem breiten Sessel und las die Tageszeitung. Als er uns sah, stand er blitzschnell auf und begrüßte uns. »Hatten Sie einen schönen Tag? Sri Ventakaraman erwartet Sie.«

Mitten in der Stadt fuhren wir an einem Fluss entlang, dessen Wasser pechschwarz war. Das ganze Abwasser der Stadt floss darin langsam dem Meer zu. Der ekelhaft beißende Gestank drang in mich ein und verursachte mir Brechreiz. Ich hatte Angst, mich jeden Moment übergeben zu müssen, und versuchte, meinen Atem anzuhalten. Was mich jedoch am meisten erschütterte und irritierte, war, dass hier an den Böschungen dieser Kloake Tausende armer Menschen in eng zusammengepferchten Wellblechhütten hausen mussten und einem hoffnungslosen Dasein ausgeliefert waren. Direkt unten am Fluss spielten Kinder unter verdorrten

Bäumen, Kinder, deren Schicksal und Zukunft bereits festgelegt und besiegelt war. Die Menschen hier am Fluss waren kastenlos und ihre Chance, aus dieser unvorstellbaren, menschenunwürdigen Armut herauszukommen, gleich null.

Ich war froh, als wir endlich über eine Brücke fuhren und in ein anderes Wohnviertel gelangten, das ein menschenwürdiges Leben gestattete. Es gab kleine Gasthäuser, allerlei Trödler- und Stoffgeschäfte, Tabakgeschäfte, die auch Glückslose verkauften, und Gemüseläden, vor denen geduldig Kühe warteten, um das alte, unverkäufliche Gemüse, das die Händler auf die Straße warfen, zu fressen. Ich staunte, als ich sah, dass eine dieser Kühe in stoischer Ruhe genüsslich eine Zeitung fraß. Mister Romanowski kommentierte scherzend: »Das gibt spezielle Buchstabenmilch.«

Zwei in zerrissene Lumpen gekleidete Knaben, die von den Slums am Fluss her kamen, packten eine der Kühe und zogen sie in eine dunkle Hausecke. Mit flinken Händen melkte einer die Kuh, während der andere sichtlich ängstlich und unsicher mit unruhigem Blick in alle Richtungen schaute. Sie wollten vor allem nicht erwischt werden, weder von der Polizei noch von jemand anderem. Die Bestrafung für dieses Vergehen wäre drakonisch, dessen waren sie sich bewusst.

Nach einiger Zeit erreichten wir ein nobles Stadtviertel und fuhren an einem großen gepflegten Park entlang. Alte schattenspendende Bäume standen da, unter anderem auch ein jahrhundertealter Banyan-Baum. Die großen, weiß getünchten Villen waren meist hinter hohen Mauern verborgen, von der Außenwelt abgeschirmt.

Dann bog der Fahrer durch ein weit geöffnetes Tor und fuhr zu einem stattlichen zweistöckigen Haus, das von rot blühenden Bäumen umgeben war. Es war die Residenz von Sri Ventakaraman. Als wir aus dem

Auto stiegen, öffnete sich fast gleichzeitig die Haustür. Leichten Schrittes und mit gefalteten Händen kam Sri Ventakaraman auf uns zu und sprach: »Namaskar, willkommen in unserem Haus!« Seine Stimme war sanft und von einer meditativen Ruhe getragen. »Sie sind Mister Mongrave, es freut mich, Ihre Bekanntschaft zu machen. Ich habe gehört, dass Sie das erste Mal in Indien sind. Der alte unkörperliche Glanz dieses Landes wird Ihnen bestimmt noch tiefere geistige Einsichten eröffnen.« Dann wandte er sich Mister Romanowski zu: »Lange ist es her, seit wir uns das letzte Mal gesehen haben. Entschuldigen Sie, dass ich Sie nicht persönlich am Flughafen empfangen konnte, aber ich bin erst letzte Nacht aus Kalkutta zurückgekehrt. Aber bitte, treten Sie doch ein.«

Sri Ventakaraman war ein älterer Herr mit schneeweißen Haaren, die er sorgfältig nach hinten gekämmt hatte. Sein braunes Gesicht war faltenlos, er war traditionell gekleidet in einen weißen Lunghi – ein langes Lendentuch – und ein blütenweißes Hemd. Etwas Edles ging von ihm aus, eine innere Schönheit, die nach außen strahlte.

Der Knall der Autotür riss mich aus meiner Gedankenwelt und veranlasste, dass ich mich kurz umdrehte, bevor ich als Letzter das Haus betrat. Durch die staubige Windschutzscheibe sah ich das grinsende Gesicht des Fahrers, der mir mit einer Handbewegung andeutete, dass er jetzt schlafen würde, bis wir zurückkämen.

In einem kühlen Vorraum zogen wir unsere Schuhe aus und gingen dann barfuß ins Wohnzimmer. Ich staunte, wie spartanisch der Raum möbliert war. Als wir uns gesetzt hatten, kamen seine Frau und eine Tochter ins Zimmer, um uns mit gefalteten Händen zu begrüßen. »Leider sprechen sie nur wenig Englisch«, erklärte Sri Ventakaraman.

Ich musste mich zusammenreißen, um die beiden Damen nicht unhöflich anzustarren, denn ihre feine und sanfte Ausstrahlung ließ mich meine ganze Umgebung vergessen. Seine Frau war in einen schlichten dunkelgrünen Sari gehüllt, ihre feinen Schläfen schmückte silbriges Haar. Ihr offenes, gütiges Gesicht zeugte von einem erfüllten Leben, und ihre natürliche religiöse Demut spiegelte eine innere Schönheit, die das Göttliche im Menschen sichtbar werden ließ.

Die Tochter, die scheu einige Schritte hinter der Mutter stand, trug einen himmelblauen Sari mit feinen Goldbordüren, in ihren langen dunklen Haaren war am Hinterkopf eine duftende Jasmingirlande befestigt. Aus ihren Augen strahlte ein milder, liebevoller Glanz. Ihre stille, anmutige und unaufdringliche Anwesenheit berührte mich unerklärlich tief. Ein Strom tiefer Zuneigung floss frei von Gedanken aus meinem Herzen empor. Allein ihre Anwesenheit hatte dieses sanfte Fließen in mir ausgelöst, und diese Tatsache erstaunte mich doch sehr.

Die Gastgeberin bat uns in ein anderes Zimmer und ließ uns wissen, dass das Essen jetzt bereit sei. Als wir am Tisch saßen, standen die beiden Frauen hinter uns und gaben der Köchin die nötigen Anweisungen. Ich konnte nicht verstehen, weshalb sie sich nicht zu uns an den Tisch setzten, doch als sich Sri Ventakaraman für einige Augenblicke entschuldigte, erklärte mir Mister Romanowski die Regeln der Gastfreundschaft in diesem Land.

Nach dem Essen zogen sich die Frauen zurück, und wir gingen hinters Haus, wo wir uns auf einer kleinen überdeckten Veranda in bequemen Sesseln niederließen. Inzwischen hatte sich die Nacht übers Land gelegt. In einem Teich quakte ein Frosch zwischen Lotusblüten, am tief dunkelblauen Himmel glitzerten Myriaden Sterne wie silberne Blüten. Still saßen wir da und lauschten in die erhabene Nacht, die sich vom Tag entbunden hatte und die Welt in Stille hüllte. Diese Stille zerstückelte meine innere Unruhe und wirkte wie heilender Balsam auf mein Nervenkostüm. Ein lauwarmer Wind vom nahen Meer trug angenehme, würzige Düfte herüber und tat sein Übriges zu meinem Wohlbefinden.

Sri Ventakaraman saß entspannt im Lotussitz in einem der breiten Sessel, und auch Mister Romanowski wirkte sehr entspannt. Die Köchin brachte uns Chai (Tee) und verabschiedete sich dann mit einem freundlichen Lächeln.

Lange saßen wir wortlos da, eingebettet in den nach innen fließenden Strom der Stille. Mir war, als hätte diese erhabene Stille alle Grenzen meiner Innen- und Außenwelt aufgelöst. Ich hatte angenommen, dass sich die beiden viel zu erzählen hätten, nachdem sie sich doch so viele Jahre nicht mehr gesehen hatten, aber das Gegenteil war der Fall. Nichts Belangloses bewegte ihre Zungen, sie waren wahrhaft uralte Weggefährten, die weder Trennung noch Entfernung in sich kannten.

Das Gezirpe unzähliger Zikaden erfüllte die laue Nacht. Sri Ventakaraman zündete meditativ eine kleine Öllampe an und stellte sie auf den Tisch. Dann erklärte er: »Vor einigen Tagen habe ich in Kalkutta erfahren, dass sich die Meister zurzeit im Norden unseres Landes aufhalten, wo genau weiß ich nicht. Doch in Benares kenne ich eine Kontaktperson, die Ihnen bestimmt weiterhelfen kann. Ich werde Ihnen die Adresse aufschreiben und noch ein paar Worte hinzufügen, das wird das Treffen vereinfachen. Die Kontaktperson kennen Sie, Mister Romanowski, ihr Name ist Bhaktananda Maharaj. Er wohnt in der Altstadt von Benares, nahe den Ghats.«

Ein Licht innerer Vertrautheit strahlte plötzlich in mir auf, dieses Land war mir nicht fremd. Ich spürte in einer inneren Klarheit und Gewissheit, dass ich bestimmt in früheren Leben über die heilige Erde dieses Landes gewandert war.

Gemächlich tranken wir den stark gesüßten Chai,

als Sri Ventakaraman abermals das Wort ergriff. »Da täglich unzählige Pilger in die heilige Stadt unterwegs sind, müssen Sie sich vermutlich ein paar Tage gedulden, denn die Flüge dorthin sind immer ausgebucht. Wenn Sie möchten, könnten wir morgen gemeinsam das Büro der Fluggesellschaft aufsuchen. Ich kenne dort einige Leute, die Ihnen helfen werden, dass Sie so bald wie möglich nach Benares fliegen können.« Wir bedankten uns für das Angebot, das wir gerne annahmen.

»Danach würde ich aber gerne wieder einmal die Theosophische Gesellschaft in Adyar besuchen, es sind viele Jahre vergangen, seit ich das letzte Mal dort war«, sinnierte Mister Romanowski.

»Das ist eine gute Idee, ich würde gerne mitkommen, denn auch ich war schon lange nicht mehr dort«, stimmte Sri Ventakaraman zu.

Dann zögernd, als plagte ihn eine sonderbare Vorahnung, fragte er Mister Romanowski: »Wie geht es Ihrer Tochter Natascha?«

Diese Frage verursachte augenblicklich einen stechenden Schmerz in meinem Herzen, ein trüber Schatten huschte über meine Seele und versuchte sich dort einzunisten. Doch dies ließ ich nicht zu. Ich wollte mich nicht mehr in düstere Abgründe herunterreißen lassen.

Mit gefasster Stimme erklärte Mister Romanowski: »Natascha hat vor einigen Wochen ihren kranken Körper abgelegt, sie war auf diesen Moment innerlich vorbereitet. Ihre reine Seele war frei von Bildern und Dingen und hat sich unmittelbar ins ewige Licht hineinverwandelt. Der Natur nach war sie leer und gefüllt mit dem Ewigen.

Vor einigen Monaten hat sie Mister Mongrave kennengelernt, durch diese Bekanntschaft hat sich ihr Schicksal auf Erden erfüllt. Durch ihn wurde ihre Seele einfältig und die erzeugenden Kräfte still. Zurückgewandt im Geist der Tiefe, schaute sie ihre endgültige Bestimmung.

Schicksalsweisend hat Mister Mongrave vor Kurzem auch Mister Wang wiedergetroffen. Sie hatten sich in früheren Zeiten in der Loge des Goldenen Drachen in Shanghai kennengelernt.«

Sri Ventakaraman hatte ruhig zugehört, seine Augen leuchteten im Schein des milden Mondlichts. Er nahm einen Schluck Tee, bevor er zu sprechen begann: »Es ist wichtig, dass sich die Mitglieder der universellen Loge zu allen Zeiten und in allen Kontinenten immer wieder finden. In dieser schwierigen Phase der menschlichen Evolution werden neue himmlische Bausteine ins große kosmische Bauwerk eingefügt, in dem sich das ewig Dauernde spiegelt.

Die Anweisungen und der Segen der vollendeten Meister werden immer wichtiger, denn die Schattenwelten in den Herzen der Menschen werden immer dichter und vernebeln den Geist. Wenige machen ihr Herz leer und sind abgelöst von Begehren und Furcht, wenige bewahren die himmlische Leere und kehren sich nicht mehr nach außen.«

Der Schleiertanz eines langsam vorbeiziehenden Wolkenfeldes verdeckte vorübergehend die goldene Mondsichel, kleine Schatten huschten durch den Garten und tanzten über Büsche und Bäume. Die Kraft der Dunkelheit vermittelte etwas Geheimnisvolles, sie hüllte die Welt in Stille und verlangsamte ihren Pulsschlag.

»Es ist schon spät, ich glaube, wir sollten uns jetzt langsam auf den Weg machen«, sagte Mister Romanowski mit leiser, fast flüsternder Stimme, als wollte er die Nachtruhe der Lebewesen im Garten nicht stören.

Ich war froh, denn die bleierne Müdigkeit, die sich in meine Glieder eingenistet hatte, konnte ich nicht abschütteln. Ich hatte Mühe, meine Augen offen zu halten.

Der Fahrer zuckte erschrocken zusammen, als Sri Ventakaraman sachte an die Autoscheibe klopfte und ihn aus tiefem Schlaf weckte. »Fahre meine Gäste zurück ins Hotel, dann kannst du nach Hause gehen, und grüße deine Familie von mir.«

Als ich im Hotelzimmer auf dem Bett lag, wanderten meine Gedanken zurück zu zwei Wörtern, die Sri Ventakaraman draußen auf der Veranda geäußert hatte. Als er von den »vollkommenen Meistern« gesprochen hatte, hatte ich unmittelbar eine Art Erhebung meiner Seele erlebt. Ich war von einem intensiven Glücksgefühl durchflutet worden und hatte ihre unfassbare überpersönliche Anwesenheit tief und in meinem ganzen Dasein gespürt und wahrgenommen. In meinem Herzen hatte ich eine Stimme gehört, die ohne Worte zu mir sprach.

Ich war müde und wollte schlafen, doch ein unkontrollierbar dahinfließender Gedankenstrom verhinderte dies. Es gelang mir nicht, diese nach außen gerichtete Bewegung zu besänftigen und zum Stillstand zu bringen. Ungewollt dachte ich darüber nach, wie ich auf Menschen und Situationen immer ähnlich reagierte und agierte. Im Laufe der Jahrtausende waren mein Denken und Schauen durch eine ungeheure Vielzahl von verschiedensten Erfahrungen geprägt, konditioniert, programmiert und strukturiert worden. Mein Inneres war gemäß diesen von mir selbst in Gang gesetzten, oberflächlichen Abläufen ständig auf der Suche nach Anpassungsmöglichkeiten und Gleichschaltungen mit der konventionellen Weltanschauung der vergänglichen Weltordnung. Ich hatte mich in diesem Leben unbewusst in eine Art kollektiver Weltgleichförmigkeit eingefügt, doch diese alten Mächte hatten nun ihren Einfluss über mich endgültig verloren. Der eigene Wille vibrierte immer schwächer, sodass sich die lichten Kräfte, die das Leben leiten, allmählich in ihrer ganzen Schönheit offenbaren konnten.

Entspannt erwachte ich am nächsten Morgen. Es war noch früh, und ich genoss die innere Ruhe, die sich wie ein lichtes Gewand über mein Herz gebreitet hatte. Der

Lärm der Straße störte mich nicht mehr, er drang nicht in meine innersten Tiefen ein.

Als ich später die kleine Hotelhalle betrat, waren Mister Romanowski und Sri Ventakaraman bereits da und begrüßten mich. »Haben Sie gut geschlafen?«, erkundigte sich Sri Ventakaraman. »Ich habe im Büro der Fluggesellschaft angerufen, und man hat mir versichert, dass sich jemand umgehend um Ihre Flüge kümmern wird und sich bei mir meldet, sobald alles geregelt ist.

Wir können also gleich nach Adyar fahren und dort frühstücken. Ich kenne ein kleines, gemütliches Restaurant in der Nähe der Theosophischen Gesellschaft.«

Während der Fahrt erzählte mir Sri Ventakaraman von der Kolonialzeit und sprach in höchster Ehrerbietung von Mahatma Gandhi, den er persönlich kennengelernt hatte und sehr verehrte.

Nach über einer Stunde Fahrt durch den dichten, lärmenden Verkehr erreichten wir Adyar und fanden das kleine, europäisch eingerichtete Restaurant. Wir waren die einzigen Gäste. Kaum hatten wir zu essen begonnen, öffnete sich die Tür. Ein alter hagerer Sadhu im traditionellen ockerfarbenen Mönchsgewand trat ein. Stillschweigend kam er an unseren Tisch und streckte uns eine leere Schale entgegen. Seine langen Haare und der Bart waren verfilzt, sein ausgemergelter Körper spiegelte seine stark angegriffene Gesundheit. Er war geschwächt und hüstelte unentwegt. Ohne zu zögern, legte Sri Ventakaraman einige Münzen in die Schale. Ohne sich zu bedanken oder auch nur die geringste Gefühlsregung zu zeigen, verließ der Sadhu, sich auf einen langen hölzernen Gehstock stützend, humpelnd das Lokal.

Sri Ventakaraman erklärte mir, dass diese Asketen ein Gelübde ablegen, das sie verpflichtet, konsequent allem Weltlichen zu entsagen. »Sie unterziehen sich den verschiedensten strengen Disziplinen, um die endgültige Befreiung – Mukthi oder Moksha – zu verwirklichen.

In Indien werden alle, die der Welt entsagen, um die ultimative Realisation zu erlangen, in irgendeiner Art und Weise unterstützt, damit sie sich nicht um weltliche Dinge kümmern müssen und ungehindert den Weg aus der Dunkelheit ins Licht und aus der Sterblichkeit ins Unsterbliche gehen können.«

Dann standen wir vor dem großen geschlossenen Tor der Theosophischen Gesellschaft. Die Anlage grenzte ans Ufer eines Flusses und erstreckte sich bis weit nach vorne zum Meer. Ein uniformierter Wachmann kam aus seinem Pförtnerhäuschen direkt neben dem Tor und verweigerte uns den Zutritt. »Sind Sie Mitglieder?«, wollte er in einem strengen Ton wissen. »Nein, aber ich habe ein Empfehlungsschreiben von Mister Patel«, erwiderte Sri Ventakaraman. Nachdem er das Dokument eingehend gelesen und geprüft hatte, öffnete der Wachmann uns das Tor. Er machte uns noch darauf aufmerksam, dass der Tempel für uns als Nicht-Mitglieder der Gesellschaft tabu sei.

Zu Fuß gingen wir eine schmale, asphaltierte Straße entlang, die auf beiden Seiten mit einer üppigen tropischen Vegetation bestanden war. Im selben Moment, in dem wir die weitläufige Anlage betreten hatten, fühlte es sich an, als ob wir durch einen unsichtbaren Vorhang getreten und in ein Land der Ruhe und des Friedens gekommen wären, ein Land, in dem die Zeit stillstand. Die wohltuende Stille war fast greifbar.

Auf kleinen Lichtungen standen weiß getünchte Bungalows, deren Fenster und Türen verschlossen waren. Nirgends war ein Mensch zu sehen, die Anlage vermittelte einen unbewohnten und verlassenen Eindruck. Die leeren Häuser waren stumme Zeitzeugen einer einstmals leuchtenden Vergangenheit.

Wir näherten uns dem Tempel, einem majestätischen weißen Bau, der mir wie ein erhabenes Gebäude aus der griechischen Antike vorkam. Die anderen Häuser waren im klassischen englischen Kolonialstil erbaut worden. Ein Hauch früherer Zeiten umhüllte diesen magischen Ort. Ich spürte das ausgereifte intensive Kraftfeld, das von diesem Tempel ausstrahlte. Über Jahrzehnte hinweg war hier intensive spirituelle Arbeit geleistet worden. Man hatte geforscht, Rituale abgehalten und geheime Initiationen vollzogen.

Der schattige Vorbau des Tempels, dessen Dach von großen Säulen getragen wurde, war mit zwei Tischen und bequemen Korbsesseln ausgestattet, in die wir uns eine Weile setzten. Ich schaute hoch, an der Decke hingen die farbigen Fahnen aller Nationen, in denen die Theosophische Gesellschaft vertreten war.

In einer Nische neben dem Tempeleingang stand eine aus Stein gehauene Statue von Gautama dem Buddha im perfekten Lotussitz. Das feine, harmonische Gesicht und das in sich gekehrte Lächeln zeugten von vollkommener Freiheit und grenzenloser Stille. Das Geformte, Gemachte, Gewordene und Geborene berührte ihn nicht mehr.

Wir schlenderten weiter und gelangten zu einem riesigen, uralten Banyan-Baum, dessen Wurzeln und Ableger eine große Fläche überwucherten. Auf einer Tafel las ich, dass er der größte Banyan-Baum der Welt sei.

Weiter vorne am Weg setzten wir uns auf eine Bank, die unter einem weiteren uralten Baumriesen stand. Die langen verzweigten Äste mit dem dichten Laub spendeten kühlen Schatten. Ich ließ die Stille dieses Ortes auf mich einwirken.

Als wir zu dem großen Gebäude, wo sich weitere Unterkünfte und der Speisesaal befanden, kamen, war ich abermals erstaunt, denn auch hier war niemand zu sehen. Ich erschrak heftig, fast wäre ich über einen Mann gestolpert, der vor der offenen Tür zum Essraum schlief. Lachend stand er auf und begrüßte uns freundlich. »Schauen Sie sich ruhig um, viel gibt es hier nicht zu sehen«, sagte er zu mir und legte sich wieder hin. Zwei lange Holztische, das säuberlich aufgestapelte Geschirr auf den Regalen und der Duft nach Curry zeugten jedoch davon, dass der Speisesaal wohl noch täglich benutzt wurde.

An den Wänden hingen Fotos von H. P. Blavatsky und Annie Besant, von Charles Leadbeater, Major Olcott und Jiddu Krishnamurti, den bedeutenden Menschen, die hier gelebt und gewirkt hatten. Hier an diesem Ort hatten sie sich bemüht, die im Dunkel versunkene Welt wieder dem Licht zuzuführen. Diese Pioniere waren wahrlich spirituelle Maulwürfe des Universums. Sie waren in den dunklen Teich getaucht, um die Quelle wieder zum Sprudeln zu bringen.

Gegenüber der großen Bibliothek stand eine Büste von Leadbeater, das Gesicht dem Forschungszentrum zugewandt. In einem Studienraum der Bibliothek saßen eine junge Japanerin und zwei ältere amerikanische Herren, die konzentriert die alten, zum Teil vergilbten Schriften studierten.

Am späten Nachmittag fuhren wir zurück nach Madras und holten unterwegs die Flugscheine ab. Wir hatten zwei Plätze für einen Nachmittagsflug erhalten.

Die heilige Stadt

Am nächsten Tag fuhren wir am frühen Nachmittag zum Flughafen, Sri Ventakaraman begleitete uns. Beim Abschied übergab er Mister Romanowski ein Schreiben mit der Adresse der Kontaktperson in Benares und erklärte uns: »Bhaktananda Maharaj lebt in der Altstadt von Benares, sie ist wie ein großes Labyrinth. Aber das wissen Sie ja, Mister Romanowski, Sie waren ja früher schon mehrmals dort. Fragen Sie einen Rikschafahrer, er wird Sie in die Nähe des Hauses, wo er wohnt, bringen.«

Als wir im Flugzeug saßen, erschrak ich. Plötzlich wurde mir bewusst, dass ich, seit ich in Indien war, keinen einzigen Gedanken an mein Leben in England verschwendet hatte. Es war in meinem Bewusstsein wie ausgelöscht.

»Schauen Sie dort unten, das ist der Ganges«, flüsterte Mister Romanowski. Ich blickte durch das kleine, runde Fenster und sah weit unter uns den breiten Strom, der langsam durch eine karge Landschaft floss.

Der kleine Flughafen von Benares hatte seinen eigenen Charme, und zu meiner Erleichterung stellte ich fest, dass es hier nicht so heiß wie in Madras war und die Luft trockener.

Als wir den Flughafen verließen, eilte eine größere Gruppe Männer an uns vorbei und rief lautstark den Namen des Mannes, der soeben aus der Türe der Ankunftshalle trat. Sie stürmten förmlich auf ihn zu und legten leuchtende Blumengirlanden um seinen Hals, doch er schien von diesem Empfang nicht sonderlich beeindruckt oder überrascht zu sein.

»Was für eine stürmische Begrüßung«, dachte ich.

»Kommen Sie, Mister Mongrave, da vorne ist ein Taxi, der Fahrer kennt sicher ein gutes Hotel in der Nähe der Ghats«, und so war es dann auch. Der Fahrer hatte ein braunes Tuch um den Kopf gewickelt, ich musste innerlich kichern, denn er erinnerte mich an die alten Marktfrauen in meinem Londoner Viertel. Erwartungsvoll grinste er uns mit seinem zahnlosen Mund an, und wieder einmal versicherte uns ein Taxifahrer mit ernster Miene, dass er der beste Fahrer der Stadt sei. Um seine Aussage noch glaubhafter zu machen, hängte er lässig seinen rechten Arm aus dem Fenster. Natürlich hätte dies gleichzeitig einen praktischen Sinn, wie er uns erklärte. Die Blinker seines Autos funktionierten nicht mehr, aber das sei ja auch nicht weiter schlimm, meinte er.

Links und rechts überholte er die langsam dahinratternden Busse, die mit Menschen vollgestopft waren. Dann streifte er einen Ochsenkarren und rammte fast eine gemächlich dahintrottende Kuh. Der Verkehr in dieser Stadt war so etwas von dicht und chaotisch und funktionierte erstaunlicherweise trotzdem irgendwie.

Nach, wie mir vorkam, endlos langer Zeit erreichten wir den äußeren Bezirk der Altstadt, und ich war wirklich erleichtert und froh, als ich aus diesem Auto aussteigen konnte. »Kommen Sie, ich bringe Sie zum besten Hotel in der Altstadt«, erklärte er. Wir folgten ihm durch enge Gassen, in denen Menschen, Ziegen und schwerfällige Wasserbüffel unterwegs waren. Endlich hatten wir unser Ziel erreicht und standen vor einem heruntergekommenen Gästehaus. »Maharaja Palace« stand auf einem Schild über der Eingangstür. »Ein sehr gutes Hotel«, versicherte uns der Fahrer abermals.

Die Schlitzohrigkeit des Mannes am Empfang stand ihm schon ins Gesicht geschrieben. Nach langem Feilschen konnten wir uns auf einen annehmbaren Preis für das einzige Zimmer, das noch frei war, einigen. Sergej Romanowski hatte mich gefragt, ob es mich stören würde, ein paar Tage mit ihm ein Zimmer zu teilen, für mich war dies kein Problem.

Das große, feuchte Zimmer erinnerte an ein Massenlager, sechs Betten standen eng nebeneinander in diesem schmucklosen Raum. Der Manager rühmte dieses Zimmer in höchsten Tönen, als hätten wir soeben die Suite eines Fünf-Stern-Hotels betreten. Eine Familie Geckos äugte interessiert von der Decke auf uns herab, und der Manager erklärte umgehend: »Das sind gute Haustiere, sie fressen die Moskitos.«

»Wir könnten uns kurz frisch machen und dann Bhaktananda Maharaj aufsuchen«, schlug Mister Romanowski vor, ich war einverstanden.

Eine Stunde später stoppten wir eine Fahrradrikscha am oberen Ende der Altstadt. Der alte hagere Fahrer mit dem schütteren Haar gab uns mit einer Handbewegung klar zu verstehen, dass er die Adresse, die ihm Mister Romanowski gezeigt hatte, bestens kenne. Gutgläubig nahmen wir in seinem wackeligen Gefährt Platz. Langsam radelte er geduldig durch den stockenden Verkehr und rief den vorbeifahrenden Rikschafahrern dabei etwas zu, so als würde er sie nach etwas fragen. Wir hatten bereits geahnt, was er vor uns zu vertuschen suchte, er hatte keine Ahnung, wo wir hinwollten. Mit einem müden Lächeln stieg er schließlich vom Fahrrad und begleitete uns in ein kleines Geschäft, wo wir einen Stadtplan kaufen konnten. Der Ladenbesitzer schränkte jedoch gleich ein, dass nicht alle Straßen in der Altstadt eingetragen seien und dass wir am besten zu Fuß weitergehen sollten. Mister Romanowski bezahlte den Rikschafahrer trotzdem. Sichtlich erleichtert bedankte er sich und huschte aus dem Geschäft.

Es herrschte auch hier totales Chaos. Die schmalen Gassen in der Altstadt waren völlig verstopft von den vielen Menschen und Kühen, die ebenfalls am frühen Abend gerne unterwegs waren. Kleine Geschäfte und Restaurants reihten sich nahtlos aneinander, der Lärm des Verkehrs und der Menschen hallte durch das weitläufige Gassenlabyrinth.

In den Geschäften wurde gefeilscht, diskutiert und gelacht, Kühe zwängten sich durch die dichte Menschenmenge und suchten in jeder Ecke nach etwas Fressbarem. Der unebene steinige Weg war von Kuhfladen verschmutzt und glitschig.

In einem offenen Lokal saßen mehrere Frauen am Boden und knüpften mit geschickten Fingern Blumengirlanden aus duftenden Jasminblüten. Sie wurden als Opfergaben für die vielfältige Götterschar in den zahlreichen Tempeln gebraucht.

Unmittelbar daneben lag ein Geschäft, das Götterbilder für das Wohnzimmer und die Hausaltäre verkaufte. Ganesha, Lakshmi, Sarasvati, Shiva, Lord Subrahmanya, Vishnu, Durga, Sri Krishna, Murga, Parvati und noch viele andere standen eingerahmt da und warteten auf ihre Käufer.

Kinder saßen im Freien hinter großen Körben, gefüllt mit Früchten. Bei unserem Anblick streckten sie uns erwartungsvoll lachend die Früchte entgegen und hofften auf einen Handel. Aus mehreren Geschäften drang der süßliche Duft von Räucherstäbchen, und ständig wurden wir gefragt, woher wir kämen und was der Grund unseres Aufenthalts wäre.

Immer wieder hörte man lautes Trommeln und Glockenläuten aus den umliegenden Tempeln. Die Priester zelebrierten ihre Pujas und waren damit beschäftigt, die heilige Kraft und den Segen der Gottheit für die Anwesenden anzurufen und erlebbar zu machen. Diese komplexen Rituale waren Tausende von Jahren alt.

Ein größerer Junge gesellte sich zu uns und forderte uns enthusiastisch auf: »Kommen Sie, ich zeige Ihnen den goldenen Tempel, und dann gehen wir in eine Seidenfabrik. Sie brauchen nichts zu kaufen, nur schauen.« Es dauerte eine Weile, bis wir den hartnäckigen Burschen überzeugen konnten, dass wir dafür keine Zeit hätten. Als ich ihn fragte, ob er denn nicht in der Schule sein sollte, grinste er verschmitzt und meinte: »Heute habe ich frei!«

»Mister Mongrave, das Haus, in dem Maharaj wohnt, muss hier in der Nähe sein.« Sergej Romanowski zeigte auf dem Stadtplan die lange Gasse, in der wir uns befanden, sie führte direkt hinunter zum Ganges. »Am besten fragen wir mal, ob ihn jemand kennt«, schlug er vor, und wir betraten das Geschäft eines Stoffhändlers. Drei ältere Herren saßen barfuß auf farbigen Kissen und unterhielten sich. Einer der Männer stand gleich auf und begrüßte uns freundlich. Er war der Besitzer des Geschäfts, wie sich bald herausstellte. Er lud uns ein, uns zu ihnen zu setzen und einen Kaffee zu trinken. Seine Augen glänzten, er hoffte wohl auf ein lukratives Geschäft mit uns.

Wir kamen nicht dazu, ihm unser eigentliches Anliegen zu erklären, denn er holte gleich mehrere Rollen mit kostbarer Seide aus den Regalen und rollte sie vor unseren Füßen aus. Er lobte die Qualität seiner Ware in höchsten Tönen und ließ uns wissen, dass wir den richtigen Laden betreten hätten, denn niemand in Benares verkaufe eine solche exquisite Qualitätsseide wie er.

»Entschuldigen Sie«, unterbrach ihn Mister Romanowski, »aber wir wollen nichts kaufen. Wir suchen einen Swami Bhaktananda, der hier in der Nähe wohnt, und hatten gehofft, dass Sie uns vielleicht weiterhelfen können.« Dann streckte er ihm den Zettel mit der Adresse entgegen. Die Enttäuschung des Händlers war nur kurz. Ohne zu zögern, nahm er das Papier und griff in seine weite weiße Pluderhose. Aus einer tiefen Tasche kramte er eine alte Nickelbrille hervor und setzte sie sich auf die Nase.

»Swami Bhaktananda«, murmelte er vor sich hin und zeigte die Adresse auch den anderen Männern, die inzwischen ebenfalls aufgestanden waren und interessiert auf den Zettel starrten. Es stellte sich heraus, dass jeder einen Swami Bhaktananda kannte oder zumindest von ihm gehört hatte. Doch der Swami, den sie meinten, wohnte nicht in Benares, sondern jeweils in anderen Städten Indiens. Einer wollte gar wissen, dass dieser Swami Bhaktananda nach Amerika ausgewandert sei.

Mister Romanowski bedankte sich bei allen für ihre Hilfe, dann verließen wir das Geschäft und suchten weiter im unteren Teil der Altstadt. Plötzlich hatte Mister Romanowski eine Eingebung, er blieb stehen und sagte: »Hier muss es sein. Ich erinnere mich an dieses kleine Geschäft, wo sie diese Fruchtsäfte verkaufen. Hier sind wir schon einmal vorbeigekommen und haben die kleine Seitengasse dort hinten übersehen.«

Wir bogen in die enge, feuchte und düstere Gasse ein. Weiter vorne kamen wir an einer Mutter vorbei, die gerade damit beschäftigt war, ihren kleinen, laut schreienden Sohn auf einer Steinplatte in der Nähe eines schmalen offenen Abflusskanals zu waschen. Eben übergoss sie ihn mit einem Krug kaltem Wasser, um die Seife zu entfernen. Die anderen fünf Kinder schauten belustigt zu, während die Großmutter einem kleinen Mädchen, das auf ihrem Schoß schlief, geduldig und liebevoll die Läuse aus dem Haar entfernte.

Die Intensität der vielen fremden und ungewohnten Eindrücke bedrängte mein Auffassungsvermögen. Mir blieb keine Zeit, um den Rausch dieser übervollen Sinneseindrücke zu verarbeiten. All das Gesehene des heutigen Tages fügte sich noch nicht in mein logisch-rationelles Weltbild ein, obwohl eine tiefe Vertrautheit mit diesem Land in mir ruhte.

Dann hatten wir das Haus endlich gefunden und öffneten eine quietschende, morsche Holztür. Es ging durch einen feuchten, muffig riechenden, spärlich beleuchteten Flur und dann eine steile Treppe hoch ins Obergeschoss. Die Tür war einen Spaltbreit geöffnet, trotzdem klopfte Mister Romanowski leise, bevor wir eintraten.

Das kleine Zimmer war bis auf einige Bastmatten am Boden leer, auf einer dieser Matten saß Bhaktananda Maharaj im perfekten Lotussitz, entspannt, in tiefe Meditation versunken. Er war in ein langes ockerfarbenes Gewand gekleidet, wie alle, die der Welt entsagt hatten. Seine langen, schütteren, schneeweißen Haare, der lange Bart und die breite Stirn, die mit Asche bedeckt war, zeugten von seiner langen, fokussierten Reise nach innen.

Seine Sinne hatte er gesammelt und von dieser Welt zurückgezogen. Sein Körper zeigte nicht die geringste Regung. Stille und Frieden füllten den Raum, in dem er saß. Nichts und niemand konnte ihn in seiner tiefen Meditation ablenken oder stören. Auch wenn die Welt über ihm zusammenbrechen würde, dieses Ereignis würde ihn nicht berühren. Etwas unfassbar Unantastbares strahlte von ihm aus.

Geduldig warteten wir, bis die Abendsonne ihr mildes Licht aus der heiligen Stadt zurückzog und Maharaj aus seiner inneren Versenkung auftauchte. Er öffnete seine Augen und sagte mit ruhiger, sanfter Stimme: »Ich habe euch erwartet. Ich weiß, ihr wollt die Meister treffen, sie werden euch empfangen. Zurzeit sind sie in einem kleinen Kloster am Fuße des Himalayas. Da ich die heilige Stadt nie verlasse und es auch nicht meine Aufgabe ist, euch zu ihnen zu führen, habe ich jemanden organisiert, der den Weg kennt. Morgen am späteren Nachmittag müsst ihr um fünf Uhr in Sarnath im tibetischen Kloster sein, dort wird euch Lama Geshe empfangen. Er wird euch zu den Meistern bringen.«

Ich war beeindruckt. Unsere Reise war offensichtlich bereits im Voraus organisiert worden. Wahrlich, eine höhere Macht schien unsere Wege vorzubereiten.

Bhaktananda Maharaj hatte uns gesagt, was er uns mitteilen musste, kein Wort mehr. Nun saß er da und schaute uns in seiner zeitlosen Ruhe an. Bevor er seine Augen schloss, um wieder in die tiefe meditative Stille einzutauchen, nickte er uns noch kurz freundlich zu.

Bald standen wir wieder unten in den mit Menschen und Tieren gefüllten Gassen. Inzwischen hatte sich die Nacht über die Stadt gelegt. Mister Romanowski schlug vor, noch eine Weile zu den Ghats hinunterzugehen. Uralte hohe Steintreppen, die Ghats, zogen sich in beeindruckender Länge vor der ganzen Stadt den Ganges entlang. An diesen heiligen, mythischen Orten unten am Fluss versammeln sich jedes Jahr dicht gedrängt Millionen von Pilgern aus ganz Indien. Man glaubt im Hinduismus, ein Bad in Benares im heiligen Fluss Ganges befreie von allen Sünden.

Vor uns wurden mehrere Wasserbüffel über die hohen Treppen in die Gassen der Stadt hoch getrieben, sie hinterließen einen schweren, penetranten Geruch, der von ihren Körpern ausging. Wir schlenderten die karg beleuchteten Ghats entlang und setzten uns auf eine der Treppen. Der Stein war warm von der Hitze des Tages.

Trotz der Dunkelheit herrschte auch hier unten am Fluss noch reger Betrieb. Frauen schöpften Wasser und trugen es in matten Messingkrügen auf ihren Köpfen nach Hause. Ein älterer Mann stand bis zu den Hüften im kalten Wasser und putzte sich die Zähne. Dann schaute er zum zunehmenden Mond hoch und murmelte laut verschiedene Mantras. Kleine brennende Öllämpchen tanzten auf dem still dahinziehenden Wasser; jemand hatte dem Fluss ein Opfer gebracht. Mehrere Sadhus schliefen auf den harten Steintreppen, sie atmeten in der vollen Kraft ihres Glaubens am Saum der Ewigkeit.

Das Mondlicht zog lange silberne Bahnen über den Ganges und verzauberte die Gegend. Weiter vorne nach der nächsten Flussbiegung war der Himmel gespenstisch tiefrot. Ein älterer Mann, der an uns vorbeiging, flüsterte mir zu: »Das ist das Manikarnika-Verbrennungsghat, dort werden die Körper der Toten verbrannt. Es ist ein großer Segen, in Benares sterben zu dürfen.«

Ein beklemmendes Gefühl ergriff mein Herz. Ich fragte Mister Romanowski, ob wir kurz zu diesem Ghat gehen könnten, er hatte nichts dagegen. Ein aussätziger Bettler streckte mir seine verdorrte Hand entgegen, ich legte ihm einige Münzen auf seine Handfläche. Die Krankheit hatte nicht nur seine Finger, sondern auch die Nase abgefressen.

An der Verbrennungsstätte loderten auf vielen Plattformen Feuer. Glutrote, flackernde Flammen verbrannten beharrlich die toten Körper. Ein alter Mann und sein Sohn nahmen gemeinsam ein rituelles Reinigungsbad im Fluss. Sie hatten sich ihre Köpfe kahl rasieren lassen, dies war ein Teil des Rituals. Danach nahmen sie aus einer alten zusammengerollten Decke frische weiße Kleider und zogen sie eilig an.

Die Leiche einer Frau, wohl die verstorbene Ehefrau und Mutter, lag neben ihnen am Boden, sie war in ein rotes Tuch gewickelt und mit Blumengirlanden bedeckt. Der Mann besprenkelte den Leichnam mit dem heiligen Wasser aus dem Fluss, dann legten sie den toten Körper auf den Holzstapel. Ohne zu zögern, zündete der alte Mann den Scheiterhaufen an allen vier Enden an und warf später auch den Stock ins Feuer, den er benutzt hatte, um den Leichnam mehrmals im Feuer zu bewegen. Der leblose Körper musste ganz verbrennen!

Der süßliche Geruch von verbrennendem Fleisch schwängerte die Luft, gewaltige Flammen schossen in den dunklen Nachthimmel empor und spiegelten sich im träge dahinfließenden Wasser. Die Atmosphäre war schwer und bedrückend, geprägt vom Leiden und dem Schmerz der Zurückgebliebenen. An einigen Verbrennungsstätten war nur noch die kalte Asche übriggeblieben, aus der jedoch noch vereinzelte Flämmchen züngelten. Dies war der Ort, wo die Seele, die viele Jahre in einen physischen Körper eingesperrt war, sich ablösen konnte. Es dauerte etwa sechs Stunden, bis der tote Körper ganz verbrannt war und die Seele in die himmlische Götterwelt eingehen konnte.

Unten am Fluss fraß eine Kuh friedlich Überreste von Blumengirlanden, Kinder spielten mit verkohlten Knochen, die hier aufgehäuft lagen. Immer wieder wurden neue Feuer angezündet und laut einer der vielen Namen Gottes wiederholt. »Ram, Ram, Ram« tönte es gemeinsam mit dem Knistern der Feuer durch die stille Nacht.

Die unausweichliche Vergänglichkeit meines eigenen Körpers wurde mir hier bewusster denn je. Diese Erfahrung durchdrang mich, löste aber weder Angst noch Trauer in mir aus. Im Gegenteil, in diesen Momenten wurde ich noch tiefer vom großen Aberglauben befreit, dass ich dieser vergängliche Körper sei. Mein wahres Dasein lebte zwar in und durch diesen Körper, doch ich war gewahr, dass ich nie das Erkennbare gewesen bin und die Stränge der Identifikation illusorisch waren. Ich musste an Mister Wang denken, er hatte die Kräfte, die Leben und Tod erzeugen, vor Jahrhunderten in sich gelöscht. Für die Mächte des Vergänglichen war er unantastbar.

Als wir zurück ins Hotels kamen, brannte nur noch eine kleine rote Kontrolllampe im Empfangsraum. Der muffige Geruch alter Möbel, vermischt mit dem Geruch von Curry und Naphtalin war allgegenwärtig. In Decken gehüllt, schliefen mehrere Männer am Boden und schnarchten laut. Einer von ihnen überreichte uns, ohne aufzustehen, den Zimmerschlüssel. Die Betten in unserem unbequemen Zimmer waren mit zerrissenen Laken bezogen und quietschten laut, als wir uns hinlegten.

Der Manager organisierte uns am Nachmittag für die Fahrt nach Sarnath ein Auto mit Fahrer. Wie sich herausstellte, war es einer seiner Brüder, und der versicherte uns auch gleich wieder, dass er der beste Fahrer von Benares sei und alle Fahrer in der Stadt dies auch wüssten. Wir könnten uns natürlich auf ihn verlassen, doch auf dem Weg nach Sarnath würde er uns gerne noch in eine Fabrik bringen, wo die wertvollsten Seidenschals hergestellt würden. Alle Touristen wollten unbedingt dorthin, erklärte er mit ernster Miene.

Nach etwa einer Dreiviertelstunde langten wir in Sarnath an. Der Fahrer war enttäuscht, weil er uns nicht zum Besuch der Seidenfabrik hatte überreden können und ihm damit die kleine Kommission entgangen war. Wir gaben ihm ein gutes Trinkgeld, dann war seine Welt wieder in Ordnung.

Wir spazierten durch den Gazellenhain, in dem nach der Legende der Buddha seine erste Ansprache gehalten hatte. Hohe grüne Bäume und blühende Büsche schmückten den weitläufigen Park, in dem eine friedliche und stille Atmosphäre herrschte. Tibeter und Tibeterinnen mit streng geflochtenen Zöpfen und braun gegerbten Gesichtern umrundeten, unermüdlich die Gebetsmühlen drehend, den großen Stupa, in dem sich ein Knochen des Buddha befinden soll. Für dieses tiefgläubige Bergvolk war hier ein besonders heiliger Ort.

»Wir sollten uns jetzt auf den Weg zum Kloster machen«, mahnte Mister Romanowski. Das Zeitgefühl war mir an diesem historischen Ort vorübergehend abhandengekommen. Die wohltuende Stille, die über dieser Gegend lag, hatte mich absorbiert und innerlich aus dem Wirrwarr der äußeren Welt weggetragen.

Auf dem großen Platz, wo die staubige Straße zum Kloster abzweigte, gab es mehrere kleine Restaurants. Riesige Fliegenschwärme schwirrten auf Nahrungssuche ungeduldig auf den Tischen herum. Ein tibetischer

Mönch mit einem steifen Bein humpelte, sich auf einen Stock stützend, über den Platz. Ein großer Geißbock erspähte ihn und ging direkt auf ihn zu. Er senkte seinen gehörnten Kopf und rieb ihn am Arm des Mönchs. Der blieb lachend stehen, redete lautstark auf ihn ein und kraulte intensiv seinen Nacken. Die beiden kannten sich offensichtlich.

Wir schritten durch das offene Tempeltor und gingen den schmalen Weg entlang direkt zum Hauptgebäude. Einfache doppelstöckige Gästehäuser standen hier für die Pilger, die zum Teil von weit her angereist waren.

Vor dem Betreten des Tempels zogen wir die Schuhe aus. Auf einem Podest stand die mannshohe Statue des Buddha in meditativer Haltung, die Augen auf die Pilger gerichtet. Man fühlte sich gesehen. Zu seinen Füßen brannte eine Reihe kleiner Öllämpchen. Durch kleine, hochgelegene Fenster drang Tageslicht in den hohen Raum. Quer durch den Raum spannten sich unter der Decke Schnüre mit kleinen, farbigen Gebetsfähnchen. In einer Ecke des Tempels standen zwei große Gebetsmühlen, die darauf warteten, von den Pilgern gedreht zu werden, um die Gebete zum Leben zu erwecken.

Wir setzten uns auf den kühlen Steinboden und warteten. Bald vernahmen wir leise Schritte hinter uns und erhoben uns. Lama Geshe begrüßte uns: »Willkommen in unserem kleinen, bescheidenen Kloster!« Sein offenes, lachendes Gesicht und die außerordentliche Herzlichkeit, mit der er uns in schlichten Worten willkommen geheißen hatte, bewirkten unmittelbar eine ansteckende Freude in meinem Herzen. Die Sonne schien im Tempel zu leuchten. Ich wusste, ich stand hier vor einem weisen und ungewöhnlichen Menschen. In seiner Anwesenheit schien sich alles zu läutern und die Umrandung der Welt aufzulösen.

Aus seinen Augen strahlte spirituelle Kraft, Wachheit, Achtsamkeit und Güte. Ich freute mich, mit ihm zu den Meistern reisen. Dann stellten wir uns mit unseren Namen vor, er nickte freundlich und sagte: »Ich bin beauftragt worden, euch zu den hohen Meistern zu führen. Ich tue es gerne, es ist mir eine Ehre. Wir werden viele Stunden in Bussen Richtung Norden unterwegs sein, und die Straßen sind nicht immer gut. Leider bin ich noch beschäftigt, aber wir treffen uns morgen Abend um sieben Uhr am Busbahnhof von Benares.« Wir wechselten noch einige Worte über die Reise, dann verabschiedete er sich.

Unser Fahrer saß gelangweilt auf einer Mauer neben seinem Auto. Als er uns sah, atmete er sichtlich erleichtert auf. Er hatte genügend Zeit gehabt, um sich einen Preis für den Rückweg auszudenken. Und tatsächlich, kaum saßen wir im Auto, legte er los und erklärte uns mit allerlei absurden Argumenten seinen fairen Preis, der natürlich maßlos übertrieben war. Aber das war noch nicht alles. Nebenbei verlangte er noch eine Entschädigung für sein langes Warten, doch auf die würde er ausnahmsweise verzichten, wenn wir auf dem Rückweg die Seidenfabrik besuchen würden.

Als er merkte, dass das alles keinen Erfolg hatte, änderte er seine Taktik: »Ich könnte Sie morgen bei Sonnenaufgang zu den Ghats bringen. Tausende von Pilgern und Sadhus nehmen dort jeden Morgen ihr rituelles Bad. Das Dasaswamedh-Ghat ist das allerheiligste, das müssen Sie unbedingt besuchen.« Als wir oben bei der Altstadt aus dem Auto stiegen und ihm einen angemessenen Preis bezahlt hatten, fuhr er zufrieden davon.

Alle Geschäfte waren offen, hell beleuchtet und vollgestopft mit kauffreudigen Menschen. Busse bahnten sich rücksichtslos ihren Weg durch den dichten Verkehr, der sich so langsam und träge bewegte, dass man zu Fuß schneller vorwärtskam. Rikschas, unzählige Fußgänger und riesige Ochsen zwängten sich durch die verstopften Straßen. Wir mussten die Straße überqueren, um in die Altstadt zu gelangen. Das schien mir ein lebensgefährliches Unterfangen, doch irgendwie schafften wir es, heil hinüberzukommen.

»Baba, komm, schau, Mungo mit Kobra kämpfen«, rief uns ein Mann zu, der am Boden in einer Ecke saß. In der einen Hand hielt er einen rastlosen Mungo an einer kurzen Leine, in der anderen hielt er einen Stock, mit dem er den Deckel eines Korbes hob. Sogleich schoss eine Kobra empor, zischend und bereit anzugreifen. Von diesem Narbengesicht mit dem scharlachroten Turban ging etwas Dunkles aus, rasch gingen wir an ihm vorbei. Ein paar Schritte weiter kam ein alter, zahnloser Bettler mit einem Kind an der Hand auf uns zu und streckte uns stumm eine leere Blechbüchse entgegen.

In einem engen Hinterhof am Rande der Altstadt nahmen wir unser Abendessen ein. Müde und krank aussehende junge Europäer saßen an zwei Tischen und faselten von Drogen und Spiritualität. Die zerrende Sucht ihrer Drogenabhängigkeit hatte ihre Körper geschwächt und sie innerlich ausgehöhlt.

»Wir könnten morgen in aller Früh an den Ganges hinuntergehen, es ist sicher ein unvergessliches Erlebnis«, schlug ich vor. Mister Romanowski nickte zustimmend und meinte: »Ja, das sollten Sie wirklich sehen, eine höhere Macht scheint diesen Ort zu segnen.«

Auf dem Heimweg ins Hotel spazierten wir durch die beleuchtete pulsierende Straße oberhalb der Altstadt. Aus einem kleinen Geschäft dröhnte verzerrte Musik aus einem alten Transistorradio. Aus einer Seitengasse tauchte plötzlich ein großer Elefant auf und trottete gemächlich direkt auf uns zu. Der junge Mann, der auf dem Rücken der alten Elefantendame saß, navigierte sie mit klaren Befehlen durch den dichten Verkehr.

Ein Busfahrer fluchte laut durchs offene Fenster, weil er dem Tier Platz machen musste und dabei ungewollt einen Früchtestand umgestoßen hatte. Sofort bildete sich ein Menschenauflauf, alle gafften auf den Elefanten und den Obstverkäufer, der mit Hilfe einiger Männer den Stand wieder aufstellte und die Früchte einsammelte. Die Blicke des Elefanten waren gierig auf die am Boden herumliegenden Früchte fixiert, behutsam tastete sein Rüssel nach vorne und erwischte eine Papaya, die er gleich schmatzend verschlang. Während der Früchtehändler mit dem Busfahrer in eine lautstarke Auseinandersetzung verwickelt war, schlich ein kleiner Junge heran, griff sich mehrere Mangos und rannte davon. Als der Händler den kleinen Dieb erspähte, verfolgte er ihn laut fluchend, doch der Junge war längst in der Menschenmasse verschwunden. Auch der Bus hatte sich wieder in Fahrt gesetzt, und der Elefant trottete gemütlich weiter. Nur der Händler blieb wutentbrannt alleine zurück.

Im Guesthouse angelangt, wollte ich meine Kleidung in den Wandschrank hängen, doch der roch so stark nach Naphtalin (Mottenkugeln), dass ich es vorzog, sie an den rostigen Nagel an der Wand zu hängen. Das Lachen des Lama vibrierte immer noch in mir. Ich freute mich, ihn bald wiederzusehen. Mit geschlossenen Augen lag ich auf dem Bett und hatte das starke Empfinden, dass sich über dieser Stadt ein sehr spezielles Lichtfeld ausbreitete, das alle Pilger in sich aufnahm und mit heiliger Kraft badete.

Kurz vor Sonnenaufgang schritten wir mit Hunderten von Menschen die langen abgetretenen Steinstufen zum Ganges hinunter. An beiden Seiten der Treppe saßen Leprakranke mit verunstalteten Körpern. Die schlimme Krankheit hatte ihre Nasen, Finger und die Zehen abgefressen. Sie saßen dicht beieinander und hofften auf Almosen der Pilger. Kühe drängten sich beharrlich durch die Menschenmenge nach unten zum Fluss, als wären auch sie in Eile, um zum richtigen Zeitpunkt unten am Wasser zu sein. Sanftes Morgenlicht verschluckte geräuschlos die Nachtschatten. Die Dunkelheit, als wäre sie bloß ein Traum gewesen, wich sachte aus den engen Gassen dieser uralten Stadt.

Wie goldene Engel erschienen die ersten Sonnenstrahlen am Morgenhimmel und tauchten die Gegend in eine mystische Atmosphäre. Tausende Pilger standen im Wasser, Sadhus und Yogis wuschen ihre Körper im kalten Wasser, Mantras und Gebete wurden rezitiert, um Gott Shiva und die heilige Mütter Ganga in Demut anzurufen und zu lobpreisen. Immer wieder tauchten die Gläubigen im heiligen Wasser unter und kamen gleich wieder hoch. Zwei Yogis praktizierten auf einer erhöhten Plattform ihre Asanas (Yogaübungen), ihre Körper waren außerordentlich kraftvoll und geschmeidig. Weiter vorne, ein wenig abseits von diesen lebhaften Aktivitäten saß ein stadtbekannter Guru. Der Heilige meditierte mit mehreren Schülern, der aufgehenden Sonne zugewandt. Die Ruhe und Stille, die von ihnen ausging, war erhebend und wunderbar.

Brahmanen saßen unter großen Sonnenschirmen auf gezimmerten Holzpodesten und ölten rituell ihre Körper ein. Gegen Bezahlung vollzogen sie spezielle und komplexe Rituale für die Pilger. Alle wollten sich im heiligen Fluss reinigen: Reiche, Arme, Krüppel, Gesunde, Heilige, Kastenlose und Brahmanen.

Ich fühlte mich in eine ferne, vergangene Zeit versetzt. Was ich hier sah und erlebte, war mir nicht fremd, sondern innerlich tief vertraut. Wie ein Ruf, der über die Sterblichkeit hinausging, berührte mich ein Glanz, der die Sterblichkeit nicht berühren konnte.

Von dem uralten dunkelroten Tempelturm, aus dessen Ritzen Gräser und Gestrüpp wuchsen, ertönte eine Glocke und aus einem Lautsprecher der Gesang eines Priesters, der immer dasselbe Mantra wiederholte »Om Namah Shivaya«.

Wir saßen noch eine Weile unten am Wasser. Eine

halbverkohlte Leiche trieb langsam an uns vorbei, auf der zwei Krähen saßen. Eine Gruppe älterer Frauen und Männer sang heilige Lieder zu Ehren der Göttin Parvati, der Gemahlin von Gott Shiva. Die Anziehungskraft für weltliche Dinge war in ihnen geschwächt und kaum noch vorhanden. Viele von ihnen waren nach Benares gekommen, um an diesem heiligen Ort ihre letzte Reise anzutreten. Ihr inbrünstiger Gesang vermischte sich mit dem regelmäßigen leisen Klatschen des Wassers gegen die unterste Stufe des Ghats. Die geheimen Hoffnungen der Sänger drangen in die Tiefen der unsichtbaren Welt ein. Sie hofften, durch ihr Bitten erhört und nach ihrem Tod in eine lichte Welt aufgenommen zu werden.

Mittlerweile stand die Sonne schon hoch am Horizont, und es wurde spürbar wärmer. Die meisten Menschen hatten sich bereits in die kühlen Gassen der Stadt zurückgezogen, um am nächsten Morgen vor Sonnenaufgang wieder hier zu erscheinen, wie das seit Jahrhunderten tagtäglich geschah. »Dieser Fluss hat wirklich einen besonderen Magnetismus«, meinte Mister Romanowski. Wenig später frühstückten wir in einem kleinen überfüllten Restaurant. Ich saß und aß und war gleichzeitig anwesend und abwesend. Ich schaute mir selbst als Zuschauer beim Frühstücken zu.

Gegen Abend verabschiedeten wir uns vom Hotelmanager, sein Bruder begleitete uns zur Busstation. Hier herrschte reger Betrieb, Motorenlärm und dunkle, übelriechende Abgaswolken erfüllten die Luft. Dann sahen wir Lama Geshe, er war aus einem der Busse, die soeben eingetroffen waren, ausgestiegen. Ich winkte ihm zu, leichten Schritts kam er lachend zu uns und begrüßte uns herzlich. »Schaut, in diesen alten Bus dort in der hinteren Reihe werden wir einsteigen. Die Fahrkarten habe ich bereits, ein junger Mönch aus dem Kloster war gestern in Benares und hat sie gekauft und drei Plätze für uns reservieren lassen.«

Wir waren nicht allein, viele standen da und warteten, dass der Fahrer, der innen im Bus saß und Zeitung las, endlich die Türen öffnen würde, doch der war nicht in Eile. Als er dann die Zeitung weglegte und öffnete, waren innerhalb weniger Minuten alle Sitzplätze besetzt. Doch es drängten noch viele hinein, Körper an Körper, dicht an dicht standen sie im Mittelgang, nicht eine Handbreit hätte noch dazwischen gepasst.

Es war bereits dunkel, als wir nach langem Warten dann doch losfuhren. Obwohl der Bus schon übervoll war, waren immer noch Menschen zugestiegen und hatten irgendwie noch einen Platz gefunden. Der Fahrer fuhr durch die Dunkelheit über löchrige, holprige Straßen und durch spärlich beleuchtete Dörfer Richtung Norden. Mich fröstelte, es wurde spürbar kühler.

Nach mehreren Stunden Fahrt hielt er in einem kleinen Dorf, wo wir eine halbe Stunde Pause hatten. Kaum waren wir aus dem Bus gestiegen, wurden wir von Händlern und Bettlern belagert. Ein Mann ohne Beine schleppte sich mühsam über den staubigen Boden zu uns und streckte uns mit einem resignierten Lächeln die hohle Hand entgegen. Sein Körper war von Schmerzbeulen übersät, das Schicksal hatte ihn schwer geprüft. Sicherlich hatte er sich oft den Tod als Notausgang herbeigesehnt.

Wir tranken noch einen Kaffee, dann ging die Fahrt weiter durch die dunkle Nacht. Am Firmament glitzerten Milliarden Sterne, der zunehmende Mond warf kühles Licht auf die Erde und hüllte sie in eine stille, mysteriöse Stimmung.

Ich hatte wohl einige Stunden geschlafen, ohne es gemerkt zu haben. Die ersten Sonnenstrahlen vergoldeten das Land und löschten sanft die letzten Nachtschatten, die noch über der Erde lagen. Lama Geshe, der neben mir saß, erklärte, dass wir bald in einen anderen Bus umsteigen müssten und es dann noch mehrere Stunden dauern würde, bis wir den Ort, zu dem wir hinwollten, erreichen würden.

Beim nächsten Bushalt stiegen wir aus. Neben der Haltestelle befand sich glücklicherweise ein kleines, spärlich eingerichtetes Restaurant mit einer wackeligen Holzbank und einem langen Tisch, wo wir warten konnten. Wir waren die einzigen Gäste. Bis wir unsere Reise fortsetzen konnten, würde es noch über zwei Stunden dauern. Wir hatten also genügend Zeit zum Frühstücken.

Im Bus, den wir dann bestiegen, gab es genügend Platz. Der Fahrer musterte uns mit argwöhnischen Blicken. Dass Ausländer in diese abgelegene Gegend kamen, war ihm suspekt. Die meisten Fahrgäste waren Bauern, die angeregt über ein Thema, das sie beschäftigte, diskutierten. Den hinteren Teil des Busses hatten sie mit Getreidesäcken und anderen Gütern vollgestellt. Aus einem geschlossenen Korb ertönte aufgeregtes Gackern mehrerer Hühner.

Wir fuhren durch eine grüne, fruchtbare Gegend, doch dann wurde die Landschaft immer bergiger. Eine Stunde später kroch der Bus durch eine tiefe Schlucht eine steile Serpentinenstraße hoch. Auf der schmalen, staubigen Straße musste der Fahrer in schwindelerregender Höhe immer wieder anderen Fahrzeugen ausweichen. Mir stockte jedes Mal der Atem, denn nur Zentimeter neben dem Straßenrand gähnte ein tiefer Abgrund.

Als wir nach langer Fahrt endlich oben aus der Schlucht herauskamen, bot sich uns ein atemberaubender Anblick. In der Ferne ragten die leuchtenden, schneebedeckten Gipfel der ersten hohen Ausläufer des Himalayas majestätisch in den stahlblauen Himmel.

Die erhabenen Meister

Am Nachmittag durchquerten wir eine weite, karge, felsige Landschaft, als Lama Geshe dem Fahrer ein Zeichen gab, anzuhalten. Zu uns sagte er: »Wir sind angekommen, hier steigen wir aus.« Ich erschrak, außer kahlen Felsen war in diesem Niemandsland nichts zu sehen.

Als wir schon auf der Straße standen, vergewisserte sich der Fahrer noch einmal ungläubig, ob wir wirklich hier aussteigen wollten, denn bis zum nächsten Dorf seien es mit dem Bus noch drei Stunden. Die Bauern starrten neugierig und verblüfft durch die schmutzigen Fensterscheiben und fragten sich wohl, was ein Lama und zwei Europäer in dieser kargen, unbewohnten Steinwüste verloren hatten.

Ein bissig kalter Windstoß begrüßte uns mit rauer Kraft und durchdrang alle Kleiderschichten, mich fror. »Kommt, wir müssen noch ein Stück gehen. Freunde von mir haben dort hinter diesen spitzen grauen Felsen ein Haus«, erklärte Lama Geshe mit seiner ruhigen Stimme. »Wir werden bei ihnen übernachten und morgen die Meister aufsuchen.«

Der Marsch war länger, als ich angenommen hatte, denn als wir die schroffen Felsen erreicht hatten, mussten wir noch einen steilen, nicht ungefährlichen Hang hochsteigen. Immer wieder lösten sich Steine unter unseren Füßen, der Aufstieg war eine Herausforderung und forderte unsere äußerste Achtsamkeit. Es herrschte absolute Stille in dieser Gegend, einzig das raschelnde

Geräusch des Windes, der über einzelne Büsche, die hier wuchsen, strich, war hörbar. Zuoberst auf dem Grat standen einige knorrige Bäume wie Einsiedler in dieser rauen und verlassenen Gegend, als wären sie Wesen aus einer anderen fremden Welt. Unter uns in einem kleinen geschützten Tal stand, eingebettet in diese Stille, ein Haus, das von einigen Obstbäumen und einem kleinen Garten umgeben war. Der Ziehbrunnen neben dem Haus war das Geheimnis für das Bestehen dieser kleinen Oase inmitten dieser kargen, felsigen Gegend.

Wir stiegen vorsichtig hinunter. Vor dem Haus gackerten ein paar Hühner. Ein Esel, der an einem Baum angebunden war, beäugte uns mit scheuen Blicken. Lama Geshe klopfte an die Tür, es war niemand da. Er bedeutete uns, einfach einzutreten, und wir gelangten in einen bescheiden eingerichteten Raum, der eine gemütliche Wärme ausstrahlte. In einer Ecke auf einem niedrigen Altar stand eine kleine Buddha-Statue, vor der eine Öllampe brannte.

Wir setzten uns an den Tisch, und Lama Geshe informierte uns: »Morgen bei Sonnenaufgang werden wir aufbrechen, der Weg ist nicht so weit, aber doch beschwerlich. Die Meister werden euch empfangen. Sie sind wahrlich eine Zierde des Universums. Durch ihre stille Anwesenheit lenken sie im Nicht-Handeln die spirituellen Prozesse im Kosmos.«

Der Esel vor dem Haus iahte laut, in der Nähe gab ein anderer Esel Antwort auf sein Rufen. »Unsere Gastgeber kommen, wir wollen sie vor dem Haus begrüßen«, sagte der Lama. In nicht allzu weiter Ferne erkannten wir das ältere Ehepaar, auch sie hatten uns bereits gesehen. Der Esel, der gemütlich neben dem Mann hertrottete, war mit Brennholz bepackt, das sie in der Gegend gesammelt hatten. Ich war beeindruckt, diese beiden Menschen lebten alleine in dieser menschenleeren, kargen Bergwelt, fernab vom Lärm der Zivilisation.

Die Frau eilte außer Atem auf uns zu: »Lama Geshe, was für eine Freude, dass Sie uns wieder einmal mit Ihrem Besuch beehren, lange ist es her, seit Sie das letzte Mal hier gewesen sind!« Inzwischen war auch ihr Mann eingetroffen und hielt überglücklich mit leuchtenden Augen die Hand des Lama. »Ich habe zwei Freunde mitgebracht«, sagte der, »das ist Mister Romanowski und das Mister Mongrave.« Auch wir wurden mit derselben Herzlichkeit begrüßt und willkommen geheißen, als hätten wir uns schon immer gekannt.

Wir halfen dem Mann, das Holz vom Esel abzuladen und in einem Schuppen aufzustapeln, dann gingen wir ins Haus.

Im Laufe ihres langen Lebens waren sich die beiden ähnlich geworden. Ihre Gesichter waren zerfurcht, doch aus ihren klaren Augen sprühte geistige Frische. Der Rücken des Mannes war vom Alter und der harten Arbeit gebeugt und die schwindende Lebenskraft machte ihm zu schaffen. Die Frau hatte trotz ihres hohen Alters nichts von ihrer Agilität verloren. Sie mache täglich Yoga, erklärte uns ihr Mann.

Vorbeiziehende Abendwolken zeichneten Schattenbilder auf die stille Landschaft, das feine Ufer zwischen Tag und Nacht war dabei, sich sachte aufzulösen. »Sie führen Ihre Gäste auf den Berg?«, fragte der Gastgeber. Der Lama antwortete: »Ja, morgen in der Frühe machen wir uns auf den Weg.«

»Vor etwa fünf Monaten sind wir oben in den Bergen einem der Meister begegnet, und er hat uns über eure Ankunft informiert«, erzählte der Gastgeber.

Seine Frau ging in die kleine offene Küche. »Ihr seid sicher hungrig. Ich werde euch jetzt etwas zum Essen machen.« Nach dem Abendessen fragte Mister Romanowski Lama Geshe, ob er immer im Kloster in Sarnath sei, was er verneinte. »Mehrere Monate im Jahr halte ich mich ich in einem Kloster in Sikkim auf, in einem schwer zugänglichen Gebiet weit oben an einem steilen

Berg. Kommen Sie uns doch dort besuchen, wenn es Ihnen möglich ist.« Seine Warmherzigkeit berührte mich.

Der Hahn krähte in der ersten Morgendämmerung, bald standen wir startbereit vor dem Haus und verabschiedeten uns. Unsere freundlichen Gastgeber ließen uns wissen, dass sie uns zum Abendessen zurückerwarten würden.

Mir war aufgefallen, dass Lama Geshe seine niederen ausgetretenen Schuhe im Haus zurückgelassen hatte und jetzt barfuß ging. Dornen und spitze Steine schienen ihn nicht im Geringsten zu stören. Er hatte seine Gangart beschleunigt, ich hatte Mühe, ihm durch dieses unwegsame Gebiet zu folgen. Wir gingen im Schatten eines hohen Berges entlang, während einer kurzen Rast zeigte er auf einen anderen hohen Berg vor uns und sagte »Da müssen wir hoch.«

Ich erschrak. Der Gedanke, dort hochsteigen zu müssen, raubte mir meine letzte Selbstsicherheit. Ich wusste nicht, ob ich diesen Aufstieg jemals schaffen würde, und zurück konnte ich nicht. »Wir müssen weiter«, hörte ich die Stimme des Lama und schon waren wir wieder unterwegs. Beim Aufstieg geschah etwas Sonderbares in mir. Ich fühlte mich plötzlich leicht und unbeschwert. Alle Gedanken, dass ich es nicht schaffen könnte, waren gelöscht.

Ich staunte, wie leichtfüßig Sergej Romanowski den Berg hochstieg und wie zielsicher Lama Geshe uns zwischen riesigen Felsbrocken hindurch nach oben führte. Als wir später eine große glatte Felsplatte überquerten, glaubte ich meinen Augen nicht zu trauen. Der Lama hatte eine geistige Dimension betreten, die mich zutiefst erstaunte und gleichzeitig erhob. Ich hatte einiges über den Tantrischen Buddhismus und die verschiedenen Meditationstechniken gelesen, aber was ich hier sah, übertraf bei Weitem alles, was ich gelesen hatte.

Jeder seiner Fußtritte hatte sich im harten Fels etwa einen Zentimeter tief eingeprägt. Seine Fußspuren waren im Stein deutlich sichtbar, und in jedem Fußabdruck war feiner Goldstaub in den Stein eingepresst. Es war unglaublich, und auch Mister Romanowski, der neben mir herging, war verblüfft. Dieses Erlebnis hatte mich in einen wunderbaren lichten Zustand versetzt, jede Zelle meines Körpers war von einem intensiven Glücksgefühl erfüllt. Ich war mir nicht sicher, ob meine Füße noch den Boden berührten oder ob ich den Berg hochschwebte. Jegliche Müdigkeit war aus meinen Gliedern verschwunden, sodass mir der Rest des Aufstiegs keine Schwierigkeit bereitete.

Oben angekommen staunte ich. Auf einem Plateau, geschützt in einer Mulde, stand ein kleines Kloster. Grüne Laubbäume, Sträucher, an deren Ästen filigrane rote Blüten hingen, und viele Arten blühender Blumen gediehen in dem kleinen parkartigen Garten, der es umgab. Neben dem Gebäude plätscherte klares Wasser aus einem löchrigen Fels, das Wasser floss in einen Teich voller prachtvoller Lotosblumen.

»Geht hinein, ich warte hier im Garten«, sagte der Lama. Wir betraten das Gebäude und gelangten im hinteren Teil des Hauses in einen hellen Raum. Wir setzten uns auf zwei der vier Sessel, die hier standen, und warteten. Es war absolut still. Durch die hohen geschlossenen Fenster sahen wir weiße Wolken am Himmel vorbeiziehen.

Plötzlich brach die Mauer zwischen der sichtbaren und der unsichtbaren Welt ein, der Pulsschlag der Welt stand still. Die Lichtmacht, die sich im Raum ausbreitete, war unerträglich stark. Ich dachte, mein physischer Körper würde zersplittern und sich auflösen. Momente später standen die Meister vor uns im Raum.

Beide waren in lange ockerfarbige Gewänder gekleidet und mir war klar, dass sie den Raum weder durch die Türe noch durch die Fenster betreten hatten. Die Zeit stand still, die Präsenz der beiden war überwältigend. Ihre Körper waren vollkommen vergeistigt, die Lichtkraft, die von ihnen ausging, war enorm.

Der ältere der beiden hielt einen langen hölzernen Stock in seiner rechten Hand. Die Stille, die ihn umgab, war grenzenlos tief, eine alles beherrschende heilige Macht aus dem vorweltlichen Sein. Ein Wort von ihm, die Weltmeere würden sich erheben.

Die Gesichtszüge der beiden waren weich und ebenmäßig, unendliche Güte und reine Sternenkraft strahlte aus ihren geheimnisvollen Augen. Sie stammten offensichtlich aus dem östlichen Raum, doch einer bestimmten Kultur konnte man sie nicht zuordnen. Ich hatte das Gefühl, das gesamte himmlische Universum stünde vor mir. Die Lichtkraft, die von ihnen ausging, war gigantisch.

»Willkommen, wir haben euch erwartet«, begann der alte Meister zu reden. »Euer Bemühen, das himmlische Licht dynamisch zu machen und in die Welt zu bringen, ist in dieser Entwicklungsphase der Menschheit außerordentlich wichtig.

Diese alte Zivilisation ist im Begriff, sich von Grund auf aufzulösen und zu erneuern. Die gesamte Weltordnung wird umgewälzt und transformiert. Die Schwierigkeit ist, dass die meisten Menschen außerhalb der himmlischen Regeln wandeln und dabei unüberbrückbare todbringende Gegensätze in ihrem nach außen gekehrten Bewusstsein erzeugen. Sie beschäftigen sich vor allem mit ihrer äußeren Gegenwart und übersehen dabei ihre innere himmlische Grenzenlosigkeit.

Das Leben nirgends zu stauen und aus reinen himmlischen Kräften zu leben ist den meisten fremd. Die epochale Umwälzung, die sich auf der Erde vollzieht, wird für viele mit großen Schwierigkeiten verbunden sein. Meister Jesus hat gesagt: ›Die Zeit wird kommen, wo sich die Spreu vom Weizen trennen wird.‹

Wir haben für euch beide aus der vorweltlichen himmlischen Essenz drei neue hohe, versiegelte Lichtkräfte bereit gemacht, drei Strahlen, mit sehr unterschiedlichen Wirkungsgraden. Jedes Siegel kann mit einem entsprechenden geheimen Wort, das wir euch mitteilen werden, geöffnet und aktiviert werden.

In dem Augenblick, in dem ihr diese Worte aussprecht, werden diese verborgenen heiligen Lichtkräfte offenbar und sich mit eurem Sein vermählen. Der Glanz, die Herrlichkeit und die gigantische Wirksamkeit dieser himmlischen Lichter werden euch völlig neue Möglichkeiten eröffnen, um das große erlösende Werk auf der Erde zu vollenden. Gebt die Schlüssel auch an Meister Wang und später an all diejenigen, die würdig und bereit sind, sie zu empfangen.«

Der jüngere Meister fügte hinzu: »Wer aus diesem neuen himmlischen Vermögen lebt, hat die Möglichkeit, Materie zu vergeistigen, umzuformen, aufzulösen oder zu verdichten. Durch euer Dasein auf der Erde werden die Menschen ihrer Grenzenlosigkeit und himmlischen Bestimmung gewahr werden.«

Der alte Meister schloss mit den Worten: »Die universellen aufgestiegenen Meister segnen eure unermüdliche erlösende Arbeit für die Menschheit und den Planeten. Geht in Frieden, wir sind bei euch!«

Dann flossen die drei geheimen Worte in unser Bewusstsein, und Momente später entschwanden die Meister vor unseren Augen aus dem sichtbaren ins heilige unsichtbare Universum. Ihr zeitloses überirdisches Dasein berührte mich zutiefst. Sie waren wie Sonnenstrahlen, die geräuschlos erschienen, den Raum erhellten und mit Licht füllten und sich still wieder zurückzogen.

Die Macht ihrer Worte war beeindruckend. Sie waren mit solcher Kraft geladen, dass ich das Gefühl hatte, sie würden mein irdisches Dasein verbrennen und auflösen. Mir war klar, dass sie die Macht hätten, den Lauf der Dinge auf der Erde schlagartig und vollkommen zu verändern, doch solch einen Quantensprung könnte die Menschheit niemals ertragen. Deshalb war es wichtig und richtig, die Menschheit gemäß den Abläufen in den sich kollektiv vollziehenden Evolutionsphasen Schritt für Schritt ins Himmlische zurückzubegleiten.

Eine tiefe innere Veränderung hatte sich in mir vollzogen, mein Dasein strahlte wie die aufgehende Morgensonne. Die Worte der erhabenen Meister hatten mich aus den letzten Begrenzungen dieser Welt hinausgespült. Ich spürte die drei gigantischen, versiegelten Lichtmächte in mir, die darauf warteten, durch die geheimen Worte offenbar zu werden. Ich wusste, dass sich der richtige Moment, diese Siegel zu öffnen, zeigen würde, und dass diese Lichtkräfte meine ganze Vergangenheit, meine Zukunft und meine äußere Gegenwart in einigen Augenblicken für immer restlos verbrennen würden.

Mister Romanowski saß still neben mir, offensichtlich hatte auch er durch die Übertragung der drei machtvollen Siegel der erhabenen Meister eine tiefe Transformation erlebt. Nun stand er auf und sagte: »Kommen Sie, Mister Mongrave, wir können jetzt zurückkehren. Mein Dasein hat sich heute endgültig erfüllt.«

Als wir in den Garten hinaustraten, sahen wir Lama Geshe im Lotussitz vor einem wunderbar blühenden Busch sitzen, zu dem er leise und lachend sprach. Offensichtlich befand er sich in einem Zustand höchster Glückseligkeit. Es war ein erhabener Anblick, denn die Blüten hatten sich nicht dem Sonnenlicht zugewandt, sondern dem Lama. Es war, als lauschten alle seinen sanften Worten. Als er uns sah, stand er auf. »Gesegnet seid ihr, ihr seid in den Tempel der universellen Meister aufgenommen worden, in den Tempel der Unsterblichen«, sagte er mit feierlicher Stimme. »Ihr seid mit gigantischen geheimnisvollen himmlischen Kräften ausgestattet worden, durch sie wird die Ewigkeit in der Zeit gefestigt und das unsichtbare Tor grenzenlos weit geöffnet.«

Er fuhr fort: »Dort vorne, hinter dieser großen grauen Felsnase habe ich einen anderen Pfad, der den Berg hinunterführt, entdeckt. Gehen wir, wir sollten vor Einbruch der Dunkelheit zurück sein.« Still folgten wir dem rasch voranschreitenden Lama, der Pfad war schmal und sehr steil. Zwischen zwei Bergen gelangten wir nach einem langen und anstrengenden Marsch in eine schattige, tiefe Schlucht, an deren Ende sich noch einmal ein riesiger, kahler Steinhügel auftürmte.

Nachdem wir ihn überwunden hatten, erblickten wir in der Ferne das Haus, in dem unsere Gastgeber auf uns warteten. Die Dämmerung begann sich schon auszubreiten, und als wir ankamen, war es stockdunkel.

Das warme flackernde Licht der Petroleumlampen zauberte lebendig scheinende, sich ständig bewegende Schatten in den Raum, und sie berührten auch sanft das krank aussehende, eingefallene Gesicht unseres Gastgebers. Er hüstelte immer und immer wieder und entschuldigte sich dafür bei uns. »Ich gehe rasch nach den Eseln schauen, bin aber bald wieder zurück«, erklärte er mit fester Stimme. Sorgenvolle Blicke begleiteten ihn zur Tür. Seine Frau seufzte leise, doch sie war innerlich gefestigt und ließ sich nicht von düsteren Gedanken einfangen.

Wir verbrachten den Abend in Stille. Der Lama erzählte ein wenig vom Kloster in Sarnath und von den Lehren Buddhas. Ich bewunderte die natürliche Diskretion unserer Gastgeber. Sie stellten keine einzige Frage zu unserem Treffen mit den Meistern hoch oben in den Bergen.

Die Gastgeberin wies uns darauf hin, dass täglich nur ein einziger Bus die Strecke nach Benares fahre. Am besten würden wir uns mit dem ersten Tageslicht auf den Weg zur Straße machen. Am nächsten Morgen nahmen wir Abschied von den beiden, Lama Geshe segnete sie und ihr Haus, dann begaben wir uns auf den Rückweg.

Als wir nach der langen, anstrengenden Reise wieder in Benares ankamen, verabschiedete sich der Lama, unser wunderbarer Führer, sehr schnell. »Dort drüben steht schon mein Bus nach Sarnath. Falls ihr wieder einmal nach Indien kommt, schreibt mir. Es wäre schön, euch wieder zu treffen«, sagte er in seiner offenen und unbelasteten Art und lachte.

Mister Romanowski erwiderte sanft: »Über die Schwelle der Gedanken hinaus gibt es nirgends Trennung, der zeitlose Geist bewahrt alles, ohne sich an etwas zu klammern. In unseren Herzen sind wir immer eins.«

Lama Geshe drückte unsere Hände, Momente später winkte er uns durchs Fenster des losfahrenden Busses zu.

Außerhalb der Altstadt von Benares fanden wir eine kleine, ruhige Herberge mit einem Garten. Der übergewichtige, gutgekleidete Besitzer des Hauses eröffnete uns gleich, dass er in England studiert habe. Wir saßen draußen vor unseren Zimmern im Schatten eines großen Baumes und tranken Tee.

Die enorme Präsenz der himmlischen Leuchtkraft, die von den Meistern ausgegangen war, durchflutete mich immer noch. Mein Körper, ja mein ganzes Dasein war von dieser Herrlichkeit erfüllt. Wie durch innere Kettenreaktionen öffneten sich mir unaufhörlich Türen und Tore, die wie von unsichtbaren heiligen Händen aufgestoßen wurden. Einsichten über Einsichten offenbarten sich, der vorweltliche Urgrund allen Seins nahm mich in sich auf.

Während ich in diesem grenzenlosen Glücksgefühl der inneren Freiheit und Leichtigkeit weilte, überwand mein physisches Dasein uralte festgelegte Grenzen und

Begrenzungen. Die letzte nach außen gekehrte Kampfkraft verflüssigte sich und verdampfte.

»Übermorgen fliegen wir zurück nach England«, bemerkte Mister Romanowski, der in sich ruhend neben mir saß und ein wenig an seinem Tee nippte.

Der Gedanke, jetzt nach London zurückzukehren, weckte merkwürdige Gefühle in mir. Das Umfeld, in dem ich dort lebte und mich bewegte, kam mir plötzlich fremd und unwirklich vor. Dass ich so fühlte und dachte, erschreckte mich. Natürlich war mir bewusst, dass wir zurückmussten, Mister Wang erwartete uns. Eine große spirituelle Aufgabe stand uns bevor, auch das war mir klar. Sergej Romanowski war mir ein wahrer, tiefer Freund geworden. Dass man uns gemeinsam dazu berufen hatte, zu den beiden erhabenen Meistern zu reisen, war bestimmt kein Zufall.

Schweigend saßen wir da, und dann wurde mir schlagartig bewusst, dass ich die Welt mit neuen Augen sah. Wie aus der Ferne sah ich meinen physischen Körper ruhig und entspannt dasitzen, ich kannte ihn, er mich nicht. Er war wie ein durchlässiger Brennpunkt, durch den himmlisches Licht strahlt, so wie Sonnenlicht durch ein geschlossenes Fenster in einen dunklen Raum strahlt, die Schatten tilgt und so Objekte in der Welt sichtbar werden lässt. Das Wesentliche meines Wesens war unsichtbar, jenseits von Name und Form und ewig unkennbar.

Zwei Tage später flogen wir nach Bombay und waren am nächsten Morgen in England. »In wenigen Minuten werden wir in London Heathrow landen, die Außentemperatur beträgt zwölf Grad, und es regnet leicht«, verkündete eine Stewardess mit sanfter Stimme. Das Flugzeug durchbrach eine dicke graue Wolkendecke, kurz danach ein Ruck, wir waren gelandet.

Die geheimen Siegel

Als wir am Flughafen ins Taxi einstiegen, kam ich mir wie ein Schlafwandler vor, denn meine Seele war noch in Indien. Mir war, als wäre ich viele Monate weggewesen und erlitt so etwas wie einen kleinen Kulturschock. Ich würde mich in meiner alten Umgebung erst wieder zurechtfinden müssen.

Sergej Romanowski hatte mir vor unserer Abreise angeboten, in sein großes Haus einzuziehen, dafür wäre ich jetzt bereit. So rasch wie möglich wollte ich meine alte Wohnung räumen und mich ganz auf meinen neuen Lebensabschnitt einlassen. Bei der nächsten passenden Gelegenheit würde ich ihm meinen Entschluss mitteilen.

Und schon fragte Mister Romanowski: »Möchten Sie vielleicht noch eine Weile zu mir nach Hause kommen?« Diese Einladung nahm ich nur zu gerne an, denn ich war nicht sonderlich motiviert, in meine Wohnung, in mein altes Leben zurückzukehren.

Oben in der Bibliothek saß ich im selben Sessel wie damals, als Natascha noch hier war. Schöne Erinnerungen kamen hoch, und auch der Verlustschmerz war noch da, doch er hatte seine beherrschende Kraft verloren.

Wir sprachen über die Meister und unsere Zeit in Indien. In einer kleinen Gesprächspause nahm ich all meinen Mut zusammen und sagte: »Sie haben mir vor unserer Reise angeboten, bei Ihnen einzuziehen. Nun, ich habe mir Ihren Vorschlag eingehend überlegt und bin zum Schluss gekommen, dass ich Ihre Einladung gerne annehmen würde, da wir in Zukunft ja auch enger zusammenarbeiten werden.«

Mister Romanowski war hocherfreut und sichtlich gerührt und bedankte sich bei mir für meine Entscheidung. Ich wusste, damit hatte ich einen wichtigen Grundstein für meine Zukunft gelegt.

»Wir wollen möglichst bald Mister Wang kontaktieren, doch vermutlich weiß er schon, dass wir wieder hier sind, denn in seinem kosmischen Allgegenwärtigsein entgeht ihm nichts«, erklärte Romanowski. Am frühen Nachmittag, nachdem wir Einzelheiten meines Umzugs besprochen hatten, verabschiedete ich mich, und wir verabredeten uns für den nächsten Tag.

Ich fühlte mich müde und matt, als ich die Treppe hochstieg und meine Wohnung betrat. Die Möbel waren mit einer feinen Staubschicht bedeckt, und das verrußte Loch im kalten Kamin gähnte mir wie ein offener Mund entgegen. Erschöpft ließ ich mich in meinen alten Sessel fallen, der mich mit einem metallenen, quietschenden Geräusch begrüßte, als hätte er mich vermisst.

Ich saß allein in meiner Wohnung. Der permanent laute und hupende Straßenlärm, die sengende Hitze, die vielen verschiedenen Düfte, die lachenden, freundlichen und unbeschwerten Menschen und sogar die Scharen aufdringlicher Bettler – all das fehlte mir. Der Kulturschock, den ich jetzt erlebte, war größer als der, den ich in den ersten Tagen in Indien erlebt hatte.

Als ich mich ins Bett legte, schlief ich sofort ein. In der anderen Welt sah ich Mister Wang und Mister Romanowski oben auf einer Bergspitze sitzen. Still schauten sie in die unendlichen Weiten des offenen Raums. Dann vernahm ich die Stimme von Mister Wang, die sagte: »Es gibt keinen leeren Raum.«

Am Morgen brauchte ich nach dem Erwachen einige Zeit, um mich zu orientieren und mir bewusst zu machen, dass ich in London in meiner Wohnung in meinem Bett lag. Beim Auspacken der Koffer öffnete ich die Fenster, durch die frische, kühle einströmende Morgenluft verflüchtigte sich der muffige Geruch, der sich während meiner Abwesenheit in den Zimmern ausgebreitet hatte. Ich schaute aus dem Fenster, zwischen vorüberziehenden dunkelgrauen Regenwolken schienen einzelne Sonnenstrahlen, das launische Wetter schien sich ein wenig zu beruhigen.

Kurz nach Mittag klopfte es leise an der Tür. Ich öffnete und staunte, es war Mister Wang. »Willkommen zurück, Mister Mongrave. Die Reise scheint Ihnen gutgetan zu haben, und Sie sind den erhabenen Meister begegnet, das kann ich klar sehen«, sagte er.

»Ja«, bestätigte ich, »diese Begegnung hat mich vollkommen verwandelt und mir meine wahre Bestimmung bewusst gemacht. Das heilige unsichtbare Tor in die Ewigkeit wurde weit aufgestoßen, die alten Grenzen verbrannt, und mir ist klar geworden, dass die himmlische Loge des Goldenen Drachen seit Anbeginn der Zeit immer existiert hat.

Die Erhabenen haben uns drei versiegelte Lichtmachtschlüssel geschenkt und den Auftrag, diese Ihnen ebenfalls zu übermitteln. Durch spezifische geheime Worte werden die heiligen Siegel aufgebrochen und die Lichtkräfte aktiviert. Die erhabenen Meister haben uns weiterhin erklärt, dass wir gemeinsam und gleichzeitig die drei heiligen Siegel aufbrechen sollen und dass wir den richtigen Moment dafür klar erkennen würden.«

Mit Mister Wangs Auto begaben wir uns unverzüglich zu Sergej Romanowski, der uns bereits erwartete. Mister Wang hatte ihm unser Kommen telepathisch angekündigt. Ich schaute aus dem Fenster der Bibliothek in den Garten hinter dem Haus. Mein Blick blieb an dem kleinen Erdhügel unter Nataschas Lieblingsbaum hängen, wo ihre Asche in einer Urne begraben war. Inzwischen hatte ihr Vater dort einen Rosenbusch gepflanzt.

Mister Wangs Stimme holte mich aus meinen Gedanken zurück. Ich entfernte mich vom Fenster und setzte mich zu ihnen. »Vor etwa zwölf Jahren haben wir außerhalb der Stadt ein großes Landhaus gekauft mit einem Anbau, der als Tempel dient. Um die hundertachtzig Menschen aus verschiedenen Nationen treffen sich einmal in der Woche im Tempel. Nur die, die die geheime Lichtsignatur in sich tragen, wurden ins innerste Heiligtum aufgenommen«, eröffnete uns Mister Wang. »Bisher haben wir uns vorwiegend mit vorbereitenden Arbeiten beschäftigt, doch jetzt hat sich eine wichtige Konstellation erfüllt. Drei Mitglieder der alten Loge des Goldenen Drachen haben sich wiedergefunden, und die erhabenen Meister haben uns drei versiegelte gigantische Kräfte geschenkt, die sich durch uns für die Welt offenbaren werden. Himmlische Lichtströme aus der Ewigkeit werden durch unser Da-Sein in der Zeit verankert. Das goldene Band ist nie zerrissen.«

Die machtvollen Worte von Mister Wang versetzten mich in einen Zustand, in dem Götter, Engel, Menschen, Tiere, Pflanzen und Steine im herrlichen vorweltlichen Licht zu einer Einheit verschmolzen. Sie waren Ausdruck eines unfassbaren Mysteriums und nicht mehr als ein kurzer Hauch in der Zeit.

Alles war in mir, doch ich war in nichts. Endlich war ich aus meinem begrenzten Körper erwacht. Bilder aus meiner nebulösen Urvergangenheit schossen in ungeheurer Geschwindigkeit vor meinem geistigen Auge hoch. Jahrtausende flossen aus mir und lösten sich in nichts auf. Ich erkannte, wie meine mentalen Tätigkeiten mich durch die Jahrhunderte immer stärker an die Materie genagelt hatten.

Im Laufe des Nachmittags besprachen wir noch wichtige Aspekte unserer kommenden spirituellen Zusammenarbeit. Den neuen Tempel beschlossen wir »Loge des Erwachenden Drachen« zu nennen. In zwei Tagen wollten wir gemeinsam in das Landhaus fahren. Mister Wang würde den Mitgliedern den neuen Logennamen verkünden und uns vorstellen.

Zurück in meiner Wohnung kam sie mir immer noch fremd vor. Durch meine Entscheidung, bei Mister Romanowski einzuziehen, hatte ich mich innerlich von ihr bereits verabschiedet und mich abgenabelt.

Ich lag im Bett und schlief. Mein Körper lag entspannt zwischen den Laken, doch mein Geist war hellwach. Etwas in mir hatte nie geschlafen, dessen war ich gewahr. Mein Innerstes hatte durch das himmlische Tor die universellen Einweihungsmysterien betreten. Mitten in der Nacht erwachte ich, mein Körper war nicht mehr da. Ich war ein gigantisches allgegenwärtiges Licht, eine alles umfassende himmlische Kraft, eine absolute unpersönliche Präsenz.

Allmählich wurde ich mich mir meines physischen Körpers, der im Bett lag, wieder bewusst. Formlos und namenlos atmete ich durch den Körper, aber die Atmung begrenzte sich nicht mehr nur auf meinen physischen Körper, ich atmete durch das ganze Universum und durch alle Lebewesen.

Vereint im himmlischen Licht

Am verabredeten Tag holte uns Mister Wang am späten Nachmittag ab. Wir durchquerten die Stadt durch den dichten Abendverkehr, und ich hatte das Gefühl, mich als Statist in einem Film in einer fremden Welt zu befinden.

Meine Augen nahmen die feinstoffliche Welt wahr, die schwingenden, fließenden Energiekörper aller Lebewesen. Abgelöst beobachtete ich aus der Stille die selbstsüchtigen, gierigen, aufgeladenen Gedankengebilde der Menschen und die Wechselwirkungen dieser Kräfte, in denen sie gefangen waren, ohne dessen gewahr zu sein.

Nachdem wir die Stadt hinter uns gelassen hatten, fuhren wir durch Wälder und vorbei an grünen Hecken und Wiesen. Gemächlich rupften Kühe das saftige Gras und käuten es meditativ wieder. Das Motorengeräusch des vorbeifahrenden Autos störte sie nicht im Geringsten in ihrer stoischen Ruhe.

Eine halbe Stunde später bremste Mister Wang und erklärte: »Hier ist es, wir sind angekommen.« Am Straßenrand zwischen zwei dichten Hecken stand eine Tafel mit der Aufschrift: »Privat. Betreten verboten!« Mister Wang öffnete das Tor, und wir fuhren auf einem holprigen Feldweg zu dem Landhaus. Es stand allein inmitten einer weiten sanften Landschaft mit zahlreichen alten, majestätischen Bäumen und war viel größer, als ich es mir vorgestellt hatte.

Wang klingelte an der Tür, eine ältere Dame und ihr Mann, die das Haus bewohnten, begrüßten uns. »Das sind Miss und Mister Scott, und das sind Mister

Mongrave und Mister Romanowski«, stellte uns Mister Wang gegenseitig vor.

»Es ist uns eine Ehre, Sie beide willkommen zu heißen. Mister Wang hat uns bereits ein wenig von Ihnen erzählt und auch von Ihrer alten Mitgliedschaft in der Loge des Goldenen Drachen in Shanghai. Wenige hatten das Privileg, dort aufgenommen zu werden, und Sie haben ja auch erst kürzlich die erhabenen Meister getroffen. Kommen Sie, ich stelle Sie den anderen Mitgliedern vor«, sprach Mister Scott zu uns.

Wir folgten ihm in den Empfangsraum vor dem Tempel, wo er mich und Mister Romanowski mit den Anwesenden bekannt machte, alles neue Menschen für uns und alle mit dem inneren Leuchten, das sie als Mitglieder der Loge des Erwachenden Drachen auszeichnete und qualifizierte.

»Wir sind vollzählig, gehen wir in den Tempel«, forderte Mister Scott die Mitglieder nach einer geraumen Zeit auf. »Heute ist ein wichtiger und besonderer Tag, denn Mister Wang, Mister Romanowski und Mister Mongrave sind direkte Abgesandte der erhabenen universellen Meister. Sie alle drei werden fortan die Meister und Leiter unserer Loge sein, die uns nun unter dem Namen ›Loge des Erwachenden Drachen‹ vereinen wird.«

Ich schluckte leer. Die Aussage, dass ich einer der Meister dieser Loge sein sollte, hatte mich überrascht, doch ich wusste, dass alles seine Richtigkeit hatte und ich mich auf die anstehenden Aufgaben freuen konnte.

Durch einen Verbindungskorridor gelangten wir in den Tempel, einen großen, hohen Rundbau. Ein Teil des Dachs war verglast, sodass man den Mond und einige glitzernde Sterne zwischen dünnen weißen Wolken am Nachthimmel sehen konnte. Der Innenraum war dezent beleuchtet, und durch die hohen Fenster blickte man in eine gepflegte Parkanlage mit einem Springbrunnen, der ebenfalls beleuchtet war.

Die elegant gekleideten Logenmitglieder, Männer und Frauen, hatten still auf den ihnen zugewiesenen Stühlen Platz genommen. Vorne, auf einer niederen Empore, standen drei Stühle, die für uns bestimmt waren. Mister Wang saß in der Mitte.

Hinter uns an der Wand hing eine große, goldene, kunstvoll geschmiedete Sonne, von der dreizehn leuchtende Strahlen ausgingen. Dieses Symbol kannte ich, es war mir vertraut, doch im Augenblick konnte ich mich nicht erinnern, woher.

Nun war der feierliche Moment gekommen, da wir leise, für niemanden hörbar, die heiligen Worte aussprachen und die drei Siegel öffneten und entschlüsselten. Die gigantische himmlische Kraft, die dadurch frei wurde, überraschte auch uns. Der Raum war in einen grenzenlosen Lichtozean verwandelt worden, der alle Anwesenden vollkommen durchströmte, und auch sie waren von der Heiligkeit dieser gigantischen Kraft überrascht. Es war absolut still im Raum.

Nach geraumer Zeit ergriff Mister Wang das Wort und erklärte, dass diese heilige vorweltliche Kraft die Grundlage dieses spirituellen Werks sei. Kaum hatte er diese Worte ausgesprochen, stand plötzlich und völlig unerwartet der erhabene alte Meister neben ihm im Raum.

Unglaublich, er war aus dem Nichts hier im Tempel erschienen! Er war in sein langes ockerfarbenes Gewand gekleidet und hielt denselben langen Holzstab in seiner rechten Hand, genauso wie wir ihn oben in den Bergen in dem kleinen Kloster gesehen und erlebt hatten. Nun kehrte er seine linke Hand kelchförmig nach oben, augenblicklich strahlten dreizehn feine Strahlen wie Flammen aus reinem weißem Licht aus seiner Handfläche.

Alle waren zutiefst erstaunt und berührt von diesem großartigen, überwältigenden Ereignis und der überwältigenden Kraft, die von diesem erhabenen unsterblichen Meister ausging. Seine Präsenz war enorm, sie vereinigte Vielfalt im himmlischen Einen, im Urquell allen Seins, im großen Mysterium.

Dann hob er an zu sprechen: »Wer überwindet, besitzt die vier Gesichter Gottes und die dreizehn Schlüssel der himmlischen Macht. Wer sich vom Hindernis des Raumes und der Zeit befreit, ist grenzenlos und wohnt an keinem Ort. Das gesamte heilige Universum ist sein Zuhause, denn im Absoluten gibt es weder ein Hier noch ein Dort.

Durch eure Seelen und Körper leuchtet jetzt ewiges himmlisches Licht, das eure Körper und auch die Körper aller Lebewesen auf dem Planeten verwandelt und vergeistigt. Euer Nicht-Tun bewirkt das! Alles existiert ewig im Hier und Jetzt, das Vergängliche wie auch das Unvergängliche, das Sichtbare wie auch das Unsichtbare. Es gibt nirgends Grenzen oder Begrenzungen, kein Leben und keinen Tod. Euer wirkliches Hiersein ist vorweltlich. Die universellen Meister segnen euer Werk!«

Dann hob er seine linke Hand, richtete kurz die dreizehn glanzvollen und machtvollen Strahlen auf uns und entschwand im nächsten Augenblick vor unseren Augen ins heilige unsichtbare Universum.

Was diese dreizehn überwältigend heiligen Kräfte in uns bewirkten, darüber sollte man nicht sprechen, es ist ein Geheimnis.

Wir saßen noch eine Stunde gemeinsam in der Stille, bevor wir uns tief berührt voneinander verabschiedeten.

Wir fuhren durch die dunkle Nacht zurück in die Stadt. Vor der Mondsichel glitzerte die Venus am Firmament. Wie zwei unruhige Augen suchte das Licht der Scheinwerfer den Weg durch die Dunkelheit, die wie ein schwarzes Tuch über der Gegend lag. Im Lichtkegel erschienen schattenhaft Büsche und Bäume, die wie Spukgestalten am Wegrand standen.

Kurz vor Mitternacht stieg ich aus dem Auto und

verabschiedete mich von Mister Wang und Sergej Romanowski. Etwas verloren, wie aus einer anderen Welt kommend, stand ich in der menschenleeren Straße vor dem Haus, in dem ich noch wohnte. In den kommenden Tagen würde ich viel zu tun haben, da ich packen musste und meinen Umzug vorbereiten.

Einen Monat später war meine Wohnung geräumt und aufgelöst. In meiner neuen Wohnung in Mister Romanowskis Haus fühlte ich mich sehr wohl und aufgehoben. Nur wegen Clementine hatte ich ein wenig ein schlechtes Gewissen, doch ich hatte mit Romanowski darüber gesprochen, und er hatte sich damit einverstanden erklärt, sie als unsere Haushälterin zu übernehmen.

Mehrere Male in der Woche begaben wir uns in den Tempel der Loge des Erwachenden Drachen. In den folgenden Jahren traten noch über hundert neue Mitglieder in die Loge ein, Hoffnungsträger für die Welt und die Menschheit. Übrigens, die drei Siegel und die drei geheimen Worte konnten wir bis jetzt noch niemandem übertragen und offenbaren!

Eines Abends saßen wir zu dritt in der Bibliothek, da eröffnete Mister Wang uns ganz unerwartet, dass er nun endgültig erwäge, nach China zurückzukehren und sich dort vom Lärm der Welt in die Einsamkeit und Stille zurückzuziehen.

Kontaktadressen und Informationen für Zusammenkünfte und Darshans mit Meister M

Deutschland
Herbert und Eva Werner
E-Mail: organisation.mantese@gmx.de

Deutschsprachige Schweiz
Renate Schmidlin
E-Mail: organisation.mantese@gmx.ch

Französischsprachige Schweiz
Franco della Corte und Yolande Favre
E-Mail: organisation.mantese@bluewin.ch

Für weitere Informationen besuchen Sie bitte
die Homepage von Meister M
www.mariomantese.com

Meister M trifft niemanden privat
und ist auch telefonisch nicht erreichbar.
Er empfängt die Menschen ausschließlich an
angekündigten Darshans und Zusammenkünften.

Weitere Bücher von Mario Mantese bei Edition Spuren

Im Land der Stille
Gebunden, 253 Seiten, € 19.–

Im Herzen der Welt
Autobiografie von Meister M
Gebunden, 316 Seiten, farbige Bilder, € 23.–

Der Taoist
Der geheime Weg
Gebunden, 211 Seiten, € 19.–

Die Welt bist Du
Perlen der Liebe
Kartoniert, 97 Seiten, € 9.–

Im Garten deiner Seele
Briefe an Meister M
Gebunden, 156 Seiten, farbige Bilder, € 22.–

Ein Weg aus den Sorgen
Geschenke an die Seele
Gebunden, 179 Seiten, € 19.–

Flugstunden für Engel
Gedichte und farbige Zeichnungen
Gebunden, 93 Seiten, € 14.–